번역학, 무엇을 연구하는가
언어적 · 문화적 · 사회적 접근

문화
학술
총서

번역학,
무엇을 연구하는가

언어적 · 문화적 · 사회적 접근

조의연 엮음

동국대학교출판부

서문

조의연

번역학 연구(Translation Studies)는 20세기 후반에 들어서야 독자적인 학문 영역으로 부상하기 시작하였는데 그 연구 범위와 대상에 대해 다양한 논의가 있었다. 먼데이(Munday 2009)가 지적하였던 바와 같이, 그러나, 번역학 연구의 대상에는 원천 텍스트에서 목표 텍스트에 이르는 과정 및 목표 텍스트 고유의 언어적·인지적·문화적 그리고 이념적 현상들이 포함된다. 언어학 분야의 발전 과정이 그랬던 것처럼, 특히 1970년대 이후의 번역학 연구 또한 기술적 번역학(Descriptive Translation Studies)의 기치 아래 규범성(prescription)의 틀을 벗어나 기술 중심으로 연구의 무게가 옮기어 갔다. 그 결과, 원천 텍스트 중심의 등가성 연구에서 벗어나 변환(shifts)이라는 주제하에[1] 목표 텍스트

---

[1] 번역학에서 '등가성'은 고전적 주제어이다. 김효중의 「번역등가의 개념과 유형 설정」(『번역학연구』 1-2, 2000), 이은숙의 「해석이론과 등가에 관한 연구」(『번역학연구』 8-1, 2007), 강수정의 「중한 문학번역에서 등가의 적용—이중텐의 중국의 남자와 여자 사례분석을 중심으로」(『번역학연구』 10-3, 2009) 등에서처럼 주제어 '등가성'은 번역학 연구에서 지속적으로 등장하고 있다. 아울러 이근희(「번역의 변환 현상에 대한 소고」, 『번역학연구』 5-2, 2004), 조의연(「병렬 말뭉

의 언어적·문화적 그리고 사회적 체제 또는 제도를 고려한 연구가 중심을 이루게 되었다.

이러한 변화는 번역의 대상이 되는 원천 텍스트가 목표 텍스트보다 상위라는 이념은 물론, 번역가의 지위가 원천 텍스트의 저자보다 하위라는 인식에 문제를 제기하게 되었다. 1990년대의 번역학 연구는 '번역가의 개입' 문제가 핵심으로, 번역 과정에서 번역가의 역할이 무엇이었는가를 인지적 또는 사회적 관점에서 분석하는 데에 중점을 두어 왔다. 더욱이 2000년대에 들어서 번역학 연구의 초점이 텍스트 중심의 연구에서 벗어나 번역가의 인지 과정, 번역가의 개입, 번역가의 주관성으로 옮겨 가고 있다. 이러한 흐름의 밑바탕에는 번역 행위를 목적 또는 목표 지향적이라고 보는 스코포스 Skopos 이론은 물론, 1990년대의 '문화적 전환' 그리고 언어의 사회적·이념적 요소를 분석해 온 비평적 담화 분석, 맥락에 대한 인지적 환경을 중시한 적합성 이론 등이 토대를 이루고 있다.

국내 번역학 연구 및 번역 일반에 관심이 있는 대학원생 및 일반 독자들에게 이러한 번역학 연구의 흐름을 소개하기 위하여 동국대학교 번역학연구소는 동국대학교 통합인문학 특성화사업의 지원을 받아 약 2년 전에 집필진을 구성하였고 오늘에 이르렀다.

이 책의 1부에서는 번역(물)에 대한 접근 방법을, 2부에서는 번역 결과물에 대한 구체적 분석을 다루고 있다. 먼저 1부에 수록된 논문들에서 이상원은 '문화적 접근'을, 김미라는 '기능 언어학적 접근'을, 강지혜는 '제도적 접근'을, 그리고 조의연은 '의미 화용론적 접근'을 소개하고 있다. 그리고 2부

치에 기반한 번역학 연구: 『호밀밭의 파수꾼』과 『모순』을 중심으로」, 『번역학연구』 10-2, 2009) 등의 연구는 원천 텍스트 중심의 '등가(성)' 개념에서 탈피하여 '변환'이라는 관점하에, 기술적(descriptive) 방법론의 입장에서 목표 텍스트에 나타난 변환을 다루었다.

에 수록된 논문들에서 신지선은 명시화(explicitation) 전략으로 아동문학 번역을, 전현주는 문화 인식(cultural awareness)의 측면에서의 춘향전 번역을, 김애주는 번역은 타협이라는 관점에서 토니 모리슨Toni Morrison의 흑인 문학 *Sula*를, 김순영은 문체 및 문화 특정적 요소에 기초하여 한국 근대소설 「감자」의 한영 번역을, 그리고 이상빈은 제도적 번역의 번역가 규범에 기초하여 한국과 유럽연합(European Union) 간의 자유무역협정(Free Trade Agreement) 번역오류 사태를 분석 또는 설명하고 있다. 다음은 각 논문에 대한 요약이다.

이상원의 논문은 원천 텍스트가 목표 텍스트로 전환되는 번역 과정에서 번역가가 해당 문화적 요소들을 번역하기 위한 전략으로 베누티Venuti의 현지화 및 이국화 전략을 활용하고 있음을 보이고 있다. 아울러 문화적 요소를 번역하는 과정은 그야말로 '검색'과 '고민'의 과정임을 피력하고 있다. 번역 과정에 포함된 문화적 측면은 '출발 텍스트를 이해하기 위한 배경지식'과 '목표 텍스트가 제대로 이해되기 위한 언어문화 관행'에 대한 것으로, 번역가는 이 두 가지 문화적 측면을 처리해야 하는 입장에 서 있다. '배경지식'은 번역 비평에서 독립된 범주를 형성할 정도로 전문 용어에 대한 지식, 신화에 대한 지식, 종교에 대한 지식, 제도와 관습에 대한 지식 등의 다양한 내용을 포함하고 있다. 이상원은 이 논문에서 다섯 가지의 하위 분야로 구성되어 있는 나이다Nida의 문화 범주에 기초하여[2] 대프니 듀 모리에Daphne du Maurier의 소설 *Rebecca*의 두 번역본을 분석하고 있다. 일례로 '생태문화'의 경우를 소개하면 해당 작품에서는 '꽃 이름'이 생태문화 범주의 대표적인 경우로, 번역가는 외래어와 토속어 사이에서 선택을 하여야 한다. 한 번역본에서는 꽃 이름 "lupin"이 "류핀"으로, 다른 번역본에서는 "층층이 부채꽃"으로 번역되고 있다. 이 경우, 베누티의 이국화와 현지화 번역 전략이 각각의

---

2 Eugene Nida는 문화 범주를 '생태문화, 물질문화, 사회문화, 종교문화, 언어문화'로 분류하였다.

번역본에 발생하고 있음을 알 수 있다.

김미라는 할리데이Halliday에 의해 제시된 체계기능언어학(Systemic Functional Linguistics)의 틀에 기초하여 한국 소설 텍스트의 '이끔부(theme)'가 영어 목표 텍스트에서 어떻게 번역되고 있는가를 다루고 있다. 잘 알려진 바와 같이, 한국어는 주제 중심 언어(topic prominent language)이며 영어는 주어 중심 언어(subject prominent language)이다. 이러한 언어적 차이는 특히 절 단위의 기능을 텍스트 내의 관계 속에서 고려할 때에 더 두드러진다. 한국어의 주제가 주어와 일치하는 경우도 있지만 그렇지 않은 이른바 '특별 이끔부(marked theme)'의 경우, 이것이 영어 텍스트에서 어떻게 실현되는가의 문제는 번역 텍스트의 독자 반응에 영향을 미칠 수 있는 것으로 밝혀졌다. 이 논문은 조세희의 단편소설 「육교 위에서」(1980)의 영역본과 이 연구를 위해 부분 번역된 번역본의 이끔부가 독자들에게 어떤 해석 반응을 불러일으키는지를 연구하고 있다. 김미라는 원천 텍스트, 즉 한국어 텍스트의 특별 이끔부가 목표 텍스트인 영어 번역 텍스트에서 일반 이끔부로 전환되는 경우, 문맥적 의미가 더 효과적으로 전달되는 반면에 한국어 텍스트의 특별 이끔부가 영어 텍스트에서 딸림부(rheme)의 일부로 실현되는 경우에는 경험적 의미가 더 효과적으로 전달되고 있음을 주장하고 있다.

강지혜는 번역학에서의 '사회적 전환'에 대한 연구 경향을 소개하고 있다. 1990년대를 기점으로 번역이 "문화 기호의 망 속에서 만들어진 텍스트"로 연구되기 시작하면서 번역의 '문화적 전환'이 이루어졌다. 그러나 2000년대의 '사회적 전환'에서는 기존의 텍스트 중심의 분석과 달리 번역 과정에서 번역가의 역할, 기여 등 번역가가 연구의 대상으로 부각되고 있다. 강지혜는 번역학 연구에서 사회적 전환이 발생하게 된 원인이 문화적 전환에서 발생한 경험적 번역 연구에 있다고 본다. 문화적 전환에서 번역학은 번역가의 젠더, 정체성, 권력관계에 초점을 두었기 때문이다. 특히 이 논문에서 강지혜는 사회적 전환 패러다임에서 제도적 번역(institutional translation)에 초점을 두고 그 성격을 논의하고 있다.

조의연의 논문은 적합성 이론(Relevance Theory)에서 제시된 축자적 의미가 아닌 의사소통 단위의 의미인 명시의미(explicature)가 번역물에서 어떻게 재현되는가를 논의하고 있다. 이 논문은 번역은 의사소통이라는 관점하에서, 의사소통은 기본적으로 추론적이라는 인지 화용론의 입장에서 번역물을 분석하고 있다. 명시의미는 언어적으로 입력된 의미에서 발전된 것으로 저자 또는 번역가가 독자들에게 전달하고자 하는 첫 번째 상정의미(the speaker's communicated assumptions)이기 때문에 필자는 번역가의 번역 과정에서 이를 텍스트화할 것으로 본다. 이러한 목적을 경험적으로 입증하기 위하여 조의연은 샐린저Salinger의 소설 *The Catcher in the Rye*의 두 한국어 번역본에서 'to 부정사' 생략 구문과 상호—사건 관계 등위 접속 'and' 구문의 번역 현상을 분석하고 있다. 명시의미는 의미 보충된 화용 정보로, '말 안 했지만 말한 것으로 여겨지는 의미 내용'으로 목표 텍스트의 응집성을 높이는 데에 기여하므로 번역가가 이러한 명시의미를 번역 텍스트에서 텍스트화하는 경향이 높은 것으로 나타났다.

2부에 수록된 **신지선**의 논문은 아동문학 번역의 특징을 명시화의 측면에서 논의하고 있다. 명시화 전략이 아동문학 번역에서 왜 필요한가를 아동의 인지 발달의 특성에 중점을 두고 논의를 시작하고 있다. 비네Vinay와 다블네Darbelnet는 명시화를 "출발어에서는 문맥이나 상황을 통해 명백하기 때문에 암시적으로 남아 있는 것을 도착어에서는 드러내어 명시하는 번역 스타일상의 기법"이라고 정의하였다.[3] 이때의 명시화는 아동 독자의 눈높이를 고려하여야만 하는 아동문학의 특성을 고려할 때, 아동문학 번역에 필수적인 번역 전략이다. 신지선은 영국 아동문학서 *The Wind in the Willows*와 두 번

---

[3] Jean-Paul Vinay and Jean Darbelnet, *Comparative Stylistic of French and English: A Methodology for Translation* (Amsterdam: John Benjamins, 1995).

역본의 비교 분석을 통하여 명시화의 정도는 가독성 또는 독자의 반응과 밀접한 관계가 있음을 보이고 있다. 또한, 명시화와 관련된 또 다른 주제인 '문학적 감동'과 '문화적 자극'의 양면성이 아동문학 번역 전략에서 고려되어야 하는 대상이라고 제시하고 있다.

전현주는 조선시대의 고전 작품인 「춘향전」의 한영 번역을 문화 번역의 관점에서 분석하고 있다. 번역가의 역할을 간문화적 중재자(intercultural mediator)로 보며, 홉스테드Hofstede의 문화 가치 체계 이론에 기초하여 원천 텍스트의 '권력의 격차'와 '집단주의와 개인주의'의 문화적 요소가 목표 텍스트에서 어떻게 문화 변용되고 있는가를 기술하고 있다. '권력의 격차'는 권력의 격차가 높은 사회와 낮은 사회로 구분이 되는데 신분 제도가 지배한 조선시대는 전자에 해당되고, 현대적 영어권의 문화 체계는 후자에 해당되는 만큼 「춘향전」의 한영 번역을 다루는 데에 유효한 개념이다. 이 개념이 적용되는 범위는 등장인물들의 호칭에서부터 관직과 신분을 일컫는 어휘들이 해당된다. 리처드 루트Richard Rutt는 「춘향전」을 번역한 *The Song of A Faithful Wife, Ch'un-hyang*(1999)에서 "기생", "참판", "사또", "도령" 등의 관련 어휘들을 음차 또는 의차 번역을 하였고 주석(notes)을 사용하여 이를 풀어서 설명하였다. 특히 신분의 격차에 따른 대우법의 표현은 영어 번역본에서 번역될 수 없는 요소로 나타났다. 이 논문은 작중인물 성춘향을 집단주의와 개인주의가 혼합된 인물로 묘사하고 있으며, 필자는 이러한 성격이 반영된 원천 텍스트의 텍스트 의미가 목표 텍스트에서 잘 나타나고 있다고 기술하고 있다.

김애주는 번역가를 "타협의 장인"이라고 규정한 르페브르Lefevere와 소수 문학을 번역하는 '번역의 윤리'를 강조한 베누티의 입장에 서서 토니 모리슨의 흑인문학 *Sula*의 번역물에 대한 자가 번역 비평을 시도하고 있다. 흑인문학에 내재한 타자성을 드러내기 위한 전략으로 이국화 전략을 취하더라도, 실제 번역 과정에서는 출판사의 후원 제도(patronage)의 영향으로 목표 텍트 독자들의 문화적 수용성을 높이기 위해서 이국화 전략을 자국화 방향으로 조정할 수밖에 없었던 타협의 과정을 소개하고 있다. 이 논문은 번역 과정에 개입하는 후원성 역시 목표 문학의 시학성(poetronology)에 의해 지배를 받아 결국은 목표 언어와 문화의 수용성을 높이는 번역이 발생하고 있음을 보여주고 있다. 이 논문에서 김애주도 밝혔듯이, 결국 번역의 과정은 조정과 타협의 '다시쓰기 작업'이며 이 과정에서 목표 문화의 문학계를 지배하는 사회 문화적 시학성으로부터 자유로울 수 없음을 보여주고 있다.

김순영은 김동인의 근대 단편소설 「감자」의 세 가지 영어 번역 텍스트에 나타난 문체 및 문화 특정적 요소에 대한 분석을 하고 있다. 분석 방법으로 대조 분석 방식을 취하고 있으며 분석 텍스트로는 세 가지 영어 번역 텍스트를 대상으로 하고 있다. 이 논문은 문학 텍스트의 텍스트 유형의 특성상 표현적 텍스트의 특징을 살리는 번역이 바람직함을 지적하고 있다. 즉 원천 텍스트의 문체에 충실한 번역, 그리고 문화 특정적 요소 또한 문화적 차이를 메우기 위해 풀어 쓴 번역보다는 표현성이 드러난 번역이 적절하다는 것이다. 김동인의 「감자」의 문체는 직접적인 서술 방식으로 직설적이며 단호한 느낌을 불러일으키는 특성을 가지고 있다. 진인숙의 번역본은 원천 텍스트의 문화 배경적 요소를 부가적으로 서술함으로써 직접적 서술 방식의 효과를 반감시키고 있는 것으로 드러났다. 한편 "복녀", "칠성문", "기자묘"와 같은 문화 특정적 요소를 번역하는 전략으로는 주석의 사용에서부터 음차 번역에 이르기까지 다양한 방식이 존재하지만 이 논문에서 필자는 번역가에게 소설의 표현적 텍스트의 특징을 살리는 전략이 필요하다고 주장한다.

끝으로 **이상빈**은 '사회적 전환'의 패러다임에서 체스터만Chesterman의 번역 규범(norms of translation)에 기초하여 2011년 상반기에 발생했던 한국과 유럽연합 간의 FTA 번역오류 사태를 분석하고 있다. 번역에는 번역 과정을 지배하는 규범이 있는데 이 가운데 핵심적인 요소가 번역가 규범(professional norm)이다. 이는 번역가의 사회적 역할이 번역 과정에 작용함을 말한다. 번역가 규범은 번역 과정에서의 번역가의 책무 규범 및 번역가들 사이의 의사소통을 극대화시켜야 하는 소통 규범, 그리고 원천 텍스트와 목표 텍스트 사이의 관계를 설정하는 관계 규범으로 세분되고 있다. 이상빈은 한-EU FTA에서 발생한 번역오류가 번역가 규범을 충실히 수행하지 않은 것에 대한 결과라고 주장하고 있다. 한-EU FTA 번역오류가 논의되는 과정을 통해 한-EU FTA 번역이 행정 인턴들이나 외교부 직원들에 의해 이루어져 전문 번역가의 역할이 축소되거나 상실되어 번역가 규범이 존재하지 않았음을 밝히고 있다. 이상빈은 이러한 문제점들이 전문 번역가들 사이에 존재하는 소통 규범이 작동할 수 있는 가능성을 상실하게 한다고 주장한다. 결국 제도적 번역이 갖추어야 할 규범이 작동되지 않아 오역이 존재한다는 것이다.

번역학 연구는 이제 텍스트 중심에서 번역가의 역할로 옮겨 가고 있다. 그것이 언어적·문화적, 혹은 포스트 식민주의와 같은 사회적 이념의 영역이라고 하더라도 번역은 원본에 대한 번역가의 인지적·사회적·문화적 해석을 수반하고 있기 때문이다. 소개된 내용이 제한적이기는 하지만 번역학 연구를 시작하거나 번역에 관심이 있는 독자들에게 이 책이 '번역학 연구가 무엇을 하는 것인지'에 대한 이해를 높이는 데에 조금이나마 도움이 되기를 바란다.

이 책이 발행되기까지 훌륭한 논문을 기고해 주신 필자 선생님들에서부터 마지막 교정자에 이르기까지 많은 분의 수고가 있었다. 특히 이 책은 동국대학교 통합인문학특성화사업의 일환으로 기획 단계에서 동국대학교 번역학연구소의 역할이 컸다. 특히 김순영 교수는 필자들의 섭외에서부터 편집에 이르기까지 많은 수고를 아끼지 않았다. 이 지면을 빌려 고마움을 표한다. 그리고 이경희, 정희정, 한미애 세 명의 연구원들은 편집 및 교정에 수고가 많았다. 끝으로 동국대학교 출판부 신진 선생님의 섬세한 교열 및 교정은 이 책의 완성도를 높여 주었다. 감사를 드린다.

참고문헌

강수정. (2009). 「중한 문학번역에서 등가의 적용―이중텐의 중국의 남자와 여자 사례분석을 중심으로」. 『번역학연구』 10-3.
김효중. (2000). 「번역등가의 개념과 유형 설정」. 『번역학연구』 1-2.
이근희. (2004). 「번역의 변환 현상에 관한 소고」. 『번역학연구』 5-2.
이은숙. (2007). 「해석이론과 등가에 관한 연구」. 『번역학연구』 8-1.
조의연. (2009). 「병렬 말뭉치에 기반한 번역학 연구: 『호밀밭의 파수꾼』과 『모순』을 중심으로」. 『번역학연구』 10-2.
Munday, Jeremy. (2001). *Introducing Translation Studies: Theories and Applications*. London: Routledge.
Munday, Jeremy. (2009). Issues in Translation Studies. In Jeremy Munday (ed). *The Routledge Companion to Translation Studies*. London: Routledge.
Pym, Anthony. (2010). *Exploring Translation Theories*. London: Routledge.
Vinay, Jean-Paul and Jean Darbelnet. (1995). *Comparative Stylistics of French and English: A Methodology for Translation*. trans. of Vinay and Darbelnet (1958) by Juan C. Sager and Marie-Josee Hamel. Amsterdam: John Benjamins.

차례

서문 5

제1부 번역 및 번역물에 대한 접근

번역의 문화적 측면이란 무엇인가? ── 19
1. 머리말 • 19
2. 언어적 측면과 대비되는 번역의 문화적 측면 • 20
3. 문화적 측면의 분류 • 25
4. 문학 작품 번역에서 나타나는 문화적 측면 • 32
5. 문화적 측면의 번역 전략 • 47

한영 단편소설 번역에 있어 '이끔부(Theme)'의 선택이 독자에게 미치는 영향 ── 53
1. 머리말 • 53
2. 체계기능언어학 이론의 소개 • 54
3. 영어와 한국어에서의 이끔부 기능과 실현 • 59
4. 사례 연구 • 63
5. 맺음말 • 73

번역학에서의 '사회적 전환'에 관한 고찰: 제도적 번역을 중심으로 ── 85
1. 머리말 • 85
2. '사회적 전환'과 번역 주체에 대한 조명 • 88
3. '사회적 전환'과 '제도적 통번역' 연구 • 92
5. 맺음말 • 96

번역 텍스트에 재현된 명시의미 ──── 103
  1. 머리말 • 103
  2. 명시적 의사소통 의미 • 106
  3. 번역 대상으로서의 명시의미 • 113
  4. 맺음말 • 122

제2부 번역 결과물에 대한 구체적 분석

아동문학 번역에서의 명시화 전략: '문학적 감동'과 '문화적 자극'을 고려하여 ──── 129
  1. 머리말 • 129
  2. 아동문학 번역과 명시화 현상 • 131
  3. 맺음말 • 152

문화 인식의 측면에서 본 「춘향전」 번역의 특성 ──── 159
  1. 머리말 • 159
  2. 번역과 문화 • 162
  3. 맺음말 • 190

문학 번역의 자리: *Sula* 번역을 통한 타자성의 재구상 ──── 197
  1. 문학 번역과 사회 제도 • 197
  2. 타협의 과정으로서의 번역 • 201
  3. 실제 문학 번역을 통한 제언 • 215

한영 문학 번역에서 문체 및 문화 특정적 요소의 번역 전략 고찰: ——— 219
김동인의 「감자」 영역본을 중심으로

　1. 머리말 • 219
　2. 문체 및 문화 특정적 요소의 번역 • 223
　3. 분석 작품 및 분석 방법 • 226
　4. 맺음말 • 245

'한–EU FTA 번역오류 사태'와 그 사회적 영향: ——— 249
체스터만의 규범으로 바라본 언론 보도를 중심으로

　1. 머리말 • 249
　2. 체스터만의 규범론 • 250
　3. 체스터만의 규범의 관점에서 본 한–EU FTA 번역오류 사태 • 253
　4. 한–EU FTA 번역오류 사태의 사회적 영향 • 259
　5. 맺음말 • 264

제1부
번역 및 번역물에 대한 접근

- 번역의 문화적 측면이란 무엇인가? 이상원
- 한영 단편소설 번역에 있어 '이끔부(Theme)' 선택이 김미라
  독자에게 미치는 영향
- 번역학에서의 '사회적 전환'에 관한 고찰: 강지혜
  제도적 번역을 중심으로
- 번역 텍스트에 재현된 명시의미 조의연

번역의 문화적 측면이란 무엇인가?

이상원

1. 머리말

2001년에 *Contact*라는 소설의 영한 번역을 의뢰받은 적이 있다. *Contact*는 천문학자 칼 세이건Carl Sagan이 1985년에 발표한 SF 장편소설이다. 이런저런 참고 자료를 찾던 중 이미 한국어 번역본이 나와 있음을 알게 되었다. 원서가 발간된 바로 그해에 나온 번역본이다.[1]

그 번역본을 읽던 중에 다음과 같은 문장과 마주쳤다.

> 그녀의 경적기警笛機에서 소리가 났다. (245쪽)

원서와 대조하며 읽던 상황이라 번역가가 어떤 단어를 "경적기"라고 옮

---

[1] 이성규 · 김주언 옮김, 『콘택트』 (서울: 햇빛출판사, 1985).

겼는지 바로 알 수 있었다. 출발 텍스트[2]의 단어는 "pager", 즉 무선 호출기였다. 속칭 '삐삐'라 불렸던 무선 호출기가 국내에 도입된 것은 1990년대 초중반이다. 그러니 1985년에 번역가가 이를 "경적기"라고 바꿔 놓았던 것도 무리는 아니다.

"pager"라는 단어를 "경적기"로 번역하기까지 번역가는 얼마나 고심을 거듭했을까? 사전을 찾고 텍스트의 앞뒤 맥락을 살피면서 이것이 과연 어떤 물건일지 고민했을 것이다. 그리고 '소리를 내는 물건'이라는 뜻에서 "경적기"라는 최종 선택을 내렸을 것이다.

이 번역가가 당면하였던 과제는 출발 텍스트에 등장한 "pager"라는 단어가 무엇을 뜻하는지 이해하는 것, 그리고 그것을 도착 텍스트의 독자들이 이해할 수 있는 한국어 어휘로 바꾸어 전달하는 것이었다. 그리고 앞에서 보다시피 이는 쉬운 과제가 아니었다. 사전을 바탕으로 어휘를 전환하는 언어적인 방법만으로는 해결이 되지 않았기 때문이다.

"pager" 사례는 번역이 단순한 언어적 대응을 넘어서는 작업이라는 점을 보여준다. 이 글은 이를 번역의 문화적 측면으로 개념화하여 번역의 문화적 측면과 언어적 측면의 관계를 살펴보고자 한다. 그리고 더 나아가 이 문화적 측면이 어떻게 분류가 가능한지, 또한 실제 번역 작업에서 어떻게 나타나는지를 소개하겠다.

2. 언어적 측면과 대비되는 번역의 문화적 측면

한 언어로 된 텍스트를 다른 언어의 텍스트로 바꾸는 '번역'이라는 작업

---

[2] 이 글에서는 '출발'과 '도착'이라는 말을 사용하여 'source text', 'source language', 'target text', 'target language' 등을 지칭하도록 하겠다.

은 크게 언어적 측면과 문화적 측면으로 나누어 볼 수 있다.

번역의 언어적 측면에 대해서는 모두가 익히 알 것이다. 우리가 생각하는 번역의 정의 자체가 한 언어를 다른 언어로 바꾸는 것이니 말이다. 영어 텍스트를 한국어 텍스트로 번역하려면 일단 영어와 한국어를 읽고 쓸 수 있는 언어적 능력이 필요하다.

그런데 언어적 측면이 번역의 전부, 혹은 대부분이라고 생각하는 경우가 적지 않다. 그래서 외국어를 잘하면 번역도 문제없이 잘할 수 있다고 여기기도 한다.[3] 이런 생각의 바탕에는 번역이 가능할 정도의 외국어 구사 능력을 지닌 사람이 상대적으로 드물었던 과거의 상황이 자리 잡고 있는 듯하다. 또한 과거에는 주로 언어적 측면이 더욱 강조되는 유형의 번역, 다시 말해 문화적 측면이 비교적 적게 작용하는 번역이 이루어졌다는 이유도 있다. 예를 들어 증빙을 위한 문서의 번역이나 연락을 위한 서신의 번역에서는 문화적 측면보다 언어적 측면, 특히 도착 언어의 문서 작성 관행이 중요하다.[4]

흔히 번역의 세기라 불리는 13세기 유럽의 경우도 그랬던 것 같다. 당시 아랍 세력으로부터 탈환된 스페인에서는 수많은 번역가들이 아랍어로 보전된 그리스·로마 시대의 학문적 성취를 다시 라틴어로 옮기는 작업에 매달렸다. 수학과 천문학을 비롯해 자연과학 서적의 번역이 대부분이었다. 이들 서적의 번역을 맡은 번역가들 그리고 번역 도서를 읽게 될 독자들은 대부분 자연과학을 공부하는 학자들이었다. 따라서 정보의 언어적 전환을 넘어서는 작업은 그리 요구되지 않았을 것으로 판단된다.

---

3 물론 실제로는 그렇지 않다. 영어를 한국어로 바꾸는 번역의 경우는 물론이고 한국어를 영어로 바꾸는 경우에도 모국어 구사 능력은 번역의 수준과 품질을 결정적으로 좌우하기 때문이다. 또한 번역에는 언어적 측면뿐 아니라 문화적 측면 또한 존재한다는 점을 고려하면 번역가의 두 문화에 대한 이해 정도는 언어적 능력 못지않게 중요하다.

4 문서 작성 관행 또한 문화적 측면으로 볼 수 있는 여지가 있기는 하다. 언어적 측면과 문화적 측면의 경계 문제는 뒤에서 다시 다루게 된다.

번역의 언어적 측면에 대한 강조는 번역학의 초기 연구들에서도 두드러진다. 유럽을 중심으로 20세기 초부터 체계화되기 시작한 번역 관련 논의들은 유럽어들 사이의 번역을 바탕으로 삼고 있다. 예를 들어 프랑스 학자들인 비네Vinay와 다블네Darblenet의 공저 *Stylistique comparee du francais et de l'anglais*(1958)[5]를 보면 '단어 대對 단어의 번역'이 가장 좋은 번역이라고 설명한다. 단어를 하나씩 대응시켜 번역하는 것은 전형적인 언어적 전환이다. 이러한 설명이 가능했던 것은 영어와 불어가 역사적으로 긴밀한 영향을 주고받으며 발전한 서로 가까운 언어들이어서, 공유하는 어휘가 많았던 까닭이다. 그리고 영어권 국가들과 프랑스가 문화적으로 공통점이 많다는 점도 지적해야 할 것이다.

하지만 그렇지 않은 경우라면 문제가 다르다. 언어적으로 또 문화적으로 상당한 거리가 있는 경우 말이다. 앞서 들었던 "경적기" 사례를 다시 살펴보자. "pager"라는 단어를 언어적으로 전환하기 위해 번역가는 먼저 사전을 찾아보았을 것이다. 1985년 당시의 영한사전에는 '휴대용 소형 무선 호출기'라는 대역어가 나오지 않는다. 단어 대 단어 번역이 불가능한 상황이므로 번역자는 "pager"라는 단어 형태에서 'page'라는 원형 단어를 추출하고 다시 사전을 찾았으리라. 'page'의 네 번째나 다섯 번째 항목에 가면 '(호텔·클럽 등에서) 사환을 시켜 〈사람을〉 찾게 하다' 혹은 '(호텔·공항 등에서) 이름을 불러 〈사람을〉 찾다' 등의 뜻이 나온다. 영영사전을 뒤지면 좀 더 명확해진다. 동사 'page'는 '누군가가 연락을 취하고 싶어 한다는 점을 공공장소에서 전달받는 것'이라는 뜻을 가지고 있다.[6] 이제 번역가는 여기까지 분석한 언

---

5 이 책의 제목을 우리말로 옮기면 '불어와 영어의 문체론적 비교'이다.
6 Collins Cobuild 사전에서 'page'에 대한 네 번째 항목을 살펴보면 "If someone who is in a public place is paged, they receive a message, often over a speaker, telling them that someone is trying to contact them."이라고 나온다.

어적 측면을 바탕으로 번역어를 결정해야 한다. 과연 어떤 선택이 가능할 것인가?

최종적으로 "경적기"라는 번역어가 선택된 것은 "소리가 났다"라는 출발 텍스트에서 추론된 결과로 보인다. 번역가는 듣도 보도 못했던 "pager"라는 것이 어떤 물건인지 정확히 알지 못하였지만 문맥으로 미루어 볼 때 소리를 내는 기능을 가졌을 것이라 추정했고 이를 바탕으로 번역어를 결정한 것이다. 물론 당시 독자들에게 "경적기"라는 번역어가 어떻게 이해되었을지 의문으로 남기는 한다. 학교 선생님들이 운동장에서 사용하는 메가폰을 떠올렸을 수도, 자동차나 기차의 경적 소리와 관련된 무언가로 추측했을 수도 있다.

문화적 측면이란 바로 이렇게 언어적 측면에서의 이해와 전환만으로는 충분하지 않은 번역의 여러 다른 측면들을 아우르는 개념이다. 순수 언어적 측면을 제외한 모든 것이라고 개념화한다면 문화적 측면보다는 비언어적 측면이라고 표현하는 것이 어쩌면 더 정확한 것일지도 모른다.

언어적 전환과 언어 능력 등의 언어적 측면에 초점을 맞추어 오던 번역학도 1990년대를 전후해 관심을 문화적 측면으로 돌리기 시작했다. 언어적 전환만으로는 번역 과정을 설명하거나 교육하고, 번역 현상을 해석하기에 충분치 않다는 점을 인식한 것이다. 번역가는 두 언어를 유창하게 다룰 줄 알아야 할 뿐만 아니라 두 문화에 대하여 편안함을 느껴야 한다면서, 번역가는 이중 언어에 능통하고(bilingual) 동시에 이중 문화(bicultural)에 밝아야 한다고 한 페르미어Vermeer의 말(Snell-Hornby 1995: 42 재인용)이 이를 대변한다.[7]

---

[7] 물론 이보다 앞선 주장도 있다. Eugine Nida와 Charles Taber는 *The Theory and Practice of Translation*(Leiden: Brill, 1982, p. 199)에서 '문화 번역'이라는 개념을 제시하였다. 성서 번역을 주된 관심사로 삼았던 이들은 '메시지의 내용이 수신자의 문화권에 일치하도록 바뀌거나 혹은 원전에서 언어학적으로 함축하고 있지 않은 정보가 생성되는 번역'을 문화 번역이라 부르면서 언어학적 번역 개념과 대립시켰다. 하지만 이 논의의 대상이 성서로 제한되어 있다는 점 때문에 일단 논외로 하겠다.

문화적 측면의 대두는 번역가가 번역 과정에서 염두에 두어야 할 대상이 좀 더 많아졌다는 의미로도 해석된다. 언어적 측면만을 염두에 두고 번역 작업을 진행할 때에 번역가는 출발 텍스트, 더 정확히 말해 출발 텍스트의 언어와만 씨름하면 된다. 반면 문화적 측면까지 염두에 둔다면 출발 문화권 독자에게 출발 텍스트가 어떻게 읽히고 받아들여지는지, 또한 번역가 자신이 만든 도착 텍스트는 도착 텍스트 독자에게 어떻게 읽히고 받아들여질 것인지도 고려해야 하는 것이다. 이를 반영하면 '출발 텍스트 분석-전환-도착 텍스트 재생산'이라는 번역 과정의 3단계가 〈그림 1〉과 같이 확장된다. 출발 텍스트와 도착 텍스트, 그리고 번역가라는 세 요소에 출발 텍스트의 독자, 저자, 도착 텍스트의 독자까지 포함되는 것이다. 최근에는 여기서 더 나아가 번역을 의뢰하는 존재, 번역이 이루어지는 상황의 권력관계 등까지도 연구의 대상이 되고 있다.

```
                          저자
                           |
출발 텍스트 독자 ― 출발 텍스트 ― 번역가 ― 도착 텍스트 ― 도착 텍스트 독자
```

〈그림 1〉 ⋯ 번역 과정의 요소

그런데 언어적 측면과 문화적 측면이 무 자르듯 구별되어 존재하지는 않는다. 오히려 양자가 긴밀한 관계를 주고받으며 번역가의 작업에 영향을 미친다고 하는 편이 더욱 정확하다. 이는 번역가가 다루는 텍스트라는 대상이 언어적 측면과 문화적 측면의 결합체라는 점에서 기인한다. 저자의 의도나 출발 텍스트 독자의 이해에 대한 판단은 1차적으로 출발 텍스트에서 얻어진다. 또한 도착 텍스트 독자에 대한 고려도 도착어로 구현된 도착 텍스트에 담기게 된다. 이렇게 보면 언어적 측면은 문화적 측면의 부분집합, 혹은 문

화적 측면이 형태적으로 구현된 것이라고도 할 수 있다.

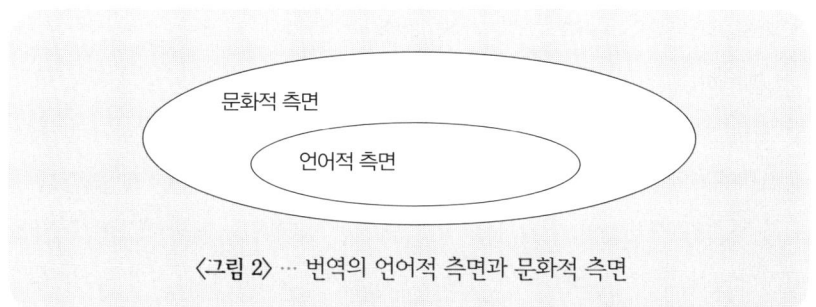

〈그림 2〉 ··· 번역의 언어적 측면과 문화적 측면

이를 달리 표현하면 언어와 문화는 번역가가 번역 작업에서 사용하는 두 개의 무기이다. 텍스트라는 재료로 번역물이라는 요리를 내놓기 위해 휘두르는 두 개의 칼이라고나 할까? 언어적 측면과 문화적 측면이 긴밀히 결합되어 있는 재료를 두고 한 칼로는 텍스트의 언어적 측면을 분해하고 분석하면서 동시에 다른 칼로는 문화적 측면을 골라내어 해석하고 새로이 덧입히는 것이다.

3. 문화적 측면의 분류

앞서 번역의 문화적 측면을 '언어적 측면에서의 이해와 전환만으로는 충분하지 않은 번역의 여러 측면들을 아우르는 개념'이라고 정리하였다. 이제 문화적 측면을 보다 구체화하여 살펴보도록 하자.

1) 번역 과정을 기준으로 한 분류

번역의 문화적 측면은 우선 번역 과정을 기준으로 하여 출발 텍스트를 이해·분석하기 위한 부분과 도착 텍스트를 재생산하기 위한 부분으로 나눌 수 있다. 출발 텍스트의 이해·분석을 위한 문화적 측면이란 번역가가 출발 텍스트 독자, 출발 텍스트, 저자 사이의 교류를 이해하기 위한 것을 말하며, 도착 텍스트 재생산을 위한 문화적 측면이란 번역가가 도착 텍스트 독자를 고려하면서 도착 텍스트를 재생산하는 과정에 개입하게 되는 것을 말한다. 전자를 문화적 측면 ①, 후자를 문화적 측면 ②라 부르기로 하자.

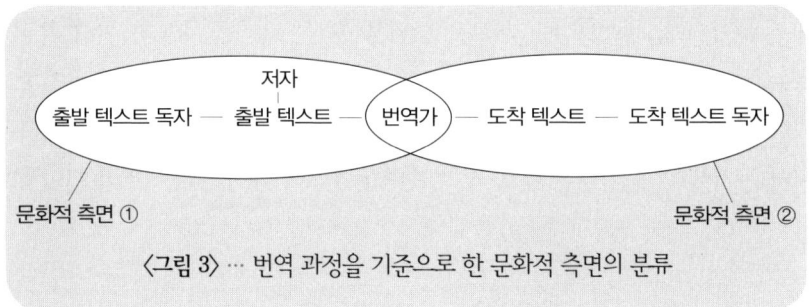

〈그림 3〉 … 번역 과정을 기준으로 한 문화적 측면의 분류

문화적 측면 ①에서 문제가 되는 것은 다음과 같은 경우이다. 저자가 쓴 출발 텍스트를 읽고 출발 텍스트 독자들은 문제없이 이해하는데, 이 출발 텍스트를 언어적으로만 전환한 도착 텍스트는 도착 텍스트 독자들에게 이해되지 않을 수 있다. 번역가는 출발 텍스트를 읽으면서 문화적 측면 ①을 바로 이해할 수도 있고 그러하지 못할 수도 있다. 번역가의 과제는 문화적 측면 ①을 바르게 이해하는 것, 그리고 바로 이해되지 않을 경우 참고 자료 검색을 통해 의미를 바르게 파악하는 것이다. 문화적 측면 ①은 '출발 텍스트를 이해하기 위한 배경지식'이라고도 바꿔 부를 수 있다.

문화적 측면 ②는 출발 텍스트의 이해보다는 도착 텍스트의 재생산에 관여하는 측면이다. 출발 텍스트 문화보다는 도착 텍스트 문화와의 관련성이 더욱 크다. 번역가가 문화적 측면 ②를 충분히 반영하지 않고 도착 텍스트를 생산한다면 도착 텍스트 독자들의 이해에 문제가 발생할 수 있다. 문화적 측면 ②는 '도착 텍스트가 제대로 이해되기 위한 언어문화 관행'이라고 바꿔 부를 수 있을 것이다.

〈그림 3〉에서 문화적 측면 ①과 문화적 측면 ②를 의미하는 두 원이 번역가에서 교차하는 것은 그 두 가지 문화적 측면을 한꺼번에 처리하는 존재가 번역가라는 점을 보여준다. '출발 텍스트 분석–전환–도착 텍스트 재생산'이라는 번역 과정의 단계 도식을 바탕으로 문화적 측면 ①과 문화적 측면 ②가 선후 관계를 가진다고 생각할 수도 있지만 번역 과정의 3단계가 순환, 반복되듯 문화적 측면 ①과 문화적 측면 ②도 순서를 따지지 못할 정도로 긴밀하게 결합되어 있다고 보는 편이 더욱 정확하다.

(1) 문화적 측면 ① – '출발 텍스트를 이해하기 위한 배경지식'

문화적 측면 ①은 출발 텍스트의 언어적 표면에 드러나지 않는다. 텍스트 이면에 숨어 있는 지식이다. 출발 텍스트 독자들은 이를 다 알고 있거나 혹은 추론이 가능하다. 하지만 도착 텍스트 독자들은 모르거나 추론할 수 없는 입장이다. 번역가 또한 출발 텍스트의 독자 중 하나이지만 다른 독자들과는 문화적 배경이 다른 만큼 그 지식을 모를 수도, 추론하지 못할 수도 있다.

『위대한 개츠비』의 오역들 중에는 시대 배경을 제대로 이해하지 못해 비롯된 것들이 많다. 대부분의 번역가들은 '캐나다로 연결되어 있는 (술을 들여오는) 지하 파이프라인'을 '캐나다로 통하는 지하정보망'이라고 잘못 번역했다. (중략) 금주법이 시행된 1920년대 미국의 시대 배경을 제대로 이해하지 못한 경우다.

(영미문학연구회 번역평가사업단, 2004. 4. 11)

앞의 사례에서 번역가들은 '캐나다로 연결되어 있는 지하 파이프라인'이라는 출발 텍스트 표현을 '지하정보망'으로 이해했다. 그러나 이것은 당시의 금주법을 피해 술을 밀반입하는 파이프라인에 대한 표현이었다. 출발 텍스트 독자들은 작품 속의 표현을 추가 설명 없이 바로 이해할 수 있었지만 번역가는 그러하지 못하였고 결과적으로 출발 텍스트 표현의 의미를 정확히 전달하지 하였다.

이와 같은 사례들은 번역 비평에서 수없이 등장한다. 대부분이 번역가가 충분한 배경지식을 확보하지 못해 잘못된 번역어를 내놓았다는 지적이다. 이 때문에 번역 비평 내용을 수집하여 분류한 이상원의 『한국출판번역 독자들의 번역평가규범 연구』(서울: 한국학술정보, 2006)에서는 선행 연구를 바탕으로 한 애초의 이론적 틀에는 있지도 않았던, 배경지식 영역을 새로이 설정하였다. 그 정도로 배경지식과 관련한 지적이 많았던 까닭이다. 이 연구에서 배경지식은 '전문용어'에 대한 지식, '신화'에 대한 지식, '시대 배경'에 대한 지식, '대중문화/스포츠'에 대한 지식, '종교'에 대한 지식, '제도와 관습'에 대한 지식, '제3의 외국어'에 대한 지식, '저자 및 관련 도서'에 대한 지식, '지리'에 대한 지식, '고전문학'에 대한 지식, '자연과학'에 대한 지식, '예술'에 대한 지식으로 분류되어 있다. 이러한 하위분류가 사실 큰 의미를 가지지는 않는다. 특정 도서들을 대상으로 한 번역 비평 내용에서 추출한 것인 만큼 대표성이 제한되기 때문이다. 하지만 번역에서 문화적 측면 ①이 가지는 중요성을 보여주는 데에는 충분하다고 판단된다.

(2) 문화적 측면 ② – '도착 텍스트가 제대로 이해되기 위한 언어문화 관행'

문화적 측면 ①이 번역가를 비롯한 도착 텍스트 독자들이 출발 텍스트 독자들처럼 출발 텍스트를 이해하기 위한 측면이었다면 문화적 측면 ②는 도착 텍스트 독자들이 도착 텍스트를 제대로 이해하도록 만들기 위한 측면이다. 언어적 측면이나 문화적 측면 ①을 기준으로 하면 훌륭한 전환을 이루었다고 볼 수 있을 정도의 번역이라 해도, 문화적 측면 ②에 대한 고려가 없다면 도착 텍스트 독자들의 이해에 부담을 주고 문제를 야기할지 모른다. 도착 텍스트에 영향을 미치는 언어문화 관행이 준수되지 못했기 때문이다.

예를 들어 형제 두 명이 등장하는 영어 텍스트를 한국어로 번역한다고 하자. 영어 텍스트에서는 형제 둘 중 누가 형이고 누가 동생인지가 끝까지 드러나지 않을 수도 있다. 형제들 자신은 물론이고 제3의 인물들도 형제를 그저 이름으로만 부르는 상황이라면 말이다. 하지만 이 텍스트를 한국어로 번역하는 번역가는 제일 먼저 두 형제의 출생 순서를 규명해야 한다. 형제가 등장하는 한국어 텍스트에서는 호칭과 문장의 어미 처리 등이 출생 순위에 따라 달라질 것이기 때문이다.

이 상황에서 출발 텍스트 독자들은 형제의 출생 순서를 궁금해 하지 않고 전체 텍스트를 이해했으리라. 하지만 한국어 도착 텍스트 독자들은 그렇지 않다. 결국 번역가는 문화적 측면 ①이라는 배경지식에서는 전혀 문제되지 않았던 부분을 도착 텍스트 생산을 위해서는 고려해야 하는 셈이다.

이상과 같은 두 가지 문화적 측면의 분류는 번역의 과정(이해-전환-재구성)과 번역 과정의 구성 요소(출발 텍스트 독자, 출발 텍스트, 저자, 번역가, 도착 텍스트, 도착 텍스트 독자)를 적용하여 번역의 문화적 측면을 설명한다는 점에서 체계적이다. 이 분류를 적용한다면 번역 과정에 대한 분석이나 번역 교육 등에서도 한층 체계화된 논의가 가능할 것이다.

반면 번역된 도착 텍스트를 분석, 비평하는 경우에는 적용이 쉽지 않다. 도착 텍스트에서는 문화적 측면 ①과 문화적 측면 ②가 긴밀히 얽혀서 나타나기 때문이다. "경적기" 번역의 경우 번역가가 "pager"라는 단어를 제대로 이해하지 못했던 것이 문제인지(문화적 측면 ①), 아니면 의미 자체는 이해했지만 한국인 독자들이 이해할 수 있는 대응 단어를 고심하는 과정에서 "경적기"라는 최종 선택을 내린 것인지(문화적 측면 ②) 분명치 않다. 두 측면이 혼합되는 것이다. 이때 대안적인 분류 방법으로 떠오르는 것이 문화의 하위 영역에 따른 분류이다.

2) 문화의 하위 영역을 기준으로 한 분류

문화는 인류의 지식, 신념, 행위의 총체로 정의된다. 이는 대단히 광범위한 개념이므로 하위 영역을 기준으로 한 분류가 다양하게 시도되어 왔다. 학문 영역과 관심사에 따라 분류 방법은 다양하다. 여기서는 출발 텍스트 문화권과 도착 텍스트 문화권의 차이에 주목한 앞선 번역학 연구자들의 논의를 중심으로 삼고자 한다.

나이다Nida는 번역에서 문제가 발생할 수 있는 문화의 범주를 다음과 같이 생태문화, 물질문화, 사회문화, 종교문화, 언어문화로 분류하였다.[8] 각 범주의 내용은 다음과 같다.

〈표 1〉 ⋯ 나이다가 제시한 문화의 범주

생태문화	지리 및 기후 여건에서 비롯되는 생활상의 차이
물질문화	의복, 음식, 도구 등 인간을 통해 가공되거나 변형된 물질의 총체
사회문화	정치, 경제, 법률, 교육 등 각종 제도나 관습 등
종교문화	신앙이나 믿음, 금기나 숭배의 체계 등
언어문화	• 언어 외적 행위를 제외한 나머지 독특한 표현의 문제 • 시제, 인칭 표현, 존칭어 등

출발 텍스트 문화와 도착 텍스트 문화는 그 하위 범주가 다르기 때문에 번역에서 어려움이 발생한다고 한다. 예를 들어 에스키모는 눈(雪)을 수많은 종류로 나누고 그 각각을 다른 어휘로 부른다고 한다. 그러한 만큼 눈을 세

---

[8] Eugene Nida, *Toward a Science of Translation* (Oxford: Prentice-Hall, 1964).

부적으로 분류하지 않는 다른 언어로 이들 어휘를 번역해야 한다면 문제가 발생하지 않을 수 없다. 이는 생태문화 범주에 해당할 것이다.

마지막 범주인 언어문화는 이 글에서 구분하는 번역의 언어적 측면과 문화적 측면 중에서 언어적 측면에 더 가까울지도 모른다. 결국 이는 언어적 측면과 문화적 측면의 긴밀한 상호 연관성을 드러낸다. 우리의 사회문화에서 연령이 높은 사람을 존칭하는 관습이 없다면 언어문화에서도 존칭어가 덜 발달했을 것이고 그러면 영어 텍스트를 번역하면서 연령 서열을 파악하는 데 신경 쓸 필요가 없었을 것이다.

나이다의 문화 범주는 전체적인 틀을 제시할 뿐 실제 적용에서는 문화권에 따라, 텍스트에 따라 다양한 변이가 나타나게 된다. 유럽의 두 언어 사이에서 이루어지는 번역이라면 물질문화나 사회문화, 종교문화 범주에서의 고려가 별로 필요 없을 것이다. 출발 문화와 도착 문화 사이에 겹치는 부분이 크기 때문이다. 이러한 여러 범주의 유사성 덕분에 언어문화에서 드러나는 차이도 크지 않을 가능성이 높다. 반면 유럽 언어와 한국어 사이의 번역인 경우 생태, 물질, 사회, 종교, 언어의 다섯 영역 모두에서 상당한 차이가 드러날 것이다. 이런 차이는 시대에 따라서도 달라진다. 문화 사이의 교류가 별로 없었던 과거에 비해 오늘날 한국과 유럽 사이의 문화적 거리는 대폭 좁혀져 있다. 번역의 문화적 측면이 드러나는 양상이나 영역도 이에 따라 변하게 된다.

나이다의 문화 범주가 다각적이라면 심재기와 김효중의 연구는 추상적인 정신문화에 보다 초점을 맞추고 있다.[9] 심재기는 상이한 사고 구조, 상이한 가치관, 상이한 인식 방식, 상이한 행동 양식 등의 문화적 차이가 상이한 문화 간의 소통에 장애 요소가 된다고 밝히고 있다. 그리고 특히 문학 번

---

[9] 심재기, 「문화적 전이로서의 번역—문학번역에 있어서의 '토속적인 표현'의 번역의 문제」 (서울: 연세대학교출판부, 2004); 김효중, 「문학작품 번역에서 문화 적용의 문제」, 『어문학』 87, 2005, 519~539쪽.

역에 있어 문제가 되는 '토속적인 표현'의 부류로 물질적·정신적 문화의 대상, 호칭, 인사말, 감탄사를 제시하였다. 김효중은 의미된 것의 기능이 문화권에 따라 다르다는 것이 번역의 본질적 문제라고 표현하면서 인간이 실세계에 대응하고 적응하는 과정에서 고유한 특정 문화를 형성하는 것이 그 문제의 근원이라고 설명했다. 그리고 문화에 의해 각인된 인간의 행위나 사고방식이 낳는 차이를 습관, 관례, 예의범절, 터부, 전통, 민족성, 가치관, 현실 파악의 방법 등을 기준으로 정리하였다.

심재기와 김효중은 나이다의 범주 중 사회문화와 종교문화에 초점을 맞추면서 나머지 세 범주는 여기에 포함되거나 바탕을 이룬다고 여긴 듯하다. 문화의 각 범주가 서로 밀접히 관련된다는 점은 분명해 보이지만 정신문화에만 초점을 맞춘다면 실제 번역 과정에서 당면하는 문제 규명이라는 차원에서는 부분적으로만 유효하다는 한계를 안게 된다.

4. 문학 작품 번역에서 나타나는 문화적 측면

이제는 실제 번역 과정에서 번역가가 당면하는 문화적 측면에 대해 살펴보도록 하자. 이러한 사례 분석은 번역의 문화적 측면이 무엇인지를 보다 구체적으로 드러낼 것이다.

사례로 삼은 문학 작품은 영국의 소설가 대프니 듀 모리에Daphne du Maurier의 1938년 소설 *Rebecca*이다. 영어 출발 텍스트 기준으로 총 428쪽 분량이다. 이 작품의 한국어 번역본으로는 동서문화사 판(1977/2003, 총 602쪽)과 생각의나무 판(2010, 삽화 포함 총 760쪽)이 있다.[10] 작품의 시대 배경은 명확

---

10 김유경 옮김, 『레베카』 (서울: 동서문화사, 1977/2003); 이상원 옮김, 『레베카』 (서울: 생각의나무, 2010).

히 제시되어 있지 않지만 소설 집필 시점인 1900년대 초반 무렵으로 추정된다.

문화적 측면 분석의 사례로 문학 작품, 특히 그중에서도 소설을 선정한 이유는 소설이 등장인물의 생활을 많이 반영한다는 판단 때문이다. 소설에는 배경이 되는 자연환경, 사회적 의미를 지닌 사건, 등장인물의 의식주 및 정신문화 등에 대한 묘사가 나타나기 마련이다. *Rebecca*는 21세의 영국 여성이 귀족 가문 출신의 남자를 만나 결혼한 후 저택에 들어가서 새로운 삶과 새로운 사람들에게 적응해 가는 이야기이다. 물에 빠져 죽은 것으로만 알았던 전前 부인이 실은 가식과 허위뿐인 결혼 생활을 못 견딘 남편의 손에 죽었다는 사실이 드러나고, 우연히 전 부인의 사체까지 발견되면서 사건에 대한 재조사가 이루어지는 과정도 포함되어 있다.

사례 분석을 위해 출발 텍스트와 도착 텍스트 2종을 전체적으로 검토하여 문화적 측면을 드러낸다고 판단되는 부분을 추출하였다. 번역가가 당면하는 문화적 측면을 살펴본다는 목적이므로 번역의 품질, 즉 오역이나 가독성 등의 문제는 논외로 하였다.

이 사례 분석은 우선 작품 전체를 대상으로 하여 문화적 측면을 검토한다는 면에서 의의를 가진다. 일부 발췌 부분에 대한 분석을 중심으로 이루어져 온 기존의 연구들은 텍스트 전체를 놓고 작업하는 번역가의 상황을 드러내는 데 한계를 가질 수 있기 때문이다. 또한 한국어 번역본 2종을 함께 비교 및 검토함으로써 문화적 측면의 번역 전략을 살펴보고자 한다. 동서문화사 판은 1977년의 초판을 2003년에 개정한 것을 참고하였다. 초판의 번역이 상당 부분 유지된 것으로 보여 2010년의 생각의나무 판과 비교 및 검토할 경우, 번역 전략의 시대적 차이 역시 드러날 것으로 기대되었다.

분석 결과 문화적 측면으로 제시된 사례는 총 112개였다. 사례는 어휘인 경우도, 표현인 경우도 있었다. 앞서 제시한 나이다의 문화 범주를 바탕으로 이들 사례를 분류하면 〈표 2〉와 같다.

〈표 2〉 ··· 소설 *Rebecca*에 나타난 문화 범주 사례

문화 범주	사례 수	사례 내용
생태문화	10	식물, 새 등의 명칭
물질문화	24	의식주 관련 어휘
사회문화	22	여가 및 스포츠 관련 어휘
	11	직위 명칭 및 생활 방식 관련 어휘
	5	길이, 온도 등의 단위
종교문화	2	
언어문화	4	호칭, 애칭 등
	10	비속어, 외국어, 관용어 등
	24	비유(은유, 직유 등)

전 범주에 걸쳐 사례가 추출되었다. 한 작품의 번역 과정이 다양한 문화 범주를 모두 포괄하고 있는 것이다. 이는 번역가가 그만큼 다양한 문화적 측면에 노출되는 것이라고도 바꿔 말할 수 있다. 상대적으로 추출 빈도가 높았던 사회문화 범주와 언어문화 범주의 경우 하위분류가 필요하다고 판단되어 각각 세 영역으로 나누었다. 수가 가장 적었던 사례는 종교문화 범주였다. 각 범주별로 사례를 소개하면 다음과 같다.

1) 생태문화 범주

분석 대상 소설에는 꽃을 비롯한 식물의 명칭이 다수 등장한다. 죽은 전 부인을 상징하는 철쭉을 비롯해 저택의 정원과 숲에 피어 있는 각종 꽃이 구체적으로 언급되고 있다. 생태문화 범주로 분류된 열 개의 사례는 모두 꽃을 비롯한 식물이나 새 등의 이름이다.

〈사례 1〉은 등장인물이 가장무도회를 준비하면서 어떤 꽃으로 장식하는

가를 설명하는 부분에 등장하는 문장이다. 사례는 동서문화사 판(1977/2003, 이하 TT1이라고 표기함), 생각의나무 판(2010, 이하 TT2라고 표기함) 순으로 제시하였고 출발 텍스트를 보이기 위해 영국 비라고Virago 출판사의 2003년 판(이하 ST라고 표기함)을 덧붙였다. 각 사례 뒤에 쪽수를 표기하였다. TT2는 두 권으로 분권 출판되었으므로 권수도 함께 표기하였다.

〈사례 1〉
TT1 : 정원사들은 오전 중에 줄곧 여러 가지 꽃 – 늦게 피는 흰 라일락, 5피트나 되는 커다란 류핀이며 손바닥 난초, 수많은 장미, 모든 종류의 백합 등을 집안으로 날아왔다. (339쪽)
TT2 : 아침 내내 정원사들은 꽃을 꺾어 저택으로 들여왔다. 흰 라일락, 층층이 부채꽃, 참제비고깔, 온갖 색깔의 장미와 백합들. (1권 400쪽)
ST : All the morning the gardeners were bringing flowers into the house, the last of white lilac, and great lupins and delphiniums, five foot high, roses in hundreds, and every sort of lily. (p. 229)

꽃 이름이 번역의 문화적 측면을 드러내는 사례가 되는 경우는 다양하다. 첫째, 출발 문화권에 존재하는 꽃이 도착 문화권에 없을 수도 있다. 둘째, 동일한 꽃이 존재하기는 하지만 함의가 다를 수 있다. 출발 문화권에서는 흔한 종류이고 실내 장식에 자주 사용되지만 도착 문화권에서는 아주 비싸고 귀한 꽃이라면 번역 후에 상징적인 의미가 다르게 전달될 수 있다. 셋째, 가능한 대응어가 여러 개 존재한다면 그 중에 무엇을 선택할 것인지도 문제이다. 특히 착래어와 토종어 사이에서 선택을 고민하게 된다. 토종어를 사용하면 너무 한국적인 냄새가 짙어질 수 있는 반면 외래어를 사용하면 전달의 효율성이 떨어질 수 있기 때문이다.

〈사례 1〉에서 TT1의 번역가는 "류핀", TT2의 번역가는 "층층이 부채꽃"

이라는 번역어를 선택하였다. "류핀"은 낯선 명칭이지만 라일락, 장미, 백합 등이 함께 등장하는 상황이므로 꽃 이름이라는 것을 추측하는 데에는 무리가 없다. 번역가의 의도는 외국어 음차 표기를 통해 20세기 초 영국 귀족들의 가장무도회라는 낯선 분위기를 살리는 것이었으리라 짐작된다. 반면 "층층이 부채꽃"은 이름으로 꽃의 모습을 상상할 수 있다는 장점이 있지만 토속적인 한국어 명칭이라 이국적 거리감의 확보가 덜하다.

2) 물질문화 범주

물질문화 범주로 분류된 24개의 사례는 의식주와 관련된 어휘들이다. 이 소설에서는 밥을 먹거나 차를 마시는 장면이 많고, 여자 주인공의 옷차림도 자주 묘사된다. 저택의 겉모습, 내부 공간의 명칭 등 주생활 관련 어휘도 적지 않다. 다음의 〈사례 2〉는 차를 마실 때에 함께 먹는 과자나 빵 등을 설명하는 부분이다.

〈사례 2〉
TT1 : 설탕즙이 뚝뚝 듣는 갓 구워 낸 과자가 지금도 눈앞에 선하다. 그리고 조그맣게 오므라든 토스트, 따끈한 김이 무럭무럭 나는 얄따란 과자, 무엇으로 만들었는지 알 수 없는 이상한 풍미를 지닌 맛있는 샌드위치, 몹시 진기한 생강빵, 입에 넣으면 녹아 버리는 앤젤 케이크, 거기에 곁들여져 있는 껍질이 딱딱하고 건포도가 들어간 그다지 맛이 없는 과자.
(21쪽)
TT2 : 달콤한 시럽이 뚝뚝 떨어지는 핫케이크가 눈앞에 보이는 것만 같다. 바삭한 토스트, 갓 구워내 뜨거운 스콘, 속에 무얼 넣었는지 알 수 없지만 맛이 좋았던 샌드위치, 그리고 아주 특별했던 생강 빵도 떠오른다. 입에서 녹아버리는 카스테라, 설탕절임과일과 건포도가 터질 듯 가득 든

빵도 생각난다. (1권 19쪽)

ST : Those dripping crumpets, I can see them now. Tiny crisp wedges of toast, and piping-hot, floury scones. Sandwiches of unknown nature, mysteriously flavoured and quite delectable, and that very special gingerbread. Angel cake, that melted in the mouth, and his rather stodgier companion, bursting with peel and raisins. (p. 8)

TT1에서는 "과자"라는 범용어가 반복적으로 사용되고 있다. 이는 TT2에서 "핫케이크", "스콘", "카스테라", "빵" 등의 번역어가 구체적인 것과 대조적이다. 이러한 TT1의 특성은 1977년이라는 초판의 번역 시기와 관련된 것으로 추정된다. 당시, 번역가는 독자들이 다양한 빵 명칭을 모른다고 판단했거나 구체적으로 제시할 필요가 없다고 보았던 것 같다. 그리하여 과자라는 상위어로 통칭하되 관형어를 달리하여 세부 속성을 구분하였다. 과자라는 어휘가 달콤하고 딱딱한 간식거리라는 의미장을 가졌다고 본다면 과자라는 반복적 통칭으로 인해 원문에서 드러난 다양성은 다소 경감된다고 여겨진다. 반면 2010년에 나온 TT2에서는 "핫케이크", "스콘", "카스테라"와 같은 외래어를 사용하고 있다. 일반 독자들이 이런 어휘들을 충분히 이해할 수 있다고 판단한 것이다. 이는 문화적 측면의 처리가 시대에 따라 달라질 수 있음을 보여주는 흥미로운 지점이라 하겠다.

〈사례 2〉에 나온 "scone"은 이후에도 여러 차례 텍스트에 등장한다. 그런데 TT1에서는 이를 "둥근 빵"(426쪽), "보리과자"(511쪽), "보리빵"(568쪽) 등으로 다양하게 표현하고 있다. 이는 당시 한국 독자들에게 익숙하지 않았던 "scone"의 번역어를 찾는 과정에서 번역가가 고민하는 모습을 보여주는 듯하다. 물론 특별한 의도가 있지 않은 한 텍스트 내에서 동일 어휘는 통일해 주는 것이 효율적이다. 여기서는 번역 품질 평가를 염두에 두고 있지 않으므로 이 점은 고려하지 않으려 한다. 다만 "scone"이 당시의 번역가가 대응어를 찾기에 쉽지 않았던, 골치 아픈 어휘였으며 고민스러운 문화적 측면이 었음은 분명하다.

⟨사례 3⟩

TT1 : 나는 그 여자의 이름을 전혀 모르고 그 뒤 다시 만난 일도 없지만, 그 여자는 크리놀린(심을 넣어 넓게 퍼지게 만든 스커트) 모양을 한 적황색 야회복을 입고 있었다. (369쪽)

TT2 : 먼저 기억하는 것은 무도회가 끝난 뒤로 두 번 다시 만난 적 없는 이름 모를 어느 부인이다. 심을 넣어 부풀린 진홍빛 드레스 차림이었는데 …… (2권 24쪽)

ST : There was a woman, I never knew her name, never saw her again, but she wore salmon-coloured gown hooped in crinoline form. (p. 250)

⟨사례 3⟩은 가장무도회에 참석한 한 부인의 옷차림을 묘사하는 문장이다. TT1에서는 "crinoline"이라는 영어 단어를 그대로 음차하여 쓴 다음 괄호 안에 설명을 넣는 방식을 택했고 TT2에서는 풀어서 설명하는 방식을 택했다. TT1에서의 경우는 일종의 역주 처리라고도 볼 수 있다. 두 전략의 차이는 결국 "crinoline"이라는 어휘를 번역 텍스트에 넣느냐, 넣지 않느냐로 귀결된다. 이 어휘를 넣은 TT1의 경우는 시대적·공간적 거리감을 확보하는 대신에 삽입어로 인해 읽기가 불편해진다는 단점을 감수했다. TT2에서는 평이한 설명어로 드레스를 수식함으로써 이 부분이 별다르게 강조되지 않도록 처리하였다.

⟨사례 4⟩

TT1 : "너는 한 번도 내게 스케치한 걸 보여주지도 않고, 물건을 사러 보내면 택졸Taxol을 사오는 걸 잊어버리니 말이야. ……" (63쪽)

TT2 : "그림을 그렸다고 보여주지도 않고 또 사 오라고 시켰던 택솔 치약도 잊어버렸더구나. ……" (1권 69쪽)

ST : '...you never have any sketches to show me, and when I do ask to do some shopping for me you forget to buy me Taxol...' (p. 38)

〈사례 4〉는 문화적 어휘의 의미 파악을 위해 번역가가 기울인 노력이 드러난다는 점에서 흥미롭다. 원문에서 아무런 맥락 없이 단독으로 등장한 어휘 "Taxol"은 과연 어떤 물건을 말하는 것일까? 원문 59페이지에 가서야 단서가 등장한다. "The only difference is that I don't take Taxol, I prefer Eno's, and you must never let me run out of my particular brand of toothpaste"라는 문장이 나오는 것이다.[11] 이 문장을 바탕으로 "Taxol"이 치약 브랜드 이름임을 추정할 수 있다.

〈사례 4〉의 TT1에서는 영어 단어를 병기해 주었다. 원문 59페이지의 단서를 활용한 것으로는 보이지 않는다. TT2에서는 단서를 활용하여 "택솔 치약"으로 구체화하였다. 이 부분의 핵심 내용은 심부름으로 사 오라고 했던 물건을 '잊어버리는 것에 대한 지적'이므로 그 물건이 무엇인지는 중요하지 않다고 판단할 수도 있다. 이 경우에는 TT1의 번역도 충분한 대안이다.

TT2의 경우는 모르는 어휘가 등장했을 때에 번역가가 텍스트의 다른 부분에 나오는 단서를 놓치지 말아야 한다는 점을 알려 준다. 외부의 참고 자료 못지않게 텍스트 내에도 수많은 단서가 존재하는 것이다.

---

[11] 이 문장을 우리말로 옮기면 '한 가지 차이라면 난 택솔이 아니라 에노를 쓴다는 거요. 내가 좋아하는 치약이 떨어지지 않도록 신경 써 줘요.' 정도로 해석이 가능하다.

3) 사회문화 범주

사회문화 범주의 사례 수는 38개로 언어문화 범주와 함께 가장 많았다. 이를 다시 세 개의 하위 범주로 나누어 소개하겠다.

(1) 여가 및 스포츠 관련 어휘

폴로 경기, 테니스 경기, 요트 경기, 카드놀이, 공연 예술, 아이들의 놀이, 노래 제목, 배우 이름 등의 사례가 이 하위 범주에 포함되었다. 사례 수는 총 22개로 적지 않았다.

〈사례 5〉

TT1 : "그건 그다지 현명한 말이 못 되는구나. 우리 라이온은 지난 2월에 <u>크라프츠</u>에서 두 번이나 1등상을 탔단다." (156쪽)

TT2 : "지난 2월에 <u>경진대회</u>에 나가 일등상을 두 개나 받아온 개한테 그리 잘 맞는 표현은 아니로구나." (1권 184쪽)

ST : 'Not a very intelligent remark when Lion won two firsts at <u>Cruft's</u> last February.' (p. 106)

〈사례 5〉는 주인공의 시누이 베아트리스가 그녀의 집 개가 비쩍 말랐다고 비아냥거리는 말을 듣고 그에 발끈하여 대답하는 장면이다. 원문의 "Cruft's"는 런던에서 열리는 국제적인 '개 경진대회'의 이름이다. TT1에서는 고유명사를 그대로 음차하여 "크라프츠"라고 하였고 TT2에서는 "경진대회"라고 일반화시켰다. 이러한 번역 전략의 효과는 〈사례 3〉에서 설명한 것과 유사하다. TT1의 경우는 공간적 거리감을 확보해 주는 반면 이해가 어려울 수 있고, TT2의 경우는 익숙한 표현을 사용한 만큼 강조 효과가 줄어들게 된다.

(2) 직위 명칭 및 생활 방식 관련 어휘

직위 명칭 및 생활 방식 관련 어휘 사례는 총 11개였다. 소설의 첫 부분에서 주인공이 천박한 노부인의 여행 동반자로 고용되어 호텔 생활을 하는 장면이나 당시 상류사회의 관행을 지칭하는 표현 등을 생활 방식 관련 사례로 분류하였다.

〈사례 6〉은 "magistrate"라는 직위 명칭의 번역 상황을 보여준다. 번역가는 직위 명칭을 통해 그 사람이 담당하는 역할을 한마디로 보여줘야 하는 상황이다. TT1과 TT2에서의 경우, 각각 "행정 장관"과 "치안판사"라는 서로 다른 대응어를 선택하였다. 〈사례 6〉은 전 부인의 시신이 저택 앞 바다에서 발견되어 이를 확인하러 가려는 상황에서의 대화이다. 줄리언 대령은 전 부인이 사망 당일 들렀던 곳과 만났던 사람들을 추적하는 데에 동행하는 인물로 작품의 이후 부분에서 계속 등장한다.

행정 장관과 치안판사라는 개념은 둘 다 한국어 독자에게 다소 낯설다. TT1과 TT2에서는 진상을 밝히려 사건을 추적하는 이야기 전개에 어울리도록 권위가 느껴지는 직위 명칭을 사용하면서, 동시에 사회문화적 거리감도 염두에 두었던 것으로 보인다.

〈사례 6〉

TT1 : "왜 줄리언 대령이?"

"케리스의 행정 장관이니까 입회할 의무가 있는 거요."(463쪽)

TT2 : "줄리언 대령이 대체 누군데요?"

"케리스의 치안판사요. 그가 동석해야 한다고 하오." (2권 149쪽)

ST : 'Why colonel Julyan, why?' I said.

'He's the magistrate for Kerith. He has to be present.' (p. 320)

(3) 길이, 온도 등의 단위

길이나 온도 등의 단위가 등장하는 사례는 총 5개였다. "피트", "야드", "화씨" 등의 단위를 TT1에서는 그대로 표기하였고 TT2에서는 "미터"와 "섭씨"로 바꾸거나 다른 어휘로 대체하였다. 단위는 언어문화권에 따라 통용되는 표현이 다르기 때문에 이를 그대로 둘 것인지, 변환할 것인지에 대한 선택의 문제가 뒤따른다.

〈사례 7〉에서는 체온에 대한 표현에서 두 번역이 서로 극명하게 다른 전략을 사용하고 있음이 드러난다. TT1에서는 화씨 표기 온도를 그대로 쓰고 괄호 안에 "화씨"라고 덧붙였다. TT2에서는 아예 체온을 생략하고 "몹시 열이 나서"라는 표현으로 대체하고 있다.

TT1의 선택은 한국어 텍스트 독자들이 화씨온도를 보고 대략의 섭씨온도를 짐작할 수 있으리라는 가정을 바탕으로 한 것으로 보인다. 반면 TT2의 경우는 굳이 온도를 제시하지 않아도 충분히 의미 전달이 가능하다고 판단하여 삭제하는 전략을 취했다.

〈사례 7〉
TT1 : "나도 올케들과 함께 런던에 갔으면 좋겠는데, 어떻게 형편이 되어야죠. 로쟈가 가엾게도 열이 130도(화씨)나 돼요. ……" (565쪽)
TT2 : "나도 런던으로 가서 힘을 보태야 하는데 그럴 수가 없네. 로저가 몹시 열이 나서 말이야. ……" (2권 291쪽)
ST : 'I wish I could come up to London and join you,' she said, 'but I don't see how I can. Roger has a temperature of 103, poor old boy, and...' (p. 398)

4) 종교문화 범주

종교문화 범주는 사례 수가 2개로 가장 적었다. 이는 분석 대상 텍스트에 종교적인 내용이나 장면이 별로 많지 않았던 탓이다.

소설 속에서 전 부인이 묻혀 있는 "church cript"(TT1 : 납관소, TT2 : 교회 지하 묘지)와 주인공의 저택 근처 교회의 "wife of the bishop"(TT1 : 사제司祭 부인, TT2 : 대목(대리목사) 부인)은 작품 속에서 두세 차례씩 반복하여 등장한다. TT1에서의 "납관소"와 "사제司祭 부인"은 한자어를 사용함으로써 종교적인 어휘의 권위를 확보하는 효과를 거두었다고 판단된다. TT2에서의 "교회 지하 묘지"는 서술적인 표현을 택한 것으로 보인다.

5) 언어문화 범주

언어문화 범주로 분류된 사례도 수가 많아 하위분류가 필요했다. 세 범주로 나누어 보면 다음과 같다.

(1) 호칭, 애칭 등

애정이나 존경을 담아 부르는 호칭과 애칭 등에 대한 처리도 문화적 측면의 사례가 된다. 분석 대상 텍스트에는 이러한 사례가 4개 나타났다.

〈사례 8〉은 주인공의 시누이 베아트리스가 하는 말이다. "old"라는 형용사를 두 차례 사용해 남동생과 남동생이 키우는 개를 부르고 있다.

우선 약간의 핀잔과 애정을 동시에 담아 동생을 부르는 "old boy"의 경우 TT1에서는 "도련님"으로, TT2에서는 "맥심"으로 옮겼다. 전자에서는 애칭을 살리려는 노력이 뚜렷이 드러난다. 다만 누나가 남동생에게 쓰는 호칭이라는 것이 독자들에게 쉽게 이해될지 의문이 남는다. "맥심"이라는 번역은 명료화에 초점을 둔 번역 전략으로 보인다. 장난스럽고 애정 어린 분위기는 삭제되었다.

〈사례 8〉

TT1 : "너하고 이야기하는 게 아니에요, 도련님……. 그렇지, 쟈스퍼? 얌전한 쟈스퍼, 귀여운 할아범." (157쪽)

TT2 : "난 너한테 얘기하는 게 아니다, 맥심……. 그렇지 않니, 재스퍼? 아이, 착해라." (1권 185~186쪽)

ST : 'I wasn't talking to you, old boy... wouldn't you, Jasper? Good old Jsaper. Nice old man.' (pp. 106~107)

개에게 말을 걸면서 사용하는 호칭인 "Nice old man"은 TT1에서 "귀여운 할아범"으로, TT2에서는 "아이, 착해라"로 다르게 나타났다. "귀여운 할아범"은 원문 표현을 거의 그대로 살리고 있다고 판단된다. 하지만 텍스트의 다른 부분을 참고하여 판단할 때에 쟈스퍼는 나이 많은 개가 아니어서 자칫 오해의 소지가 있다. "아이, 착해라"는 도착 문화권인 한국에서 개에게 할 수 있는 애정 어린 표현으로 원문 표현을 대체해 버린 경우로 판단된다.

(2) 비속어, 외국어, 관용어 등

이 범주에는 욕설, 전 부인 요트의 명칭 처리, 단어의 이중 의미를 활용한 말장난, 여학생들의 말버릇 등에 대한 사례가 모두 10개 포함되어 있다.

〈사례 9〉는 주인공이 서재의 큐피드 조각상을 실수로 깨뜨린 후 전전긍긍하자 남편이 조금 짜증을 내면서 내뱉는 말이다. 비속어 "damn"을 TT1에서는 "그까짓 우라질"로, TT2에서는 "그놈의"로 옮겼다. 비속어의 번역은 욕설의 강도를 살리는 동시에 화자의 특성을 반영하여야 한다는 점에서 번역가에게 어려운 과제이다. TT1에서는 욕설의 강도가 상대적으로 더 세다. 하지만 평소 자제력이 뛰어나고 진지하다고 묘사되는 주인공 남편의 모습에 어울리는 수준인지는 의문이 남는다. 반면 TT2에서는 욕설의 강도가 훨씬 약하다.

또 한 가지 이 사례에서 눈에 띄는 점은 감탄사의 역할이다. TT1에서는 "쳇"이라는 감탄사를 사용하여 화자의 짜증스러운 마음을 전달하려 하였다. TT2에서의 "아"는 탄성이나 한숨을 연상시킨다. 다양한 감탄사는 등장인물의 감정 전달에 유용한 도구로 활용되고 있다.

〈사례 9〉

TT1 : "쳇, 그까짓 우라질 큐피드 따위는 아무려면 어때?" (246쪽)

TT2 : "아, 그놈의 조각상!" (1권 285쪽)

ST : 'Oh, damn that infernal cupid…' (p. 165)

(3) 비유(은유, 직유 등)

언어문화 범주의 마지막 하위 범주는 비유 표현이다. 은유 혹은 직유의 사례가 총 24개나 있었다. 비유 사례는 그 내용을 기준으로 한다면 다른 범주로 분류될 가능성도 있다. 예를 들어 "보리짚"이 직유의 대상으로 쓰인 〈사례 10〉은 생태문화 범주로, 뉴캐슬의 석탄 산업을 비유한 〈사례 11〉은 사회문화 범주로 분류할 수 있다. 하지만 내용보다는 비유라는 효과가 중요하다고 판단하였고, 또한 비유 사례가 24개로 많은 편이어서 따로 구분하였다.

〈사례 10〉은 죽은 전 부인의 방이 고스란히 보존되어 있는 모습을 보면서 주인공이 경악하는 장면이다. 다리가 떨리는 모습을 직유법으로 표현한 원문을 옮길 때에 TT1에서는 "다리가 마치 보리짚처럼 약하디 약하게 떨리는"이라고 하였고 TT2에서는 "덜덜 떨리고 있다는"이라고 하였다. TT1에서는 원문의 직유법을 그대로 살려 주려는 전략을, TT2에서는 직유법의 대상을 삭제하고 "덜덜"이라는 의태어로 바꿔 넣는 전략을 택했다.

〈사례 10〉

TT1 : 이 방에 들어와서 처음으로 나는 이때 다리가 마치 보리짚처럼 약하디 약하게 떨리는 것을 느꼈다. (275쪽)

TT2 : 그때 처음으로 내 두 다리가 덜덜 떨리고 있다는 걸 깨달았다. (1권 323쪽)

ST : I realized for the first time since I had come into the room that my legs were trembling, weak as straw. (p. 187)

〈사례 11〉의 경우에도 TT1에서는 "마치 뉴캐슬에 석탄을 가지고 간 것 같지 않니."라고 원문 표현을 살려준 데 반해 TT2에서는 구체적인 표현을 생략하고 "도서실에 그토록 책이 많은데"라고 간결하게 표현하였다.

〈사례 11〉

TT1: "베아트리스가 너에게 책을 선물했다고? 그렇다면 마치 뉴캐슬에 석탄을 가지고 간 것 같지 않니. 만더레이의 서재에는 그렇게 책이 잔뜩 있는걸." (302쪽)

TT2: "책을 주었다고? 도서실에 그토록 책이 많은데 또 책을 선물하다니." (1권 356쪽)

ST: 'Beatrice gave you some books, did she? Rather like taking coals to Newcastel, wasn't it? There are so many books in the library of Manderley.' (p. 205)

〈사례 10〉과 〈사례 11〉은 비유적 표현을 번역하는 데에 있어 TT1과 TT2의 입장 차이를 뚜렷하게 드러낸다. TT1에서는 가능한 한 원문의 비유를 살려 주어 '낯선 표현'과 '새로운 정보'를 제공하고 있는 반면, TT2에서는 과감한 생략과 대체로 '핵심 메시지'만 남기고 있다.

5. 문화적 측면의 번역 전략

문화적 측면과 관련하여 기존 학자들은 번역가가 출발 텍스트 문화와 도착 텍스트 문화 모두에 통달한 존재여야 한다는 주장을 펴 왔다. 김효중은 문화 간 커뮤니케이션을 가능하게 하기 위해서 번역가는 문화의 특성을 파악하고 그 다음에 그 문화권 내에서 통용되는 언어 관습을 이해해야 한다고 강조했다. 그리고 이를 위한 방법으로 문화 체계화 작업을 제안했다. 문화 체계화가 이루어지고 나면 체계로서의 문화와 텍스트에 표현된 문화의 구체적 사실 사이의 상호 연관 관계를 구별할 수 있다는 것이다.[12] 심재기는 여기서 한 걸음 더 나아가 번역가가 두 문화를 두루 섭렵하고 있다는 것만으로는 부족하고 이를 바탕으로 두 문화가 각기 어떻게 다른지, 두 문화가 각기 상대 문화에 대해 어떻게 이해하고 있는지 등을 정확하게 평가할 수 있는 능력이 필요하다고 하였다.[13]

이러한 주장은 다분히 이상적이다. 번역가가 당면하는 문화적 측면의 문제란 매 텍스트마다 다른 것인데 그 모든 상황을 미리 대비한다는 것은 현실적으로 불가능해 보이기 때문이다.

세계화의 바람 속에 문화 소통이 빈번해지면서 오늘날 문화 간 거리는 계속 가까워지고 있다. 'pager'를 '경적기'로 번역할 수밖에 없는 답답한 상황은 드물다. 오늘날 문화 충돌의 발생 빈도가 점점 줄어든다는 김윤진의 언급도 같은 맥락으로 파악된다.[14]

하지만 그렇다고 해서 문화적 측면으로 인한 번역의 어려움이 줄어들지는

---

12 김효중, 「문학작품 번역에서 문화 적용의 문제」, 『어문학』 87, 2005.
13 심재기, 「문화적 전이로서의 번역: 문학번역에 있어서의 '토속적인 표현'의 번역의 문제」 (서울: 연세대학교출판부, 2004).
14 김윤진, 「문화 충돌과 번역의 문제점」, 『불어불문학연구』 45, 2001.

않는다. 보편적인 역사와 관습에 대한 출발 텍스트 독자와 도착 텍스트 독자의 앎의 차이는 폭을 줄이고 있다 해도 과학 기술, 사회 경제 등 인류 생활의 다양한 영역에서는 눈부신 발전과 변천이 거듭되고 있기 때문이다. 번역가가 알고 이해해야 하는 대상이 늘면 늘었지 줄어들지는 않은 상황이다.

선행 연구에서 제시된 문화적 측면의 번역 전략은 베이커Baker가 1992년에 발표한 책에 체계적으로 정리되어 있다.[15] 생략하거나 삽화로 대신하는 방법에서부터 부분적 등가어를 택하거나 설명하고 풀어 쓰는 방법까지 그 종류는 다양하다.

    a. 일반어(상위어)로 번역한다.
    b. 중립적이고 표현이 약한 단어로 번역한다.
    c. 문화적 치환(cultural substitution)[16]을 한다.
    d. 차용어나 차용어에 대한 설명을 추가함으로써 번역한다.
    e. 관련된 단어로 풀어 쓴다.
    f. 관련되지 않은 단어로 풀어 쓴다.
    g. 생략하여 번역한다.
    h. 삽화를 삽입하여 번역한다.

앞서 사례 분석에서 살펴보았던 번역가들의 전략을 보면 h 항목의 삽화 삽입을 제외한 대부분의 방법이 사용되고 있었다.

문화적 측면의 처리와 관련하여 유용하게 대입할 수 있는 개념으로 1995년에 베누티Venuti가 제시한 현지화現地化(domestication) 및 타지화他地化

---

15 Mona Baker, *In Other Words* (London: Routledge, 1992), pp. 26~42.
16 출발 텍스트의 표현을 그와 유사한 효과를 줄 수 있다고 판단되는 도착어 항목으로 대체하는 방법을 말한다.

(foreignization)가 있다. '현지화'란 이국적이거나 낯선 요인이 독자의 이해에 장애가 된다고 여겨질 때에 번역가가 개입하여 그 요인을 최소화하는 전략이고, '타지화'는 도착어 독자들에게는 낯설지만 출발 언어 문화권에서 일반적으로 존재하는 고유한 요소를 유지하려는 번역 전략을 말한다.[17] 이 개념은 문학 번역을 대상으로 하는 문화 전환적 관점의 번역 연구에서 제기된 것이다.

이 두 가지 전략은 오래전부터 번역학계의 논쟁거리였던 직역(literal translation)과 의역(free translation)의 문제와도 연결된다. 타지화는 원문의 보존을 더욱 중시하는 직역과, 현지화는 도착어의 특성을 강조하는 의역과 연결되곤 한다. 하지만 현지화와 타지화는 이미 문화 전환으로서의 번역 개념을 담고 있다는 점에서 언어적 차원에 초점을 맞춘 직역과 의역의 문제와는 다르다. 현지화나 타지화의 수준을 결정하는 것은 어디까지나 도착 문화권의 요구이기 때문이다.

문화적 측면을 처리하면서 번역가는 가능한 한 출발 텍스트의 표현을 유지하려는 타지화 전략을 택할 수도 있고 이와 반대로 가능한 한 도착 텍스트 독자들에게 익숙하게 만들어 주는 현지화 전략을 택할 수도 있다. 김윤진(2001)도 언급했듯이 이들 방법론은 임의적이며 전적으로 번역가의 선택에 달려 있다. 번역가는 도착 텍스트를 접하게 되는 독자의 이해도와, 번역이 이루어지는 시공간에서의 도착 문화의 지평을 가늠하여 자신의 선택을 결정하게 된다는 것이다.

번역에서 특정한 하나의 전략만이 옳고 나머지는 틀리다는 설명은 불가능하다. 정답이 없는 셈이다. 번역가의 모든 선택은 나름의 존재 가치를 가지기 때문이다. 번역가는 한편으로는 출발 텍스트의 특징과 기능, 저자의

---

[17] Lawrence Venuti, *The Translator's Invisibility: A History of Translation* (London and New York: Routledge, 1995), p. 20.

의도, 출발 텍스트 독자의 특성 등을 고려하고, 다른 한편으로는 도착 텍스트의 특징과 기능, 도착 텍스트 독자의 특성을 고려해 매 번역 상황에서 번역 전략을 결정한다. 이러한 관련 요소가 충분히 검토되지 않았다면 그 번역 전략은 비판의 대상이 될 수 있다.

결국 번역 과정은 그 자체로 검색과 고민의 과정이다. 문화적 측면을 처리하기 위해 번역가는 찾고 찾고 또 찾을 수밖에 없다. 출발 텍스트의 문화적 측면을 이해하기 위해 관련 자료를 뒤져야 하고 도착 텍스트의 언어문화 관행을 알기 위해서도 한국어 병렬 텍스트 등 자료를 찾아보아야 한다. 인터넷의 발달로 세상에 정보가 넘쳐나게 된 것은 이러한 검색과 고민 과정의 수고를 일부 덜어 주는 크나큰 축복이지만 한편으로 번역가는 그만큼 많은 부담을 가지게 되었다. '찾아보지 않은 불성실함'에 대한 변명의 여지가 줄어들었기 때문이다.

참고문헌

김윤진. (2001). 「문화 충돌과 번역의 문제점」. 『불어불문학연구』 45.
김효중. (2005). 「문학작품 번역에서 문화 적용의 문제」. 『어문학』 87.
심재기. (2004). 『문화적 전이로서의 번역. 문학번역에 있어서의 '토속적인 표현'의 번역의 문제』. 서울: 연세대학교출판부.
영미문학연구회 번역평가사업단. (2004. 4. 11). 「번역, 이것이 문제다 〈8〉 스콧 피츠제랄드 '위대한 개츠비'」. 『한국일보』.
윤희주. (2004). 「영한 번역에서 문화적 어휘에 대한 유표적 번역 연구」. 세종대학교 박사학위논문.
이상원. (2006). 『한국출판번역 독자들의 번역평가규범 연구』. 서울: 한국학술정보.
Baker, Mona. (1992). *In Other Words*. London: Routledge.
Nida, Eugene. (1964). *Toward a Science of Translation*. Oxford: Prentice-Hall.
Nida, Eugene and Charles Taber. (1982). *The Theory and Practice of Translation*. Leiden: Brill.
Snell-Hornby, Mary. (1995). *Translation Studies: An Integrated Approach (Revised edition)*. Amsterdam: John Benjamins.
Venuti, Lawrence. (1995). *The Translator's Invisibility: A History of Translation*. London and New York: Routledge.

분석 대상 텍스트

김유경 옮김. (1977/2003). 『레베카』. 서울: 동서문화사.

이상원 옮김. (2010). 『레베카』. 서울: 생각의나무.

Du Maurier, Daphne. (1938/2003). *Rebecca*. London: Virago.

한영 단편소설 번역에 있어 '이끔부(Theme)'의 선택이 독자에게 미치는 영향

김미라

1. 머리말

한영 번역에 있어서 번역가가 자주 고민하는 부분 중 하나는 문장을 어떻게 시작할 것인가이다. 이것은 두 언어가 가지고 있는 언어 현상의 차이에서 기인하는 것으로, 간단히 말하면 영어 문장에서는 항상 서술어와 상응하는 주어가 나오는 반면 한국어 문장에서는 그러한 주어가 생략되기도 한다. 또, 주어가 두 개인 것처럼 보이기도 하는 등 영어와는 사뭇 다른 양상을 보인다.

본고에서는 영어와 한국어 간의 이렇게 상이한 언어 현상이 번역에서 어떻게 다뤄졌는지가 번역을 읽는 독자에게 어떠한 영향을 미치는가를 조세희의 「육교 위에서」라는 단편소설의 영문 번역 일부를 예로 들어 논의해 보고자 한다. 본고는 체계기능언어학(Systemic Functional Linguistics) 이론을 이론적 기반으로 하고 있다. 이는 한국 언어학계에서 널리 알려진 이론이 아니기 때문에 구체적인 논의에 들어가기에 앞서 이론에 대하여 간략하게 설명하도록 하겠다. 그다음 영어와 한국어에서 '이끔부(Theme)'가 가지는 기능과 실현 방법을 비교 설명하고, 이를 바탕으로 국어 원문과 두 가지 영어 번역문의 이끔부를 분석한 후, 영어를 모국어로 사용하는 독자가 이끔부가 다르게 선택된 상이한 번역문에 어떻게 반응하는지에 관한 설문 조사의 결과를 논의하도록 하겠다.

2. 체계기능언어학 이론의 소개

체계기능언어학[1]은 퍼스Firth의 제자였던 할리데이Halliday에 의해 고안되었고 할리데이 자신과 하산Hasan, 마틴Martin, 매티슨Matthiessen과 같은 학자들에 의해 지속적으로 발전되어 왔으며 언어와 관련된 많은 학문의 이론적 배경이 되어 왔다. 할리데이는 이론과 실제를 연결하고자 끊임없이 노력해 온 언어학자로, 그의 이론은 언어와 관련된 여러 학문에서 널리 응용되어 왔으며 번역학에서도 그의 체계기능언어학은 여러 학자들의 연구에 이론적 바탕이 되었다.[2] 뉴마크Newmark가 설명한 대로, 체계기능언어학과 번역

---

[1] 체계기능언어학은 생성 초기에 영국의 언어학자 J. R. Firth의 언어 모델에 영향을 받았다. 그는 체계기능언어학에 있어서 핵심이 되는 상황적 맥락(situational context) 및 문화적 맥락(cultural context)이라는 개념을 B. Malinowski의 1935년 연구(*Coral Gardens and their Magic*, London: Allen & Unwin)로부터 받아들여 자신의 언어 모델에 포함시킨 연구를 1957년에 발표하였다. B. Malinowski는 파푸아 뉴기니의 트로브리안드 섬 주민들의 문화를 연구했던 인류학자로 그가 섬에서 수집한 자료를 번역했을 때에 자신의 번역이 그 상황적 그리고 문화적 맥락에 대한 이해가 부족한 영어권 독자들에게 그리 큰 의미가 없다는 점에 착안하여 상황적 맥락과 문화적 맥락의 개념을 세운 학자이다.

[2] 촘스키 언어학(Chomskyan Linguistics)과 신퍼스 언어학(Neo-Firthian Linguistics)의 일반적인 차이점 및 각각의 언어학이 번역학에 미친 영향에 관한 자세한 설명은 D. Kenny의 *Lexis and Creativity in Translation*(Manchester: St. Jerome, 2001)의 Chapter 1을 참조할 것. E. Steiner의 2005년 연구에 따르면 M. A. K. Halliday의 체계기능언어학은 J. C. Catford(*A Linguistic Theory of Translation*, London: Oxford University Press, 1965), J. House(*Translation Quality Assessment*,

학에서의 '의미'의 위치와 체계기능언어학과 번역학에서 바라보는 '의미'의 개념이 유사하기 때문에 이 두 학문이 밀접한 연관 관계를 갖게 된 것이 아닌가 싶다.

 번역가는 그 무엇보다 의미에 끊임없이 관심을 두기 때문에 언어를 잠재적 의미 도구로 보는 할리데이 언어학이, 원문을 구성하고 있는 여러 구성 요소가 그것이 번역되었을 때 발생하는 관계의 네트워크를 결정하는 데 있어서 유용한 툴이 된다는 것은 그리 놀라운 일이 아니다. (Newmark 1987: 293)

위에서 설명한 바와 같이 체계기능언어학은 발전 초기부터 사회 현상과 밀접하게 연계되어 왔다. 체계기능언어학자들은 언어를 사람들이 주어진 상황적·문화적 맥락에서 서로 의사소통을 하는 데에 필요한 의미를 만드는 도구로 간주한다. 따라서 그들의 주요 관심사는 언어가 의미를 전달하는 데에 어떻게 쓰이는가 하는 것이며 언어는 거시적 상황 및 미시적 상황 속에서 이해된다. 언어에 대한 이러한 근본적인 견해는 〈그림 1〉의 체계기

Tübingen: Gunter Narr Verlag, 1977/1997), B. Hatim and I. Mason(*Discourse and the Translator*, London & New York: Longman, 1990; *The Translator as Communicator*, London & New York: Routledge, 1997), R. T. Bell(*Translation and Translating: Theory and Practice*, London and New York: Longman, 1991), M. Baker(*In Other Words*, London and New York: Routledge, 1992), J. Munday(*Systems in Translation: A Computer-Assisted Systemic Analysis of the Translation of Garcia Marquez*, Unpublished PhD dissertation, University of Bradford, 1997), A. Trosborg(Discourse Analysis as Part of Translator Training, In C. Schäffner (ed.), *The Role of Discourse Analysis for Translation and in Translator Training*, Clevedon, Buffalo, Toronto & Sydney: Multilingual Matters, 2002) 그리고 E. Steiner(Grammatical Metaphor in Translation - Some Methods for Corpus-Based Investigation, In H. Hasselgard, S. Johansson, B. Behrens and C. Fabricius-Hansen (eds.), *Informational Structure in a Cross-Linguistic Perspective*, Amsterdam: Rodopi, 2002; *Translated Texts: Properties, Variants, Evaluations*, Frankfurt/M.: Peter Lang Verlag, 2004) 등의 연구에 이론적 바탕이 되었다.

능언어학 이론에서 제시하는 언어의 여러 단계를 표시한 모델[3]에 잘 나타나 있다.

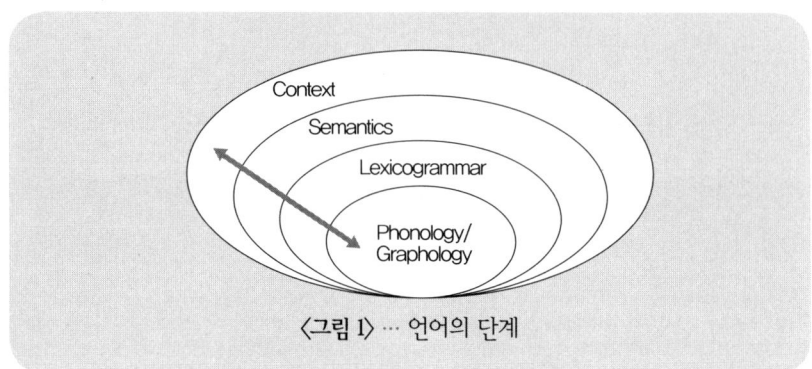

〈그림 1〉··· 언어의 단계

〈그림 1〉에 제시된 언어의 단계에는 상황적 맥락(situational context)과 문화적 맥락(cultural context)을 포함하는 맥락적 단계(context), 담화의미론적 단계(discourse semantics), 어휘문법론적 단계(lexicogrammar) 및 음성/서기론적 단계(phonology/graphology)가 포함된다. 이로써 상위 단계는 하위 단계에 필요한 배경 혹은 환경을 제시한다 또는 하위 단계 없이 존재할 수 없다고 풀이할 수 있겠다. 예를 들면, 말이 글이나 소리를 통해 표현되지 않고서는 문법에 대해 논의할 수 없고, 어휘나 문법을 통해 의미 있는 말이 절 단위에서 이루어지지 않고서는 의미론적 차원에서의 텍스트나 담화를 만들어 낼 수 없는 것과 같은 것이다. 따라서 체계기능언어학에서는 절 단위에서의 의미를 다루는 어휘 문법이 담화 차원의 의미를 다루는 의미론과의 상관관계 속에서 연구되고 또한 의미론도 어휘 문법과 상관하여 연구되는 것이 일반화되어 있

---

[3] C. M. I. M. Matthiessen의 *Lexicogrammatical Cartography: English Systems*(Tokyo: International Language Sciences Publishers, 1992)를 참조할 것.

다. 이것이 체계기능언어학이 번역학과 밀접한 관련을 가지는 또 다른 이유이다. 번역가가 번역을 할 때에 각 단어나 절에서 이루어지는 의미를 생각하지 않으면 전체 텍스트를 번역할 수 없고, 텍스트 차원에서의 의미를 생각하지 않고서는 조리 있는(coherent) 번역을 할 수 없는 것이다.

체계기능언어학이라는 이름에 들어 있는 '체계적(systemic)' 그리고 '기능적(functional)'이라고 하는 단어는 이 이론이 기본적으로 지향하는 바를 잘 설명해 준다. 기능이라 함은 특히 체계기능언어학의 분야 중 절 단위에서의 언어를 연구하는 체계기능문법이 지향하는 점을 일컫는데, 이에 대해 할리데이는 아래와 같이 설명하고 있다.

> '기능 문법'이라는 것은 …… 담화의미론적 지향점을 가지는 문법 이론이라고 볼 수 있겠다. 다시 말해서, 우리가 문법을 기능적으로 분석해 본다고 했을 때 이것은 문법의 역할을 의미를 만들어 내는 하나의 도구라는 것에 제일 역점을 두는 것이다. (Halliday 1994: 15)

할리데이는 우리가 언어를 통해 만들어 내는 고유한 의미가 네 가지 다른 종류의 의미를 통해 실현된다고 주장하는데 '경험적 의미(experiential meaning)', '논리적 의미(logical meaning)', '관계적 의미(interpersonal meaning)', '문맥적 의미(textual meaning)'가 바로 그것이다(Halliday 1994: 35). 경험적 의미는 누가, 무엇을, 누구에게, 어떻게, 언제, 왜 하는지 등 사람이 세상에서 겪는 경험에 관한 의미를 말한다. 논리적 의미는 경험적 의미가 문장 안에서 하나의 절節 이상으로 표현될 때 해당 절 사이에 생기는 연관성에 관한 의미를 말한다. 관계적 의미는 화자와 청자 사이의 상호 작용 및 관계 또는 화자의 개인적 태도가 언어를 통해 표현된 의미를 말하며, 문맥적 의미는 경험적·논리적·관계적 의미가 정보의 흐름에 있어 어떻게 매끄럽게 연결 및 구성되어 있는지에 관한 것이다.

그렇다면 '체계'는 무엇을 뜻하는가? 체계기능언어학에서 말하는 체계는 같은 조건이 주어졌을 때 언어 사용자가 선택할 수 있는 선택 사항들의 네트워크를 말하는데, 각각의 체계는 특정 영역의 의미가 생성되는 데에 직접적인 영향을 미친다. 본고에서 초점을 맞추고 있는 문맥적 의미를 예로 들어 보면, 화자는 자신의 담화를 조리 있게 이끌기 위해서 각 절을 어떻게 이끌지를 선택하게 되는데 이때에 두 가지 방법이 있다. 하나는 평범하게 주어가 되는 주제를 선택하여 문장을 시작하는 방법이고 다른 하나는 이색적으로 주어가 아닌 다른 것으로 문장을 시작하는 방법이다. 이러한 현상을 체계기능언어학에서는 '이끔부 체계(THEME system)'로써 설명하고 있고, 주어진 담화에서 이끔부를 분석함으로써 화자가 의도하는 문맥적 의미를 파악한다.

이렇듯 체계기능언어학자들은 언어를 규칙이라는 틀로서 규정하기보다, 각각의 체계 안에서 어떤 사항들을 선택할 수 있는지를 설명하는 데에 더욱 큰 관심을 가지고 있다. 이것은 체계기능언어학이 다른 기능지향언어이론과 다른 점이기도 하다. 다시 말하면, 우리가 사용하는 언어를 일직선상의 현상으로 보아, 단어가 어떤 순서로 배열되어 있는가에 대한 논의보다는, 주어진 상황에서 화자가 고유한 의미를 만들어 내기 위해 선택하여 사용할 수 있는 다양한 언어 자원 요소들의 체계적 설명을 더욱 중요시한다. 이에 대하여 할리데이는 "언어란 '여러 체계로 구성된 체계'이다. …… 언어란 여러 가지 서로 관련된 선택 사항들이 아주 커다란 네트워크에 연결되어 있는 것이다."(Halliday 1981: 14)라고 설명하고 있다.

요약해 보자면 첫째, 체계기능언어학에서는 의미라는 것을 단면체가 아닌 다면체로 보아, 각각의 면에 서로 다른 성질의 의미가 나타난다고 본다. 따라서 의미는 경험적·논리적·관계적·문맥적 의미가 모두 어우러져 다면체적으로 나타난다는 것이다. 둘째, 이러한 다면체적인 의미는 각각의 의미를 만들어 내는 어휘·문법 차원에서의 언어 자원 요소들을 선택 사항들의 체계로 분석함으로써 보다 잘 이해될 수 있다는 것이다.

3. 영어와 한국어에서의 이끔부 기능과 실현

앞서 언급한 대로 본 논고의 초점은 문맥적 의미에 있다. 이 문맥적 의미는 '이끔부(Theme)'와 '딸림부(Rheme)'를 통해 실현된다. 이끔부와 딸림부의 개념은 한국 언어학계에 이미 알려져 있다고 말할 수도 있고 생소하다고 말할 수도 있겠다. 이것이 기존에 논의된 '주제-평언', '토픽-코멘트', '주제부-설명부', '테마-레마' 등과 유사한 개념이라는 점에서 이미 알려져 있다고 말할 수 있다.[4] 그러나 체계기능언어학에서 말하는 이끔부와 딸림부는 이미 언급된 개념과 완전히 동일한 개념이 아니라는 점에서 생소하다고도 할 수 있다. 잘 알려진 바와 같이 '테마Theme'의 개념은 1939년 프라그 학파(Prague school)의 마테시우스Mathesius에 의해 고안되었는데 그는 테마를 "이미 알려졌거나 혹은 화자가 이미 말한 담화로부터, 아니면 주어진 상황에서 자명한 것"(Firbas 1964: 268)이라고 정의했다.

마테시우스의 정의는 두 가지 개념, 알려진 혹은 주어진 정보와 화자의 담화 출발점을 모두 포함하고 있다. 할리데이도 1960년대 체계기능언어학 이론에 이끔부라는 개념을 도입할 당시 프라그 학파의 연구로부터 영향을

---

[4] C. N. Li and S. A. Thompson, Subject and Topic: A New Typology of Language, In C. N. Li (ed.), *Subject and Topic* (New York & London: Academic Press, 1976); Choi S.-Y., Solving the Problem of the Korean Topic/Subject Particles *Nun* and *Ka*: A Paradigm and a Text Analysis, *Linguistics 24*, 1986, pp. 351~369; 이인영, 「"주제"와 "화제": 기존 화제개념에 대한 제고」, 『언어연구』, 1996, 61~99쪽; Sohn H, Topic-Prominence in Korean, *Korean Linguistics 2*, 1980; 성기철, 「국어의 주제 문제」, 『한글』 188, 1985, 65~89쪽; 임홍빈, 「국어의 주제화 연구」, 『국어연구』 28, 1972; 이희자, 「국어의 '주제부/설명부' 구조 연구」, 『국어학회』 24-1, 1994, 319~351쪽; 남기심, 「주제어와 주어」, 『국어생활』 3, 1985, 128~131쪽 등을 참고.

받았다. 그러나 그는 주어진 정보와 담화의 출발점이라는 두 개념을 별개의 것으로 구분하였다.[5] 이러한 이유로 인해 본 논고에서는 체계기능언어학의 'Theme'와 'Rheme'의 개념을 굳이 '이끔부', '딸림부'라는 용어를 고안하여 사용하고 있는 것이다.

할리데이와 매티슨은 절 단위에서의 이끔부 기능을 아래와 같이 설명하고 있다.

1. '이끔부'란 메시지의 첫 출발점으로 앞으로 전개될 이야기가 무엇에 관한 것인지 말해 준다. (Halliday 1994: 37)
2. '이끔부'란 메시지의 시작점이다. (Halliday 1994: 38)
3. '이끔부'란 주어진 맥락 안에서 절이 어떤 위치에 있는지 또한 어떤 지향점을 가지는지를 말해 주는 것이다. (Halliday and Matthiessen 2004: 64)

위와 같은 설명은 절 단위에서의 이끔부가 가지는 두 가지 주요 기능인 '주제(topic)'와 앞으로 전개될 내용이 어떤 맥락에서 전개될 것인가에 대한 '지향점 제시(orientation)'로 요약될 수 있다. 그러므로 '주제-논평' 혹은 '토픽-코멘트' 분석에서의 주제 혹은 토픽의 개념은 체계기능언어학에서 말하는 이끔부보다 제한적인 개념이라 하겠다.

텍스트 단계에서의 이끔부의 역할은 프리즈Fries가 다양한 텍스트를 통해 설명했듯이 이야기 혹은 담화의 '전개 방법(the method of development)'을 엮어가는 것이다(Fries 1983). 번역의 응용에 있어 전개 방법으로서의 이끔부의 이

---

[5] 이러한 접근 방식의 차이점에 대한 자세한 논의는 P. H. Fries, On the Status of Theme in English: Arguments from Discourse, In J. Petöfi and E. Sözer (eds.), *Micro and Macro Connexity of Texts* (Hamburg: Helmut Buske Verlag, 1983); K. Davidse, M. A. K. Halliday's Functional Grammar and the Prague School, In R. Dirven and V. Fried (eds.), *Functionalism in Linguistics* (Amsterdam & Philadelphia: John Benjamins, 1987) 참조.

해는 절 단위에서의 이끔부의 역할을 이해하는 것 이상으로 중요하다고 하겠다. 앞으로 네 장의 사례 연구에서 이루어질 원문과 번역문의 이끔부 분석과 이것이 미치는 문맥적 의미에 대한 설명은 이 개념에 기초한 것이다.

체계기능언어학의 또 하나의 특징은 각 언어의 개별성을 인정하는 것이다. 어떤 언어든지 경험적·논리적·관계적·문맥적 의미를 생성하는 것은 같지만 각각의 의미가 어휘·문법적 체계를 통해 실현되는 방법은 언어마다 다를 수 있다는 것이 기본 가정이다. "절의 첫머리에 제일 먼저 나오는 경험적 요소가 이끔부"라는 할리데이의 주장[6]은 영어에 한정된 주장일 뿐, 모든 언어에 적용되는 것은 아니다. 그럼에도 불구하고 아래 베이커Baker의 경우에서와 같이 잘못 이해되는 경우가 종종 있다.

> 할리데이 견해의 장점은 프라그 학파의 복잡한 설명과는 달리 적용하기가 쉽다는 것이다. 얘기하는 주제가 그것에 대한 설명보다 먼저 나온다는 것은 상당 부분 직관적으로도 수긍이 간다. 그러나 단점은 (a)부분적 순환성으로 이끔부는 문두에 나오는 것이고 문두에 나오는 것은 이끔부다라는 것이고, (b)따라서 영어와 같이 상대적으로 고정된 어순을 갖고 있는 SVO 언어에 대한 설명을 동사가 문두에 나오는 상대적으로 자유로운 어순을 갖고 있는 언어와 연관짓지 못했다는 것이다. (Baker 1992: 140~141)

그러나 위의 주장과는 다르게 체계기능언어학 내에서 이루어진 영어 외에 다른 언어에 대한 연구에서 이끔부의 사용이 언어마다 다르다는 주장이 제기되고 있고 또한 받아들여지고 있다. 예를 들면 일본어(SOV)에서는 '와wa'가, 타갈로그어(VOS)에서는 '앙ang', '시si'와 같은 형태소가 명사나 명사절

---

[6] M. A. K. Halliday and C. M. I. M. Matthiessen, *An Introduction to Functional Grammar* (London & New York: Arnold, 2004).

에 함께 나와 '이끔부'를 표현한다.[7]

따라서 다음에서는 문맥적 의미 생성에 주요 역할을 담당하는 이끔부가 영어와 한국어의 경우 어떻게 다르고 같은지를 살펴보도록 하겠다.[8]

먼저 영어와 한국어의 이끔부의 유사점으로는 절의 첫머리를 구성하는 경험적 요소가 그 절을 이끄는 데 있어서 중요한 역할을 한다는 것이다. SOV의 특징을 갖는 한국어의 경우 어순이 비교적 자유롭다. 이는 화자가 절의 첫머리를 무엇으로 시작하느냐 하는 것이 상당 부분 화자의 선택에 달렸고, 화자가 자신의 이야기를 어떻게 전개할 것인지를 염두에 두고 의도적으로 선택한다고 볼 수도 있는 것이다. 필자의 연구에 따르면, 한국어에서 절의 첫머리에 오는 경험적 구성 요소는 해당 절이 어떤 이야기를 하고 있는지 알려 주거나 시간이나 장소에 관한 정보를 전함으로써, 독자에게 앞으로 전개될 이야기에 대해 안내하는 역할을 한다.[9] 해당 절에서 전개될 내용의 주제에 관한 것이 실린 이끔부의 경우는 통상적으로 주어와 겹치는 경우가 많으나, 영어와 마찬가지로 주어가 아닌 경험적 요소가 문두에 나와 전개될 내용을 이끌기도 하는데, 전자의 경우를 '일반 이끔부(unmarked Theme)', 후자의 경우를 '특별 이끔부(marked Theme)'라 부르고자 한다.

위에 서술한 부분은 영어와 한국어가 비슷한 현상을 보이는 부분인데 다

---

[7] K. Teruya, Metafunctional Profile of the Grammar of Japanese, In A. Caffarel, J. R. Martin and C. M. I. M. Matthiessen (eds.), *Language Typology: A Functional Perspective* (Amsterdam & Philadelphia: John Benjamins, 2004); J. R. Martin, Metafunctional Profile of the Grammar of Tagalog, In Alice Caffarel, J. R. Martin and C. M. I. M. Matthiessen (eds.), *Language Typology: A Functional Perspective* (Amsterdam & Philadelphia: John Benjamins, 2004).

[8] 한국어에 어떤 종류의 '이끔부'가 있는지 또한 이들은 서로 어떻게 다른지에 대한 자세한 논의는 지면 관계상 본고에서 다루기 어려우므로 영어의 경우와 비교했을 때 나타나는 몇 가지 주요 특징에 대해서만 논의하기로 한다.

[9] Kim M., *A Discourse-Based Study on THEME in Korean and Textual Meaning in Translation* (Unpublished PhD dissertation, Macquarie University, Sydney, 2007) 참조. 한국어 이끔부에 관한 더 자세한 논의는 이 연구를 참고할 것.

른 점도 분명히 있다. 첫째, 한국어에 있어서 일반 이끔부는 영어의 경우보다 더 복잡한 특성을 보인다. 한국어는 주어가 자주 생략되기도 하고 '은/는'이나 '이/가'와 같은 문법적 의미를 지니는 조사가 주어 뒤에 따라오기도 하기 때문이다. 일반 이끔부 뒤에 어떤 조사를 붙이는가에 따라 일반 이끔부에 담긴 정보가 새로운 정보로 취급되는지 아니면 이미 알고 있거나 주어진 정보로 취급되는지를 나타낼 수 있는데, 새로운 정보로 취급되는 경우에는 '이/가', 이미 알려졌거나 예상된 정보로 취급될 경우에는 '은/는'이 쓰이는 것으로 나타났다. 둘째, 이러한 일반 이끔부가 해당 담화에서 쉽게 유추될 수 있는 경우에는 생략되는 경우가 많다. 이렇게 일반 이끔부가 많이 생략된다는 것이 영어에서의 이끔부와 또 다른 큰 차이점인데 한국어 담화 분석에서, 생략된 일반 이끔부는 생략되지 않은 명시적 이끔부만큼 중요하게 다뤄져야 한다. 아래의 사례 연구에서 자세하게 논의하겠지만, 이렇게 절 단위에서의 이끔부의 특성을 이해하는 것이 단편소설과 같이 다이내믹한 텍스트를 번역하는 데 있어서는 다른 장르의 텍스트 번역에서보다 더 중요할 수 있다.

4. 사례 연구

지금까지는 한국어와 영어의 이끔부가 절 단위에서 어떻게 이루어지는지에 대해 논의해 보았다. 이번에는 한영 번역 시 이끔부가 문맥적 의미에서 어떠한 영향을 미치는지를 두 번에 걸친 설문 조사 결과를 바탕으로 텍스트 단위에서 논의하고자 한다.

1) 원문과 번역문의 이끔부 분석

설문 조사에 쓰인 원문은 조세희의 단편소설 「육교 위에서」의 시작 부분이다. 이번 설문 조사는 영어를 모국어로 사용하는 독자가 서로 다른 이끔부가 쓰인 두 가지 번역문에 어떻게 반응하는지 알아보기 위한 것이었다. 번역문 1은 1980년 *Korea Journal*에서 출판된 번역물이고 번역문 2는 저자가 연구 목적을 반영하여 번역문 1의 몇몇 절節의 이끔부를 바꾸어 수정한 것이다.

〈표 1〉에서는 원문의 절 단위에서의 이끔부를 분석하여 보았다.

〈표 1〉 … 국어 원문의 이끔부 분석

절	특별 이끔부	일반 이끔부	
1		신애는	시내 중심가를 걸으며
2		(신애는)	정신을 차릴 수 없었다.
3		그녀가 볼 수 있는 것은	사람, 건물, 자동차뿐이었다.
4	거리에서는		기름 타는 냄새, 사람 냄새, 고무 타는 냄새가 났다.
5		잠시 서서 주위를 둘러보기도	어려울 정도였다.
6	인도에		사람들이 넘치고,
7	차도에		자동차들이 넘쳤다.
8		(신애는)	몸둘 곳이 없었다.
9		(신애는)	단 몇 초 동안이라도 걸음을 멈추고 우울을 달랠 곳이 없었다.

총 9개의 절로 이루어진 「육교 위에서」의 첫 단락에서는 1번 절에서 "신애는"이 이끔부 자리에 쓰였고 계속해서 2번 절도 이끌고 있다. 하지만 1번 절에서는 명시되어 있는 반면 2번 절에서는 생략된 것을 볼 수 있다. 그다

음에 이어지는 "그녀가 볼 수 있는 것은"이라는 이끔부는 이미 이전 이끔부에서 소개된 신애의 관점에서 현재 장면이 묘사되고 있다는 것을 잘 나타내 준다. 그다음 4, 6, 7번 절에서 "거리에서는", "인도에", "차도에"라는 장소를 나타내는 특별 이끔부가 나오고 마지막 절에서는 "신애는"이 생략된 채로 다시 절을 이끌고 있다.

여기서 쓰인 이끔부의 효과를 영화에 견주어 설명해 본다면, 카메라가 바쁜 도심 속에서 혼란스러워하는 신애의 모습에서 시작하여 앵글을 차츰 멀리 잡으면서 자동차와 사람들이 바쁘게 움직이는 거리를 전체적으로 보여 준다. 그다음, 인도와 차도를 번갈아 클로즈업하면서 복잡한 도시를 부각시키고 난 뒤에 다시 신애를 비추어서 복잡한 주위 환경이 주인공 신애의 관점에서 묘사되고 있음을 암시한다. 이러한 효과를 내기 위해서 감독이 사용하는 것은 바로 카메라 앵글인데 글에서 이 카메라 앵글과 같은 역할을 하는 것이 바로 이끔부이다. 여기서 주의할 것은 "곳이 없었다"에서 '없었다'는 '존재'보다는 '소유'의 뜻이 강하기 때문에 '신애는 우울을 달랠 곳이 없었다'의 뜻으로 분석하여 "우울을 달랠 곳이"를 이끔부로 분석하지 않았다. 〈표 2〉에서는 번역문 1의 이끔부를 분석하였다.

1번에서 5번 절에 쓰인 이끔부는 국어 원문과 같다. 하지만 6번과 7번 절의 국문에서는 특별 이끔부가 쓰였는데 번역문에서는 딸림부에 나온 "People", "Cars"가 일반 이끔부로 쓰였다. 국문에서는 "인도에"와 "차도에"가 나와 그 전에 쓰인 "거리에서는"을 보다 구체적으로 구분하며 동시에 장소의 이동을 표시한 한편, 영문 번역에서는 그 인도와 차도를 메우고 있는 것이 무엇인가가 이끔부 자리에 나옴으로써 국문 원본하고는 사뭇 다른 분위기를 창출하고 있는 것이다. 특히 6번 절의 경우엔 영어의 라임rhyme을 잘 살린 번역으로 절 단위에서 볼 때는 나무랄 데 없는 번역이다. 마지막 절의 이끔부를 보면 원문에서는 신애의 입장에서 잠시도 멈추어 설 곳이 없다는 것이 표현되어 있는 반면 영어 번역문에는 주인공 신애와 주위 환경과의 관

⟨표 2⟩ ⋯ 번역문 1의 이끔부 분석

절	특별 이끔부	일반 이끔부	
1		Sinae	was walking in the centre of Seoul.
2		(Sinae)	distracted.
3		All she could see in front of her	were people, buildings and cars.
4	On the pavement		the smell of oil, the smell of people and the smell of scorched rubber hung in the air.
5		Just to stand still and look about her	would take an effort.
6		People	packed the pavement.
7		Cars	packed the street.
8		There	was no place to stop, no place to stop even for a few seconds to try to control her depression.

계가 "her depression"에서 표현되어 있기는 하나 원문보다는 좀 약하게 느껴진다.

지금까지 국어 원문과 영어 번역문 1에 서로 다른 이끔부가 쓰임으로써 어떠한 차이점이 있을 수 있는가를 설명해 보았다. 이런 차이점을 줄여 보고자 번역문 2에서는 6번과 7번 절에서 이끔부를 "People"과 "Cars"에서 "The pavement"와 "the road"로 바꾸고 이에 따라 동사도 "packed"에서 "was overflowing"으로 바꾸었다. 번역문 2의 이끔부 분석은 ⟨표 3⟩과 같다.

원문과 번역문 2의 이끔부 선택이 완전히 같은 것은 아니다. 원문에서는 "인도에", "차도에"라는 '특별 이끔부'가 쓰였으나 번역문 2에서는 "The pavement", "the road"라는 '일반 이끔부'가 쓰인 점에서 다르다. 그러나 '인도'와 '차도'가 이야기의 출발점이 된다는 점에서는 같다고 볼 수 있다. 그리고 마지막 절에서는 주변 환경과 주인공과의 관계를 조금 더 직접적으로 표

<표 3> ··· 번역문 2의 이끔부 분석

절	특별 이끔부	일반 이끔부	
1		Sinae	was walking in the centre of Seoul,
2		Sinae	distracted.
3		All she could see in front of her	were people, buildings and cars.
4	On the pavement		the smell of oil, the smell of people and the smell of scorched rubber hung in the air.
5		Just to stand still and look about her	would take an effort.
6		The pavement	was overflowing with people,
7		the road	was overflowing with cars.
8		There	was no place for her, no place for her to stop even for a few seconds to try to control her depression.

현하고자 "to stop" 앞에 "for her"를 넣어 주었다. 이것은 되도록이면 번역문 1에서 선택된 어휘나 문장 구조를 유지하면서 원문에서 주는 효과를 꾀해 보려 하였기 때문이다.

2) 설문 조사

설문 조사는 다음과 같은 간단한 질문에 답하는 방식으로 이루어졌다.

> The following texts are two versions of translation of the beginning of a Korean short story. Please read them and answer the questions below:
>
> Translation 1
> Sinae was walking in the centre of Seoul, distracted. All she could see in front

of her were people, buildings and cars. On the pavement the smell of oil, the smell of people and the smell of scorched rubber hung in the air. Just to stand still and look about her would take an effort. People packed the pavement, cars packed the street. There was no place to stop, no place to stop even for a few seconds to try to control her depression.

Translation 2
Sinae was walking in the centre of Seoul, distracted. All she could see in front of her were people, buildings and cars. On the pavement the smell of oil, the smell of people and the smell of scorched rubber hung in the air. Just to stand still and look about her would take an effort. The pavement was overflowing with people, the road was overflowing with cars. There was no place for her, no place for her to stop even for a few seconds to try to control her depression.

1. Which version do you prefer?

2. Please specify reasons for your preference.

위의 설문 조사는 두 번에 걸쳐 실시되었다. 첫 번째는 매우 작은 규모로 호주에 거주하는 14명의 영어 원어민을 대상으로 실시하였다. 이들은 저자의 지인이거나 지인이 소개해 준 이들인데, 나이가 30대에서 50대 사이인 남녀로 영어를 모국어로 사용한다는 것 외에는 아무런 기준이나 조건도 적용되지 않았다. 텍스트가 무척 짧고 두 가지 번역문이 크게 다르지 않아 이 정도의 변화로 독자들이 다르게 반응할지 확신할 수가 없어서 일단은 작은 규모의 조사부터 하기로 하였다. 그런데 〈표 4〉에 나타난 것처럼 57% 대

29%의 비율로 응답자들은 번역문 2에 대한 뚜렷한 선호도를 나타냈다. 전체 응답자 중 두 명만이 어느 쪽도 선택하지 않았는데 그들 중 한 명은 두 가지 번역문이 기본적으로 같기 때문에 어느 하나를 선택하기 어렵다고 답했고, 나머지 한 명은 두 번역문의 각각 다른 부분을 선호했다.

〈표 4〉 ··· 첫 번째 설문 조사 결과

선호 번역문	응답자 수	퍼센트
번역문 1	4	29%
번역문 2	8	57%
비슷함	2	14%

첫 번째 조사에서 응답자의 반응이 상당히 분명하게 나타남에 따라 더 많은 사람들을 대상으로 하는 두 번째 설문 조사를 실시했다. 두 번째 설문 조사에는 호주에 거주하는 28명의 영어 원어민이 참여했다. 이번에는 대학교 기숙사에서 설문 조사를 실시하여서 연령대는 20대에서 30대가 대부분이었고 그 결과는 다음과 같다.

〈표 5〉 ··· 두 번째 설문 조사 결과

선호 번역문	응답자 수	퍼센트
번역문 1	7	25%
번역문 2	15	54%
비슷함	6	21%

흥미롭게도 두 번째 설문 조사의 결과와 첫 번째 설문 조사의 결과가 크게 다르지 않았다. 두 번에 걸친 설문 조사의 결과를 〈표 6〉에 요약해 보았다. 두 번에 걸친 설문 조사를 종합해 보면, 전체 42명의 응답자 중 번역문 1

을 선호한 응답자는 모두 11명(26%), 번역문 2를 선호한 응답자는 모두 23명(55%), 그리고 별 차이를 느끼지 못한 응답자는 8명(19%)인 것으로 나타났다.

〈표 6〉 … 설문 조사 종합 비교표

	1차 설문 조사		2차 설문 조사		전체	
	응답자 수	퍼센트	응답자 수	퍼센트	응답자 수	퍼센트
번역문 1	4	29%	7	25%	11	26%
번역문 2	8	57%	15	54%	23	55%
비슷함	2	14%	6	21%	8	19%
총계	14	100%	28	100%	42	100%

위의 통계 수치보다 더욱 흥미로운 것은 그들이 특정 번역문을 선호하는 이유이다. 텍스트가 그리 길지 않고 다른 부분이 서너 곳밖에 되지 않음에도 불구하고 대다수의 응답자는 두 번역문 중에 선호하는 번역문이 있다고 답했고, 선호 이유도 다양하였다. 선호하는 이유에 대해 응답자는 번역에 사용된 특정 어휘를 언급하여 그 이유를 설명하기도 했고 전체적인 인상을 이유로 들기도 했는데 42명의 다양한 의견을 유사한 의견끼리 분류하며 분석한 결과, 다음 〈표 7〉과 〈표 8〉에서와 같이 그들 응답에 어떠한 패턴이 있다는 것이 발견되었다.[10]

번역문 1을 선호한 응답자들이 제시한 선호 이유로는 '간결하고 분명한 표현'(7)과 '바쁜 거리가 잘 표현됨'(7)이 가장 많았다. 이들 중 대부분은 "packed"라는 단어에 대한 언급을 많이 하였는데 간결하면서도 영어의 라임을 잘 살린 "People packed the payment"라는 표현에 비중을 둔 응답자가 번역문 1을 선호한 것으로 보였다. 그러나 "packed"라는 단어가 이 소설이

---

10 구체적인 응답 분석 자료는 별첨을 참고할 것.

〈표 7〉 … 번역문 1 선호 이유 분석표

	코드		
긍정적인 반응	1A	간결하고 분명한 표현	7
	1B	바쁜 거리가 잘 표현됨	7
	1C	잘 읽힘	3
	1D	소외감이 잘 표현됨	2
	1E	상황의 절박함이 잘 표현됨	2
부정적인 반응	1F	단어 선택의 어색함	3
	1H	잘 안 읽힘	2
	1G	이미지 묘사의 부족	1

〈표 8〉 … 번역문 2 선호 이유 분석표

	코드		
긍정적인 반응	2A	잘 읽힘	10
	2B	주인공과 주변 환경과의 깊은 연관성	9
	2C	감성적 분위기	6
	2D	시각적이고 생생한 묘사	4
	2E	소외감이 잘 표현됨	3
	2F	몰입이 더 잘 됨	2
	2G	바쁜 거리가 잘 표현됨	1
부정적인 반응	2H	단어 선택/표현의 어색함	5
	2I	잘 안 읽힘	1

묘사하고 있는 상황에 어울리지 않는다는 등의 이유로 부적절하다는 의견도 있었다. 이 중 한 응답자는 "packed"라는 단어가 '박스를 패킹하다(packing boxes)'에서처럼 어떤 물건 같은 것을 포장하거나 할 때에 쓰이기 때문에 이 소설의 전체 배경과 어울리지 않는다고 답했다.

반면 번역문 2를 선호한 응답자들은 전체적인 인상과 "there was no place

for her, …"에 대한 의견이 더 많아 "packed"라는 표현에 대한 언급이 우세했던 번역문 1을 선택한 응답자들의 반응과 크게 대조를 이루고 있었다. 이 중 잘 읽히고 흐름이 좋다라는 의견(10)과 복잡한 환경 속에서의 주인공 신애의 소외감이 잘 느껴진다는 의견(9)이 가장 많았고 감성적 묘사(6)가 그 다음으로 많았다. "There was no place for her, …"라는 표현을 긍정적으로 평가한 의견이 많았지만 단어 사용이 경제적이지 못하다는 등의 부정적인 의견도 있었다. "overflowing"이라는 표현에 대해서는 바쁜 거리와 혼동스러움, 그 속에서의 소외감이 시각적으로 잘 묘사되었다는 등의 긍정적인 의견이 있었는가 하면 어색하다는 부정적인 의견도 있었다.

두 번역문 각각에 대한 가장 긍정적인 반응을 요약해 보면 번역문 1은 언어의 간결성, 숨 막히는 도시 배경에 대한 효과적인 표현에 관한 것이었고 번역문 2는 전체적인 흐름 및 주인공 신애와 주변 환경과의 밀접한 연관성에 관한 것이었다. 두 가지 번역 모두에 관해 나왔던 의견은 문체, 어휘 선택, 흐름에 관한 것이었다. 문체적인 측면에서 보면 번역문 1을 선택한 응답자는 간결하고 박진감 있는 문체를 선호했고, 번역문 2를 선택한 응답자는 묘사적이고 시각적 효과를 주는 문체를 선호했다. "packed"와 "overflowing"의 두 가지 상이한 어휘 선택에 있어서는 위에서 논의한 대로 의견이 분분했지만 번역문 1을 선택한 응답자가 더 많았다. 이것은 복잡한 거리라는 상황에 관한 경험적 의미의 표현에 있어서는 번역문 1이 더 효과적이라는 것을 의미한다고 볼 수 있다. 반면에 잘 읽히고 글의 흐름이 좋다는 점에 있어서는 번역문 2를 선택한 응답자들의 의견이 압도적으로 많았다는 사실과, 번역문 2를 선호한 응답자들만이 주변의 복잡한 환경이 신애의 시각에서 그려지고 있고 신애의 우울한 기분이 전체적인 주변 환경 속에서 더 잘 이해된다는 등의 의견을 제시했다는 것은 번역문 2에서 문맥적 의미가 더 잘 전달된다는 것을 의미한다. 아마도 그로 인해 "번역문 2에서 소설의 전체적인 어두운 분위기가 더 잘 느껴진다.", "번역문 2는 독자를 이야기 속으로 끌어

들인다."와 같은 의견이 나온 게 아닌가 싶다. 첫 번째 설문 조사에서 번역문 1을 선호한 응답자 중 한 명은 설문 조사에 참여한 후 이렇게 말했다.

"첫 번째 텍스트는 애매하지 않고, 단순히 물리적인 환경 즉 매우 복잡한 도시 거리를 말하는 것 같아요. 예를 들면 주인공 신애가 잠깐 서서 립스틱을 바를 수도 없을 정도로 너무나 바쁘고 복잡한 거리 말이죠. 반면 두 번째 텍스트는 이 보다 더 넓은 의미이거나 아니면 은유적인 의미가 있는 것 같아요. 예를 들면 신애가 이 복잡한 환경 속에서 이질감을 느낀다거나 적응하지 못하는 듯한 느낌이 듭니다."

질문자가 국문 원본에서 두 번째와 같은 인상을 받았다고 했더니, 조금 혼돈된 표정으로 "오, 그래요? 그러면 번역문 2를 선택할 걸 그랬어요."라고 했다. 이러한 반응은 절 단위에서의 이끔부에 대한 고려가, 소설 전체의 '거시적 이끔부(Macro Theme)' 역할을 하고 있는 이 첫 번째 단락의 분위기에도 상당한 영향을 미칠 수 있다는 것을 시사하는 것이다.

5. 맺음말

위에 논의한 설문 조사 결과는 한 언어에 있어 절 단위 이끔부의 선택은 의도적인 것이고 그것이 텍스트 단위에서의 문맥적 의미에 크게 영향을 미친다는 체계기능언어학 이론을 뒷받침한다고 볼 수 있다. 따라서 번역가가 원문에 쓰인 이끔부를 번역 과정에서 어떻게 다루느냐 하는 것이 글의 전체 흐름에 큰 영향을 준다는 주장으로도 이어질 수 있다.

그렇다고 해서 원문의 이끔부가 항상 번역문의 이끔부로 번역될 수 있다거나 그렇게 되어야 한다고 주장하는 것은 아니다. 각 언어마다 경험적 의미, 논리적 의미, 관계적 의미, 문맥적 의미가 이루어지는 방식이 다르기 때문에 어떤 경우에는 원문의 구조나 어휘 선택조차도 달라져야 더 정확하고 자연스러운 번역이 되는 경우도 많다. 위에서 논의한 대로 번역문 1은 경험적 의미가 더 효과적으로 전달된 반면 번역문 2는 문맥적 의미가 더 효과적으로 전달되었다. 이것은 번역을 할 때마다 번역가가 흔히 겪게 되는 갈등의 요인이고 이때 번역가는 주어진 텍스트에서 어떤 측면의 의미에 더 주안점을 둘 것인가를 판단하여 가장 적절한 선택을 해야 하는 것이다.

본 논고에서 주장하고자 하는 것은 번역 시 특히 문학 번역을 할 경우에 절 단위에서의 단어 선택, 표현 등에만 초점을 맞추다 보면 글의 전체 흐름에 도움이 안 되는 번역을 할 수도 있는데, 이때 이를 개선하기 위해서 사용할 수 있는 것이 이끔부 분석이라는 것이다. 특히 글의 흐름이 그 어느 장르보다도 중요한 소설 번역에 있어서는 이끔부의 분석이 유용한 번역 툴tool이 될 수 있다. 여기서 한 걸음 더 나아가 문학 번역을 할 때나 혹은 기타 다른 번역을 할 때도 의미의 다양한 측면을 고려하고 또 그 다양한 의미에 영향을 주는 어휘·문법적인 요소가 무엇인지를 이해하고 활용할 때 더욱더 생동감 있는 번역을 할 수 있다. 이렇게 되면 더 이상 직역이냐 의역이냐 하는 애매하고 흑백논리에 근거한 소모적인 논쟁보다는 어느 부분의 의미를 더욱 살릴 것이고 그렇게 하기 위해 절 단위에서 어떠한 선택을 할 수 있느냐 하는 건전한 논의로 이어질 수 있을 것이다.

이렇게 하는 데 있어서 어려운 점이 없는 것은 아니다. 한영·영한 번역의 경우 영어는 각각 다른 영역의 의미와 어휘·문법 체계 간의 관계가 잘 설명되어 있고 그 자료도 방대하나, 한국어의 경우 그 자료가 극히 미미하다는 것이 가장 큰 어려움으로 보인다. 하지만 그렇다고 불가능한 것은 아니다. 오히려 이것이 동기가 되어 현재, 한국어를 체계기능언어학적인 측면에서 설명하려는 연구들이 활발히 진행되고 있다(Kim 2007; Shin and Kim 2008; Choi 2009; Han 2009; Kim 2009; Yoon 2009). 머지않은 미래에 새롭게 시도된 한국어

연구가 더 많이 소개될 것이고 이것이 한국학과 번역학 모두가 발전하는 데 유용한 자료로 사용되길 희망한다.

참고문헌

남기심. (1985). 「주제어와 주어」. 『국어생활』 3.
성기철. (1985). 「국어의 주제 문제」. 『한글』 188.
이인영. (1996). 「"주제"와 "화제": 기존 화제개념에 대한 제고」. 『언어연구』.
이희자. (1994). 「국어의 '주제부/설명부' 구조 연구」. 『국어학회』 24-1.
임홍빈. (1972). 「국어의 주제화 연구」. 『국어연구』 28.
Baker, Mona. (1992). *In Other Words*. London and New York: Routledge.
Bell, R. T. (1991). *Translation and Translating: Theory and Practice*. London and New York: Longman.
Catford, J. C. (1965). *A Linguistic Theory of Translation*. London: Oxford University Press.
Cho, S. (1980). On the Overhead Bridge (Yukkyo wi-eso). *Korea Journal 20-10*.
Choi, G. H. (2009). *A Study on Logical Meaning in Korean Bible Translations Based on Systemic Functional Linguistics*. Unpublished MA thesis, Macquarie University, Sydney, Australia.
Choi, S.-Y. (1986). Solving the Problem of the Korean Topic/Subject Particles *Nun* and *Ka*: A Paradigm and a Text Analysis. *Linguistics 24*.
Davidse, K. (1987). M. A. K. Halliday's Functional Grammar and the Prague School. In R. Dirven and V. Fried (eds.). *Functionalism in Linguistics*. Amsterdam & Philadelphia: John Benjamins.
Firbas, J. (1964). On Defining the Theme in Functional Sentence Analysis. *TLP 1*.

Firth, J. R. (1957). *Papers in Linguistics 1934-51*. London: Oxford University Press.

Fries, P. H. (1983). On the Status of Theme in English: Arguments from Discourse. In J. Petöfi & E. Sözer (eds.). *Micro and Macro Connexity of Texts*. Hamburg: Helmut Buske Verlag.

Halliday, M. A. K. (1981). Options and Functions in the English Clause. In M. A. K. Halliday and J. R. Martin (eds.). *Readings in Systemic Linguistics*. London: Batsford Academic and Educational.

Halliday, M. A. K. (1994). An *Introduction to Functional Grammar* (2nd ed.). London: Edward Arnold.

Halliday, M. A. K. and C. M. I. M. Matthiessen. (2004). *An Introduction to Functional Grammar*. London & New York: Arnold.

Han, S. L. (2009). *Discourse Anaylsis of an English TV Program and Its Translation into Korean*. Unpublished MA thesis, Macquarie University, Sydney, Australia.

Hatim, B. and I. Mason. (1990). *Discourse and the Translator*. London & New York: Longman.

Hatim, B. and I. Mason. (1997). *The Translator as Communicator*. London & New York: Routledge.

House, J. (1977/1997). *Translation Quality Assessment*. Tübingen: Gunter Narr Verlag.

Kenny, D. (2001). *Lexis and Creativity in Translation*. Manchester: St. Jerome.

Kim, J. Y. (2009). *Investigating Theme in Korean by Text Types: From a Systemic Functional Grammar Perspective*. Unpublished MA thesis, Macquarie University, Sydney, Australia.

Kim, M. (2007). *A Discourse Based Study on THEME in Korean and Textual Meaning in Translation*. Unpublished PhD dissertation, Macquarie University, Sydney.

Li, C. N. and S. A. Thompson. (1976). Subject and Topic: A New Typology of Language. In C. N. Li (ed.). *Subject and Topic*. New York & London: Academic Press.

Malinowski, B. (1935). *Coral Gardens and their Magic*. London: Allen & Unwin.

Martin, J. R. (2004). Metafunctional Profile of the Grammar of Tagalog. In Alice Caffarel, J. R. Martin and C. M. I. M. Matthiessen (eds.). *Language Typology: A Functional Perspective*. Amsterdam & Philadelphia: John Benjamins.

Matthiessen, C. M. I. M. (1992). *Lexicogrammatical Cartography: English Systems*. Tokyo: International Language Sciences Publishers.

Munday, J. (1997). *Systems in Translation: A Computer-Assisted Systemic Analysis of the Translation of Garcia Marquez*. Unpublished PhD dissertation, University of Bradford, Bradford.

Munday, J. (2001). *Introducing Translation Studies*. London & New York: Routledge.

Newmark, P. (1987). The Use of Systemic Linguistics in Translation Analysis and Criticism. In Ross Steele and Terry Threadgold (eds.). *Language Topics: Essays in Honor of Michael Halliday*. Amsterdam & Philadelphia: John Benjamins.

Shin, G.-H. and Kim M. (2008). A Systemic Functional Analysis of Topic NPs in Korean. In C. Wu, C. Matthiessen and M. Herke (eds.). *35th International Systemic Functional Congress*. Sydney: Linguistics Department, Macquarie University.

Sohn, H. (1980). Topic-Prominence in Korean. *Korean Linguistics 2*.

Steiner, E. (2002). Grammatical Metaphor in Translation - Some Methods for Corpus-Based Investigation. In H. Hasselgard, S. Johansson, B. Behrens and C. Fabricius-Hansen (eds.). *Informational Structure in a Cross-Linguistic Perspective*. Amsterdam: Rodopi.

Steiner, E. (2004). *Translated Texts: Properties, Variants, Evaluations*. Frankfurt/M.: Peter Lang Verlag.

Steiner, E. (2005). Halliday and Translation Theory - Enhancing the Options, Broadening the Range, and Keeping the Ground. In R. Hasan, C. Matthiessen and J. Webster (eds.). *Continuing Discourse on Language: A Functional Perspective*.

London: Equinox.

Teruya, K. (2004). Metafunctional Profile of the Grammar of Japanese. In A. Caffarel, J. R. Martin and C. M. I. M. Matthiessen (eds.). *Language Typology: A Functional Perspective*. Amsterdam & Philadelphia: John Benjamins.

Trosborg, A. (2002). Discourse Analysis as Part of Translator Training. In C. Schäffner (ed.). *The Role of Discourse Analysis for Translation and in Translator Training*. Clevedon, Buffalo, Toronto & Sydney: Multilingual Matters.

Yallop, C. (1987). The Practice and Theory of Translation. In Ross Steele and Terry Threadgold (eds.). *Language Topics: Essays, in Honor of Michael Halliday*. Amsterdam & Philadelphia: John Benjamins.

Yun, H. J. (2009). *A Comparative Study on Thematic Choice and Grammatical Metaphor in Children's Literature*. Unpublished MA thesis, Macquarie University, Sydney, Australia.

별첨: 설문 응답 분석표

번역문 1

"packed"	Positive	1A	• concise expression (x4);
		1A	• evoke a more claustrophobic sense of the character's surroundings;
		1A	• and is shorter, sharper;
		1B	• better way to describe traffic and busy pavements (x2);
		1B	• The matter of overcrowding is clear;
		1B	• The person's sense of being overwhelmed is powerfully presented. Sensory impressions are clearer;
		1B	• a greater sense of 'enclosure', spacelessness.
		1B	• Harsher
		1B	• Soffocating
		1E	• V1 has a greater sense of urgency
		1D	• 'Depression' probably leans more to 'packed' than [the] 'overflow' sense of being closed in;
		1C	• better flow.
	Negative	1F	• putting things together, upright and neatly, individually in boxes or in a row;
		1F	• 'Packed' could be read as actively putting things somewhere, as in 'packing boxes';
		1F	• the stylistic infelicity of 'packed' is not as polished as the term 'overflowing';
		1H	• doesn't help with the image it's trying to portray;
		1G	• sentence just doesn't seem to flow;

"there was no place"	Positive	1D	• has a stronger idea of alienation by not explicitly stating Shinae's isolation;
	Negative		
Overall	Positive	1A	• More concise language, the last two sentences in version 1 continue the theme of precision in its phrases;
		1E	• gives the impression of immediacy. It feels almost like a panic is gripping her;
		1C	• flows more effectively;
		1C	• Easier to read;
	Negative	1G	• difficult to get the smooth flow

번역문 2

"overflowing"	Positive	2A	• Making the 'pavement' and 'the road' the themes of their respective clauses prepares the way more naturally for the 'no place' in the next sentence;
		2D	• implies some kind of higgledy-piggledy disorder;
		2D	• both more graphic and evocative;
		2D	• blurrs the line between road and footpath, so crowded two becoming one;
		2G	• makes the scene seem busier – more movement;
		2E	• so crowded being pushed out [so] has a greater sense of exclusion and focus on the individual;
		2F	• more engaging;
	Negative	2H	• Payment and roads do not overflow.
"there was no place for her"	Positive	2A	• flows really nicely and it sounds more fluid, rather than short;
		2B	• links in well with the character, introduces a deeper connection with the character;
		2B	• The first one lends more to the story of Sinae's place in the city, whereas the second one is more about Sinae;

"there was no place for her"	Positive	2B 2C 2C 2C 2C 2E	• more personal (x2); • very emotive (x2); • increased the emotional impact; • a darker story (x2); • more poetic • 'No place for her... to stop' evoked the implication of exclusion/ alienation a little more than version 1 (where it is just stopping that is excluded);
	Negative	2H 2H 2H 2H 2I	• more clumsy in regards to meaning, which is far more important in any story; • overdescriptive • sounds more existential "No place for her", when I took it to mean there was literally no room for her; • I found version 2's last two structures too wordy; • did have to reread last sentence to ensure I understood it;
Overall	Positive	2A 2A 2A 2A 2A 2A 2B 2B 2B	• less staccato; • much easier to read; • more fluent to read as in speech; • more flowing style; • coherent flow; • nice flow (x3); • The author uses Sinae's perceptions of her surroundings to convey her feelings of depression; • The key word seems to be 'depression', and thus the description of the second translation seems to express that more, the people overflowing around her, the sense of there being no place for her, both these descriptions seem to be more into her depression. • The 2nd one specifies the lack of place and a sense of a peaceful loving community for her to release her troubles and be comfortable;

Overall	Positive	2B	• I felt more compassion directly related to her depression in the second version.
		2B	• It was personalised in it's summary sentence;
		2B	• her relationship to the busyness and isolation of urban Seoul was described in a more personal way;
		2D	• It leads you into the situation/story;
		2E	• more descriptive and colourful in its language;
		2F	• has a greater sense of exclusion and focus on the individual;

번역학에서의 '사회적 전환'에 관한 고찰:
제도적 번역을 중심으로

강 지 혜

Something sociological is in the air. There is, one suspects, a general tendency at work, of some breath and depth. (Pym 2006: 1)

1. 머리말

번역의 사회적 성격을 탐구하려는 시도는 번역학의 비교적 짧은 역사 속에서도 꾸준히 이어졌다. 20세기 후반, 번역 연구자들은 '의사소통', '규범', '체제', '맥락' 등의 개념을 중심으로 번역의 사회적 측면에 대해 논의했다.[1]

---

1 번역의 사회적 문제에 관심을 가진 번역학자들은 꾸준히 있었다. 일례로 번역에서 '등가'의 문제에 관심을 가진 Eugene Nida는 번역 텍스트의 등가는 언어 표현 선택의 문제이며, 목표 문화권 독자의 언어적 필요와 기대에 부합하는 언어 표현을 사용할 때 번역가는 역동적 등가(dynamic equivalence)를 달성할 수 있다고 강조한다(Eugene Nida, *Toward a Science of Translating*, Leiden: EJ. Brill, 1964; Eugene Nida, *The Sociolinguistics of Interlingual Communication*, Brussels:

특히 언어학적 관점에서 연구하는 번역학자들은 사회언어학적 연구 방법과 개념을 토대로 번역과 사회의 관계를 기술하고자 노력했고 담화 분석, 비평적 담화 분석(Critical Discourse Analysis), 체계기능언어학(Systemic Functional Linguistics)의 분석 방법과 개념을 이용하여 사회맥락적 요인들이 번역 텍스트 구성에 미치는 영향, 언어 표현의 선택과 현실 구성 간의 관계, 번역의 역할과 권력관계 등을 탐구하였다.

그러나 번역과 사회 간의 관계에 대한 탐색은 오늘날 더욱 다양한 관점에서 집중적으로 나타나고 있다. 이처럼 번역의 사회적 측면을 분석하는 연구가 크게 증가하고 있는 현상을 번역학자들은 "사회적 전환(social turn)"[2] 또는 "사회학적 전환(sociological turn)"[3]이라 부르고 있으며, 1980년대 번역학에서 나타났던 '문화적 전환(cultural turn)'과 유사한 영향력과 파급력이 이 새로운 현상에서 나타나고 있다고 설명한다.

'사회적 전환' 또는 '사회학적 전환'에 해당하는 연구들은 주로 번역이 사회적 행위 또는 관습이라는 전제에서 출발하며, 번역 행위의 주체가 되는

Les Éditions du Hazard, 1996). 즉 목표 문화권의 자연스러운 표현을 사용하는 것이 중요한데, 이러한 자연스러움은 소통 상황을 기준으로 가장 적합한 언어 표현을 선택할 때 실현된다고 설명한다. 의사소통의 요소들을 기준으로 번역을 기술하는 것은 기능주의 이론에서 더욱 두드러진다. Skopos 이론에서는 번역이라는 행위가 원천 텍스트만을 기준으로 행해지는 것이 아니라 번역의 목적, 소통 참가자(번역 의뢰인, 번역 텍스트 독자를 포함)와의 관계를 기준으로 수행되는 것이라고 설명한다(Katharina Reiss and Hans Vermeer, *Grundlegung einer allgemeinen Translationstheorie*, Tübingen: Niemeyer, 1984). 또한 Christiane Nord는 번역이 목적에 의해 결정되는데, 이 목적은 번역 의뢰서에 명시되어 있음을 강조한다. 번역 의뢰서에 포함되는 내용은 번역의 목적과 기능, 발신자와 수용자, 텍스트 수용의 시간과 공간, 매체, ST 작성의 동기, 번역료 등이라는 것이다(Christiane Nord, *Translating as a Purposeful Activity: Functionalist Approaches Explained*, Manchester: St. Jerome, 1997, pp. 59~62). 이러한 논의들은 과거부터 번역에 대한 설명에서 사회적 요소들이 언급되어 왔음을 보여 준다.

2 Michaela Wolf (ed.), *Übersetzen–Translating–Traduire: Towards a "Social Turn"?* (Münster, Hamburg, Berlin, Vienna & London: LIT, 2006), p. 9.
3 Andrew Chesterman, The Name and Nature of Translator Studies, *Hermes 42*, 2009, p. 16.

번역가의 역할과 지위, 다른 주체들과의 관계, 번역 작업 수행의 사회적 조건, 번역과 구조의 관계를 탐색한다. 2008년 출간된 *Routledge Encyclopedia of Translation Studies* 개정증보판[4]에는 '사회학적 접근(sociological approaches)'을 비롯하여 번역의 사회적 성격을 규명하는 용어들, 즉 '젠더와 성', '제도적 번역', '세계화', '소수집단', '이주' 등이 새롭게 추가되었다.[5] 추가된 용어들은 백과사전의 초판이 출간된 1997년 이후 약 10년 동안 번역 연구에서 일어난 변화를 압축적으로 보여줄 뿐만 아니라 향후 번역학 연구의 방향을 제시한다.

본고에서는 번역학의 '사회적 전환' 현상을 '제도적 번역(institutional translation)' 중심으로 고찰하고자 한다.[6] 우선 '사회적 전환'으로 이루어진 연구들이 기존의 연구들과 어떤 차이점을 보이는지, 오늘날 번역 연구에서 부각되고 있는 '제도적 번역'이 번역과 사회의 관계에 대해 어떤 새로운 이해를 제공하는지 분석하려 한다. 아울러 제도적 맥락에서 이루어지는 통역 연구에 대해서도 살펴보고, 번역 연구와 달리 사회적 관습으로서의 통역에 대한 연구는 어떤 성격과 특성을 가지는지 탐색하고자 한다.

---

4 Mona Baker and Gabriela Saldanha (eds.), *Routledge Encyclopedia of Translation Studies* (2nd ed.) (London & New York: Routledge, 2008). 국내에는 『라우트리지 번역학 백과사전』(한신문화사, 2009)으로 번역 출간되었다.
5 Moira Inghilleri, *Sociological Approaches*, In Mona Baker and Gabriela Saldanha (eds.), 2008.
6 "'사회적 전환'이라는 현상에 해당되는 연구는 무엇인가?'라는 문제와 관련하여 의견이 크게 두 가지로 구분되는 것 같다. Michaela Wolf, Andrew Chesterman 등은 사회학의 이론과 개념들을 토대로 하는 연구들만 포함된다고 한정한 반면 Anthony Pym, Miriam Shlesinger, Zuzana Jettmarová 등은 사회학적, 문화학적 방법 등 다양한 인접 분야들의 연구 방법들을 사용한 연구들을 모두 포함한다(Michaela Wolf, 앞의 책; Andrew Chesterman, 앞의 글; Anthony Pym, Miriam Shlesinger and Zuzana Jettmarová (eds.), *Sociocultural Aspects of Translating and Interpreting*, Amsterdam & Philadelphia: John Benjamins, 2006; Moira Inghilleri, 앞의 책). 본고에서는 후자의 관점에 따라 사회학적, 문화학적, 사회언어학적 방법 등을 토대로 번역의 사회적, 사회학적 주제를 규명한 연구들을 대상으로 논의를 진행하고자 한다.

2. '사회적 전환'과 번역 주체에 대한 조명

'사회적 전환'에 대한 논의는, 번역학이 체계적인 학문으로 정립되는 과정에서 일어난 가장 중요한 사건 중 하나인 '문화적 전환'에서 시작해야 할 것이다.[7] 20세기 후반 인문학 전반에서 나타난 문화에 대한 관심이 1980년대 번역학자들에 의해 적극적으로 수용되면서 문화가 번역 연구의 중요한 주제로 부상하기 시작했다(Bassnett 2006: 16). 1980년대 이전까지는 번역에 대한 논의가 주로 '어떻게 가르쳐야 하는가?' 또는 '어떻게 연구해야 하는가?'를 중심으로 이루어졌고, 특히 '번역 불가성의 문제', '언어 구조 차이의 문제', '언어 전환의 문제'가 많은 조명을 받았다. 그러나 투리Toury, 헤르만스Hermans, 배스넷Bassnett과 르페브르Lefevere 등은 번역을 "문화 기호의 망 속에서 만들어진 텍스트"(Bassnett and Lefevere 1990: 11~12)라고 설명하면서, 기호 체계로서의 문화와 그 속에서 생성되고 수용되는 텍스트로서의 번역 문제들을 연구하였다. 번역은 언어와 텍스트만의 문제가 아닌 문화의 문제가 되었고, 이러한 분위기 속에서 번역이 문화에 영향을 미치는 양상, 번역의 맥락과 역사 등에 대한 관심이 폭발적으로 일어났다(Toury 1985; Hermans 1985; Lefevere 1992). '문화적 전환'을 계기로 번역에 대한 근본적인 인식이 전환되고 번역학의 지평이 확대되었다.[8]

---

[7] Edwin Gentzler, Foreword, In Susan Bassnett and André Lefevere (eds.), *Constructing Cultures. Essays on Literary Translation* (Clevedon: Multilingual Matters, 1998), p. 11. Edwin Gentzler는 '문화적 전환'이 일어날 수 있도록 토대를 마련해 준 학자로 Itmar Even-Zohar, Gideon Toury, Theo Hermans 등이 있지만 이론 정립과 연구 주제 규명을 통해 실제로 '문화적 전환'을 일으킨 학자는 Susan Bassnett과 Andre Lefevere라고 평가한다. 그리고 '문화적 전환'이라는 용어를 번역학에서 널리 유통시킨 학자는 Mary Snell-Hornby이다.

[8] '문화적 전환'을 다양한 하위 범주들로 구성된 번역학의 현재 모습을 기준으로 본다면 대단하게 보이지 않을 수도 있다. 그러나 1980년대 이전의 번역 연구는 언어학(특히 대조언어학)과 문학이라는 이항대립적인 구도 속에서 한정된 문제들을 주로 다루었기 때문에 '문화적 전환'은 번역학에 큰 변화를 불러일으켰던 것이다.

최근 번역과 사회의 관계를 규명하는 연구들이 '사회적 전환'이라 불리는 이유는 기존의 연구와 명백하게 구별되기 때문이다(Wolf 2006; Chesterman 2009; Pym 2006). 우선 과거에는 분석 대상이 주로 '텍스트'였다면 오늘날 조명되는 것은 '번역가'이다(강지혜 2010). 체스터만Chesterman은 번역가에 대한 번역학계의 이런 관심이 새로운 분야의 탄생을 알리는 사건이라고 평하면서, 이 분야를 "번역가학翻譯家學(Translator Studies)", 즉 "번역가(물론 통역사도 포함)를 연구하는 학문 분야"라고 설명한다(Chesterman 2009: 13). 물론 텍스트를 조명한 과거의 연구들도 결국 텍스트 뒤에 있는 번역가에 대한 이해를 규명하는 연구가 아니냐고 반문할 수도 있다. 그러나 텍스트를 주로 분석하는 연구는 연구의 대상, 초점, 목적이 '번역가'임을 명백하게 적시한 연구와는 구별된다. 번역가 연구에서는 텍스트 분석뿐만 아니라 설문 조사, 면접, 참여 관찰 등의 방법을 통해 번역가가 누구이며, 어떤 번역 규범에 따라 어떻게 번역을 수행했으며, 번역가의 자기 인식은 어떠했으며, 번역을 통해 어떤 사회적 영향을 미쳤는지 등의 주제를 탐구한다.

번역 연구의 초점을 '번역가'에 두는 것은, 원천 텍스트에 절대적인 가치를 부여하고 텍스트를 중심으로 번역을 논의하는 기존의 번역 담론으로부터 탈피하는 것을 의미한다. 역사적으로 번역 논의의 표준이 되어 온 성경 번역이나 문학 번역의 경우, 논의의 기준은 기록된 하나님의 말씀(the written Word) 또는 정전화된 문학 텍스트였으며, 평가의 기준도 절대적인 가치가 부여된 원천 텍스트였다(Pym 2006). 이븐-조하르Even-Zohar, 헤르만스 등의 다중 체계(polysystem) 이론가들은 원천 텍스트/원천 문화권 중심주의에서 벗어나 목표 텍스트/목표 문화권 중심주의로 인식 전환을 일으키고, '문화적 전환'을 이끌어 내는 데도 중요한 역할을 했지만, 번역 행위의 주체인 번역가에 대해서는 논의하지 않았다(Even-Zohar 1978; Hermans 1999). 그들은 번역이 이질적이고 역동적인 체계들의 계층 구조 속에서 움직이며 문화적·역사적 힘과 상호작용하는 것으로 설명함으로써 설득력 있는 논의를 펼쳤지만, 그들의 관심은 여전히 텍스트였고 번역가에 대해서는 관심을 두지 않았던 것이다.

번역학에서 번역 주체가 연구의 대상으로 부상하게 된 배경에는 복합적인 요인들이 작용했다. 우선 '문화적 전환'을 경험한 번역학계는 1990년대 번역 연구의 대상, 주제, 관점 및 방법이 이미 전반적으로 변화된 상태에 있었다(Snell-Hornby 2006; Chesterman 1998; Gentzler 1998). 번역 텍스트 중심의 연구에서 번역가 및 번역 수행 중심 연구로의 변화, 규범주의적 연구에서 기술적記述的 연구로의 변화, 그리고 번역에 대한 철학적·관념적 탐구에서 경험적(empirical) 연구로의 변화가 일어났던 것이다. 특히 번역에 대한 경험적 연구의 증가로 인해 각종 사회적인 상황 속에서 번역이 행해지는 구체적인 양상이 더욱 체계적으로 드러났고, 번역의 행위자인 번역가는 점차적으로 문제의 핵심으로 부상할 수밖에 없었다. 번역 행위에 대한 경험적 연구가 꾸준히 발표되면서, 번역학자들은 과거 그 어느 때보다도 번역이 행해지는 구체적인 사회적 상황과 조건, 번역 수행에 작용하는 변인, 제약 및 문제점에 관심을 가지게 되었다. 번역에 대한 추상적 논의가 아닌, 번역 주체들의 인식 체계, 상이한 이념적 지향성을 가진 이해 당사자들 간의 상호작용, 번역 텍스트 수용 등에 대해 더욱 구체적인 탐구의 필요성을 느끼게 된 것이다.

이런 배경 속에서 최근에는 번역가의 지위 및 처우의 문제, 번역가 단체 및 네트워크, 번역가와 사회운동, 번역가의 젠더와 성적 지향성, 번역가의 정체성과 권력관계 등이 탐구되고 있다. 특히 번역을 통해 사회적 불평등을 폭로하고 차별을 철폐하는 운동에 참여하는 문제가 연구의 대상이 되고 있다(Simon 1996; Baker 2006; Pérez-Gonzáles 2010). 1990년 후반 페미니스트 번역가들은 가부장적인 사회에서 여성에게 파생적이고 열등한 지위가 부여되듯이, 번역 텍스트에도 원천 텍스트에 비해 주변적이고 부차적인 지위가 부여되는 것에 초점을 맞추고, 이러한 불평등의 재생산에 작동하는 메커니즘을 규명하는 프로젝트에 참여한다. 이들은 자신의 정체성과 이데올로기를 번역 텍스트에 흔적으로 남기는 번역 방법을 사용하는데, 번역을 통해 구조적인 불평등을 폭로하는 운동은 여러 번역학자들에게 사회 참여와 실천의 문제에 있어 깊은 영향을 준다(Venuti 1995). 또한 내러티브 이론을 토대로 윤리적인 번역의 중요성을 강조한 베이커Baker도 번역가의 적극적인 현실 참여를 주장한다. 베이커는 "모든 원천 텍스트가 특정 내러티브를 토대로 하고 있으며, 번역은 원천 텍스트의 내러티브를 목표어의 내러티브로 다시 구성하는 것(renarration)"이라고 정의한다(Baker 2006). 윤리적인 번역은 원천 텍스트의 내러티브를 정확하고 적절하게 옮기는 것이지만, 동시에 원천 텍스트의 내러티브가 조작적이고 왜곡된 표상을 토대로 할 때는 목표 문화권의 다른 내러티브를 사용하여 원천 텍스트의 내러티브를 거부해야 한다고 주장한다. 이는 9·11 테러 이후 서구에서 아랍 세계와 무슬림에 대한 왜곡된 내러티브를 번역하는 텍스트들이 확산되고, 심지어 악의적인 의도를 가진 번역 주체들에 의해 교묘한 방식으로 오역이 행해지는 배경 속에서 나온 논의로서, 갈등 상황에서 번역을 수행하는 번역 주체의 윤리 의식을 강조하고 있다. '사회적 전환'으로 인해 기존의 번역 연구에 대한 사회학적인 관점에서의 비판과 번역가 연구를 위한 새로운 연구 방법 모색이 이루어지고 있다. 일례로 피에르 부르디외Pierre Bourdieu의 '아비투스habitus'와 '장(field)'의 개념과 브뤼노 라투르Bruno Latour의 '행위자-네트워크 이론(actor-network theory)'에 기반하여 번역가의 주체성과 사회 구조 간의 관계를 조명하려는 시도들이 최근 활발하게 이루어지고 있다(Bourdieu 1980; Latour 2005; Gouanvic 2005; Inghilleri 2005; Buzelin 2005). 특히 그 시도들은 번역을 '체계' 중심적으로 설명한 다중 체계 이론가들이 번역 주체에 대한 분석을 외면한 것에 대해 비판하면서 번역 현상에 대해 더욱 구체적이고 심도 있게 설명하고자 노력한다.[9]

---

9 '사회적 전환'은 현재 3개의 하위 분야, 즉 '번역가의 사회학(the sociology of translators)', '번역의 사회학(the sociology of translations)', '번역 과정의 사회학(the sociology of translating)'으로 구분된다(Andrew Chesterman, Questions in the Sociology of Translation, In João Ferreira Duarte, Alexandra

3. '사회적 전환'과 '제도적 통번역' 연구

'제도적 통번역'에 대한 관심은 '사회적 전환'에서 비롯되었다. '제도적 번역'이라는 개념은 캐나다의 번역학자인 모숍Mossop에 의해 1988년 최초로 언급되었는데, 당시 모숍은 자신의 논문에서 "번역 기관은 번역 이론에서 간과된 요소(a missing factor in translation theory)"라고 주장하면서 제도적 번역에 대한 연구의 필요성을 역설한 바 있다(Mossop 1988). 그로부터 약 20년이 지난 2008년에는 '제도적 번역'이 *Routledge Encyclopedia of Translation Studies* 개정증보판에 추가되었고, 그 후로 여러 학자들에 의해 조명을 받기 시작했다. 번역학 백과사전에서는 제도적 번역을 "제도적 맥락에서 이루어지는 번역" 또는 "특정 기관을 위한 번역 또는 특정 기관에서 이루어지는 번역(translating in or for specific organizations)"[10]이라고 기술하고 있으며 그 예로 국제기구, 다중·이중 언어 국가의 정부, 공공 기관, 법원, 병원, 언론 기관 등에서 이루어지는 번역을 제시한다.

Assis Rosa and Teresa Seruya (eds.), *Translation Studies at the Interface of Disciplines*, Amsterdam & Philadelphia: John Benjamins, 2006). '번역의 사회학'에서는 번역 결과물의 유통과 사용, 권력-지배의 유지와 재생산, 번역 결과물과 다른 구조적 요소들 간의 상호작용을 다루는 반면, '번역 과정의 사회학'에서는 번역 과정과 절차, 제도화의 문제에 초점을 두고, 번역 과정에 개입하는 번역 주체들의 관계, 절차와 과정을 규정하는 이데올로기와 권력관계의 문제들을 분석한다 (Johan Heilbron, Translation as a Cultural World System, *Perspectives 8-1*, 2000; Moira Inghilleri (ed.), Bourdieu and the Sociology of Translation and Interpreting, *Special Issue of The Translator 11-2*, 2005; Kaisa Koskinen, *Translating Institutions*, Manchester; St. Jerome, 2008; Helle Dam and Karen Zethsen, Translator Status. A Study of Danish Company Translators, *The Translator 14-1*, 2008). '번역의 사회학'과 '번역 과정의 사회학'은 규범, 이데올로기, 권력 등을 중심으로 번역을 설명한 Toury, Hermans 등의 연구와 관련이 깊다고 볼 수 있으나, 문화재의 유통과 수용에서 나타나는 번역의 역할, 시장 요소들이 번역 관습에 미치는 영향, 통역과 번역이 국가의 사회정치적 정체성을 규정하는 데 수행하는 기능, 번역과 세계화의 관계 등을 중심으로 사회학적인 주제들을 더 집중적으로 다룬다.

10 Kang Ji-Hae, Institutional Translation, In Mona Baker and Gabriela Saldanha (eds.), *Routledge Encyclopedia of Translation Studies* (2nd ed.) (London & New York: Routledge, 2008).

제도적 번역을 구성하는 핵심 개념인 '제도'는 사회로부터 권위를 부여받았으며 조직화되고 확립된 역할과 절차를 가진 실재를 가리킨다(Jepperson 1991: 143~163). 즉 규칙, 규범, 가치관, 신념의 시스템에 의해 어떤 상태 또는 속성에 도달한 사회적 질서 또는 유형을 의미하며, 통일된 행동 양식을 보이는 특징을 가진다.[11] 따라서 제도적 번역가의 작업은, 개인이 번역 대상 텍스트를 선정하여 자신이 가장 적합하다고 생각하는 방식으로 번역을 수행하는 것과 다를 수밖에 없다. 제도적 번역은 다음과 같은 성격을 가진다(강지혜 2005; Kang 2007; Kang 2008).

- 번역은 습관적으로 반복된 절차로 이루어진다.
- 번역 대상 텍스트는 기관에서 선정하며, 번역 작업이 개인적으로 이루어지는 경우도 있기는 하지만 공동의 작업으로 이루어지는 경우가 대부분이다.
- 기관에서의 번역가는 비가시성과 익명성을 보인다.
- 제도적 번역 과정을 통해 제작된 번역 텍스트는 기관의 목소리(voice)를 내며 번역 텍스트는 기관의 이름에 귀속된다.
- 번역가는 업무 활동과 관련된 제도적, 직업적 정체성을 가진다.
- 번역가를 비롯한 번역 관련자들의 행동은 기관에 대한 태도에 의해 형성되고 제약을 받는다.

제도적 번역에 대한 연구에서는 (1)제도적 맥락에 대한 분석, (2)번역가에 대한 분석, (3)텍스트에 대한 분석을 통해 특정 제도적 맥락과 번역가와 텍스트의 관계를 탐구한다. 제도적 맥락에 대한 분석은 특정 수용자와 소통하

---

[11] Kaisa Koskinen, *Translating Institutions* (Manchester: St. Jerome, 2008), p. 17. Koskinen의 연구에 의하면 제도는 '추상적 제도'(e.g. 교육), '형식적 제도'(e.g. 학교), '구체적 제도'(e.g. 특정 학교)로 구분될 수 있는데, 번역의 문제는 주로 '형식적 제도'와 '구체적 제도'를 중심으로 접근한다.

기 위해 또는 기관의 이념을 실현하기 위해 번역이라는 과정이 필요한 국제기구, 다중언어국가의 정부 기관, 공공 기관, 기타 기관 등을 연구하는 것을 의미한다. 이들 기관의 목표와 이념, 번역 절차와 과정, 번역에 대한 기관의 규정과 규범을 검토함으로써 번역의 거시적 요인들을 고찰하는 한편, 번역가의 행동에 내재화된 의식 외부의 요인들을 분석한다. 한편, 번역가에 대한 분석에서는 번역가의 지위와 역할 인식, 기관의 규정과 규범에 대한 번역가의 이해 방식, 번역가의 정체성 등에 대해 고찰한다. 특히 번역가의 동기나 목표가 제도의 구조와 상호작용하는 방식, 번역가가 제도적 맥락에서 비가시성과 투명성을 가지게 되는 원인과 결과, 번역가의 의식과 태도 등이 중요하게 다뤄진다. 끝으로 텍스트의 분석을 통해서는 기관에서 작성된 번역 텍스트가 어떤 특징을 가지는지에 대해 분석한다. 번역 텍스트는 원천 텍스트와 어떤 관계인지, 텍스트가 번역되어 기관의 이름으로 출판되기까지 어떤 과정과 개입이 있으며, 번역 텍스트의 언어적 표현은 기관의 이념과 어떤 관계를 가지며, 번역 텍스트의 수용은 어떻게 이루어지는지 등에 대한 집중적인 검토가 이루어진다.

 제도적 번역의 대표적인 예는 유럽연합에서의 번역이다. 유럽연합 집행위에서의 번역을 연구한 코스키넨Koskinen은 "유럽연합이 언어다원주의라는 언어 정책을 통해 호혜평등주의 원칙을 구현하고 있는데, 언어다원주의 실현의 가장 중요한 수단이 바로 통역과 번역"이라고 강조한다(Koskinen 2008). 통번역은 각 회원국의 언어로 복잡하고 다단계적인 과정을 거쳐 수행되는데, 언어 간 동등권이라는 이상주의적 개념이 번역 업무에서 지나치게 강조된 나머지 "시각적 등가(visual equivalence)" 원칙이 적용되기도 한다. 즉 원천 텍스트와 번역 텍스트는 문단 및 문장 수, 제목과 부제의 위치 등이 일치해야 하는 등 시각적인 등가가 표면적으로 확인되어야 한다는 것이다. 또한 번역이 가지는 상징적 의미가 너무 강조되어, 핀란드어와 같은 유럽연합에서의 비주류 지위를 가진 언어로 번역된 텍스트는 의사소통적 기능보다 번역이 되었다는 상징적 의미가 더 중시되기도 한다(Koskinen 2008). 따라서 코스키넨은 유럽연합의 번역가는 소통을 위한 매개 작업보다도, 이념의 수호자로서 상징적 역할을 수행한다고 주장한다. 뿐만 아니라 집행위 번역 직원들은 국가 정체성과 유럽 정체성 사이에서 복잡한 협상 과정을 경험한다. 다른 집행위 직원들과의 단절, 고국으로부터의 이주, 번역 직원들 간의 배경의 다양성, 주변적인 지위 등으로 인해 유동적인 정체성을 가지게 되며, 번역가의 이러한 정체성은 협상의 과정을 거치며 불분명한 경계를 보인다는 것이다.

제도적 번역에 대한 연구와 함께 제도적 통역도 집중적으로 조명되고 있다. 법정, 경찰서, 병원 등 각종 국가 기관 또는 공공 기관에서 이주민을 위해 행해지는 지역사회 통역 연구에서는 통역사의 지위, 권력관계, 사회 구조와 통역사의 역할에 대한 탐구가 이루어지고 있다. 즉 제도적 맥락과 통역사의 행동과 인식에 대한 분석을 통해 통역사의 지위와 처우, 권력관계와 불평등의 문제, 규범과 의미 해석, 절차와 권리, 이데올로기의 문제 등이 연구되고 있는 것이다(Goffman 1974; Bourdieu 1980; Inghilleri 2005; Pym, Shlesinger and Simeoni 2008; Pym, Shlesinger and Jettmarová 2006; Baker 2006).[12] 특히 전 지구적인 이주와 다중언어주의, 인권과 복지, 차별의 극복 등이 본격적인 사회 문제가 되면서 이주민을 위한 지역사회 통역이 중요한 연구 대상으로 부상하였고, 고프만Goffman의 '틀짓기(framing)', 부르디외의 '아비투스habitus'와 '장(field)' 등 사회학적인 개념들을 토대로 기관에서 활동하는 통역사에 대한 연구가 더욱 활발하게 이루어지고 있다. 이러한 연구는 특정 기관의 일원으로서 통역할 때에 기관이 통역사의 통역 방식과 통역사의 자기 인식에 어떤 영향을

---

12 1990년대까지 통역 연구는 주로 국제회의 통역 또는 동시통역을 중심으로 이루어졌으며, 연구자들은 주로 의미 전달의 문제, 동시통역 교육 등을 연구하고, 통역 과정에 대한 인지언어학적·신경언어학적 주제들을 분석했다.

미치며, 다른 주체들과의 상호작용의 형식을 결정하는 데에 어떤 역할을 하는지에 대한 구체적인 이해를 제공하고 있다.

제도적 통번역의 관점에서 통번역을 연구하는 것은 원천 언어/원천 텍스트/원천 문화(source language/text/culture), 목표 언어/목표 텍스트/목표 문화(target language/text/culture) 등 기존의 범주들로부터 비교적 자유롭게 통번역 현상을 접근할 수 있음을 의미하며, 즉 '원천'과 '목표'라는 이분법적인 대립구도에서 설명이 되지 않는 통번역가들의 성향 체계, 통번역 현상들을 설명할 수 있음을 의미한다. 또한 제도적 통번역은 통번역가가 사회, 제도, 기관, 텍스트에 대해 가지는 다양하고 복합적이고 역동적인 입장, 태도, 가치를 보여준다.

5. 맺음말

이상의 논의를 통해 번역과 통역 연구에서 나타난 '사회적 전환'을 제도적 통번역 중심으로 살펴보았다. '사회적 전환'으로 인해 텍스트보다는 번역가와 통역사가 연구의 초점이 되고 있으며, 다양한 사회학적 개념과 연구 방법으로 번역가의 지위와 작업 조건, 정체성과 권력관계, 규범과 번역 방법 등이 규명되고 있음을 고찰하였다. 또한 번역 수행과 과정, 번역 결과물의 유통과 수용이 사회구조적인 문제들과 어떻게 관련되는지도 활발하게 연구되고 있음을 살펴보았다.

스코포스 이론을 비롯한 번역에 대한 많은 이론들이 번역이 이루어지는 상황에 대해 합의적 이미지를 강조하지만, 제도적 번역에서는 조화롭고 평등한 관계 속에서 이루어지는 번역뿐만 아니라 갈등적인 구조, 복잡한 정체성의 협상이 이루어지는 번역에 대해서도 관심을 가진다. 즉 표준화된 행동 규범에 따라 번역을 수행하면서도 다면적인 성향 체계를 가지는 번역가를 규명할 수 있게 해 주는 것이다. '사회적 전환'으로 인해 번역가를 추상적·이론적으로만 접근할 때는 포착할 수 없는 현상들, 즉 번역가가 사회, 제도, 기관, 텍스트에 대해 가지는 다양하고 복합적이고 역동적인 입장과 태도에 대한 더욱 구체적인 탐색이 이루어지고 있다. 경험적 연구를 통해 하나의 원천 텍스트를 번역하는 과정에서도 번역가가 보이는 태도는 가변적이고 복합적일 수 있다는 점이 구체적으로 규명되고 있다.

현재 국내 통번역학계에서는 통번역의 사회적 성격을 규명하는 연구가 본격적으로 이루어지지 않고 있다. 앞으로 더욱 빠른 속도로 각국 시장이 통합되고 첨단 정보 기술이 발달하면 제도적 맥락에서 이루어지는 통번역은 더욱 확대될 것이고, 번역의 사회적 성격은 더욱 중요한 문제로 부각될 것이다. 국내 번역학계에서도 번역 기관, 제도적 번역가를 비롯하여 번역과 사회의 관계에 대해 더욱 적극적인 탐색이 이루어져야 할 것이다.

참고문헌

강지혜. (2010). 「번역텍스트 제작의 사회적 조건과 제도적 번역가의 역할」. 『번역학연구』 6-2, 2005

강지혜. (2010). 「번역학에서의 '번역주체' 연구: 무엇을 어떻게 연구해야 하는가」. 『통역과번역』 12-2.

Baker, Mona. (2006). *Translation and Conflict: A Narrative Account*. London & New York: Routledge.

Baker, Mona and Gabriela Saldanha (eds.). (2008). *Routledge Encyclopedia of Translation Studies* (2nd ed.). London & New York: Routledge.

Baker, Mona, Maeve Olohan and María Calada Pérez. (2010). Introduction, In Mona Baker, Maeve Olohan and María Calada Pérez (eds.). *Text and Context*. Manchester & Kinderhook: St. Jerome.

Bassnett, Susan. (2006). Culture and Translation, In Piotr Kuhiwczak and Karin Littau (eds.). *A Companion to Translation Studies*. Clevedon: Multilingual Matters.

Bassnett, Susan and André Lefevere (eds.). (1990). *Translation, History and Culture*. London: Pinter.

Bourdieu, Pierre. (1980). *Questions de sociologie*. Paris: Minuit.

Buzelin, Helene. (2005). Unexpected Allies: How Latour's Network Theory Could Complement Bourdieusian Analyses in Translation Studies. *The Translator* 11-2.

Calzada Pérez, María (ed.). (2003). *Apropos Ideology: Translation Studies on Ideology,*

Ideologies in Translation Studies. Manchester: St Jerome.

Chesterman, Andrew. (1998). Causes, Translations, Effects. *Target 10–2*.

Chesterman, Andrew. (2006). Questions in the Sociology of Translation. In João Ferreira Duarte, Alexandra Assis Rosa and Teresa Seruya (eds.). *Translation Studies at the Interface of Disciplines*. Amsterdam & Philadelphia: John Benjamins.

Chesterman, Andrew. (2009). The Name and Nature of Translator Studies. *Hermes 42*.

Cronin, Michael. (2002). The Empire Talks Back: Orality, Heteronomy and the Cultural Turn in Interpreting Studies. In Franz Pöchhacker and Miriam Shlesinger (eds.). *The Interpreting Studies Reader*.

Dam, Helle and Karen Zethsen. (2008). Translator Status. A Study of Danish Company Translators. *The Translator 14–1*.

Even-Zohar, Itmar. (1978). *Papers in Historical Poetics*. Tel Aviv: Porter Institute for Poetics and Semiotics.

Gentzler, Edwin. (1993/2001). *Contemporary Translation Theories*. London: Routledge, Clevedon: Multilingual Matters.

Gentzler, Edwin. (1998). Foreword. In Susan Bassnett and André Lefevere (eds.). *Constructing Cultures. Essays on Literary Translation*. Clevedon: Multilingual Matters.

Gile, Daniel. (2004). Translation Research versus Interpreting Research: Kinship, Differences and Prospects for Partnership. In Christina Schäffner (ed.). *Translation Research and Interpreting Research*: Traditions, Gaps and Synergies. Clevedon: Multilingual Matters.

Goffman, Erving. (1974). *Frame Analysis: An essay on the Organization of Experience*. New York: Harper and Row.

Gonzáles, Luis Pérez. (2010). 'Ad-hocracies' of Translation Activism in the Blogsphere: A Genealogical Case Study. In Mona Baker, Maeve Olohan and María Calada Pérez (eds.). *Text and Context*. Manchester & Kinderhook: St. Jerome.

Gouanvic, Jean-Marc. (2005). A Bourdesian Theory of Translation, or the Coincidence of Practical Instances. *The Translator 11-2*.

Heilbron, Johan. (2000). Translation as a Cultural World System. *Perspectives 8-1*.

Hermans, Theo. (ed.). (1985). *The Manipulation of Literature: Studies in Literary Translation*. London: Croom Helm.

Hermans, Theo. (1999). *Translation in Systems*. Manchester: St Jerome.

Inghilleri, Moira (ed.). (2005). Bourdieu and the Sociology of Translation and Interpreting. *Special Issue of The Translator 11-2*.

Inghilleri, Moira. (2008). *Sociological Approaches*. In Mona Baker and Gabriela Saldanha (eds.).

Jepperson, Ronald. (1991). Institutions, Institutional Effects, and Institutionalism. In Walter Powell and Paul Dimaggio (eds.). *The New Institutionalism in Organizational Analysis*. Chicago: The University of Chicago.

Kang, Ji-Hae. (2007). Recontextualization of News Discourse: A Case Study of Translation of News Discourse on North Korea. *The Translator 13-2*.

Kang, Ji-Hae. (2008). Institutional Translation. In Mona Baker and Gabriela Şadanha (eds.). *Routledge Encyclopedia of Translation Studies* (2nd ed.). London & New York: Routledge.

Kang, Ji-Hae. (2010). Positioning and Fact Construction in Translation. In Mona Baker, Maeve Olohan and María Calada Pérez (eds.). *Text and Context*. Manchester & Kinderhook: St. Jerome.

Koskinen, Kaisa. (2000). Institutional Illusions: Translating in the EU Commission. *The Translator 6-1*.

Koskinen, Kaisa. (2008). *Translating Institutions*. Manchester: St. Jerome.

Latour, Bruno. (2005). *Reassembling the Social. An Introduction to Actor-Network Theory*. Oxford: Oxford University Press.

Lefevere, André. (1992). *Translation, Rewriting and the Manipulation of Literary Fame*.

London: Routledge.

Mason, Ian (ed.). (2001). *Triadic Exchanges: Studies in Dialogue Interpreting*. Manchester: St. Jerome.

Mossop, Brian. (1988). Translating Institutions: A Missing Factor in Translation Theory. *TTR 1-2*.

Nida, Eugene. (1964). *Toward a Science of Translating*. Leiden: EJ. Brill.

Nida, Eugene. (1996). *The Sociolinguistics of Interlingual Communication*. Brussels: Les Éditions du Hazard.

Nord, Christiane. (1997). *Translating as a Purposeful Activity: Functionalist Approaches Explained*. Manchester: St. Jerome.

Pöchhacker, Franz. (2004). *Introducing Interpreting Studies*. London & New York: Routledge.

Pöchhacker, Franz. (2006). "Going Social?" On Pathways and Paradigms in Interpreting Studies, In Anthony Pym, Miriam Shlesinger, Zuzana Jettmarová (eds.). *Sociocultural Aspects of Translating and Interpreting*. Amsterdam & Philadelphia: John Benjamins.

Pym, Anthony. (2001). *Translation and International Institutions*. Explaining the Diversity Paradox, Paper presented to the workshop "Translation and Institutions" at the Conference 'Language Study in Europe at the Turn of the Millenium', Societas Linguistica Europea, Katholieka Universiteit Leuven.

Pym, Anthony. (2006). On the Social and the Cultural in Translation Studies, In Anthony Pym, Miriam Shlesinger and Zuzana Jettmarová (eds.). *Sociocultural Aspects of Translating and Interpreting*. Amsterdam & Philadelphia: John Benjamins.

Pym, Anthony, Miriam Shlesinger and Zuzana Jettmarová (eds.). (2006). *Sociocultural Aspects of Translating and Interpreting*. Amsterdam & Philadelphia: John Benjamins.

Pym, Anthony, Miriam Shlesinger, and Daniel Simeoni (eds.). (2008). *Beyond Descriptive Translation Studies*. Amsterdam & Philadelphia: John Benjamins.

Reiss, Katharina and Hans Vermeer. (1984). *Grundlegung einer allgemeinen Translationstheorie*. Tübingen: Niemeyer.

Simon, Sherry. (1996). *Gender in Translation*. London: Routledge.

Snell-Hornby, Mary. (2006). *The Turns of Translation Studies: New Paradigms or Shifting Viewpoints?*. Amsterdam & Philadelphia: John Benjamins.

Toury, Gideon. (1985). *Descriptive Translation Studies and Beyond*. Amsterdam & Philadelphia: John Benjamins.

Trosborg, Anna (ed.). (1997). *Text Typology and Translation*. Amsterdam & Philadelphia: John Benjamins.

Venuti, Lawrence. (1995). *The Translator's Invisibility: A History of Translation*. London & New York: Routledge.

Wolf, Michaela (ed.). (2006). *Übersetzen−Translating−Traduire: Towards a "Social Turn"?*. Münster, Hamburg, Berlin, Vienna & London: LIT.

번역 텍스트에 재현된 명시의미[*]

조 의 연

1. 머리말

다음 TT1, TT2는 샐린저Salinger의 *The Catcher in the Rye*[1] 번역 텍스트의 일부로 TT1은 이덕형의 것(『호밀밭의 파수꾼』, 문예출판사, 1998)이며 TT2는 김욱동·염경숙의 것(『호밀밭의 파수꾼』, 현암사, 1994)이다.

〈예시 1〉

ST : Anyway, it was December and all, and it was cold as a witch's teat...
TT1 : 하여튼 12월이었다. 날씨는 마녀의 젖꼭지처럼 매섭게 추웠다.
TT2 : 어쨌든 때는 12월이라 계모의 눈살만큼이나 날씨가 매우 싸늘했습니다.

---

[*] 이 논문의 일부는 조의연의 연구 「영한 번역과정에 나타난 외축의 명시화: 비대칭 'and' 접속구문의 화용의미 분석」(『번역학연구』 12-2, 2011)에 발표되었다.
[1] *The Catcher in the Rye*의 원문 텍스트는 Little Brown Books의 2003년도 판을 참고하였다.

앞의 예시에서 TT1과 TT2는 동일한 ST에 대해 서로 다른 번역 글쓰기를 보여주고 있다. 무엇보다도 원작의 등위 접속어 'and' 구문의 첫 번째 접속절 "Anyway, it was December and all"은 TT1에서는 두 번째 접속절 "it was cold as a witch's teat"와는 별개의 독립된 사건으로 번역되고 있는 반면에 TT2에서는 다음 접속절에 대한 이유(~이라)로 해석되고 있다. 한편, 〈예시 2〉에서 ST의 생략 구문 "He didn't use to"의 번역을 보면, TT1에서는 생략된 내용 'get a lot of dough' 부분을 대용어 "그렇지"로 처리한 반면에 TT2에서는 이 부분을 복원시키고 있다.

〈예시 2〉
ST : He's got a lot of dough, now. He didn't use to.
TT1 : 형은 꽤 돈이 많다. 전에는 그렇지 않았다.
TT2 : 이젠 꽤 돈을 많이 벌거든요. 전에는 그렇게 돈을 많이 벌지 못했습니다.

이러한 차이는 번역의 다시쓰기(rewriting) 과정에서 발생하는데 이 논문은 이러한 차이를 적합성 이론(Relevance Theory)의 명시의미(explicature) 개념을 활용하여 논의할 것이다.

번역을 원작의 재복사(recopy)가 아닌 글쓰기의 재창작의 형태로 보고자 하는 이른바 번역학 연구에서의 '창조적 전환(creative turn)'이 번역학 연구의 새로운 패러다임으로 논의되고 있다(Loffredo and Perteghella 2006). 이러한 번역의 창조적 글쓰기는 해석의 주체인 독자, 즉 번역가가 읽기 과정에서 출발텍스트에 대한 창조적 참여를 수반하기 때문에 발생한다(Boase-Beier 2006). 무엇보다도 문학 텍스트의 특성은 해석 과정에서 독자들의 창조적 참여를 불러일으키는 데 있다. 잘 알려진 바와 같이, 번역가는 번역 행위 이전에, 독자로서 원작을 해석하는 과정에 참여하며 이에 기초하여 글쓰기를 수행한다. 따라서 번역가의 글쓰기가 얼마나 창조적인가를 보기 위해서 우리는 번역가가 독자로서 해석 과정에 얼마나 참여하는지를 살펴보아야 한다. 이에 기초하여 번역물을 분석할 때, 원작에 대한 해석이 번역 텍스트에 어떻게 반영되고 있는가를 경험적으로 분석할 수 있으며 재창작으로서의 번역 글쓰기의 문제를 과학적으로 접근할 수 있다고 본다.

의사소통은 기본적으로 추론적이라는 인지 화용론(적합성 이론)의 관점에서 보면, 원작에 대한 번역가의 해석 활동은 발화를 기초로 한 추론 과정을 수반한다. 적합성 이론에서 명시의미는 최적의 적합성을 만족시키고 화용적으로 의미 보충된 첫 번째 해석 내용에 해당된다. 번역 과정에서 원작 읽기는 번역 텍스트와 번역가와의 의사소통 단계이므로, 이 논문에서는 언어적으로 입력된 의미(linguistically encoded meaning)에서 발전된 명시의미는 바로 저자 또는 내레이터가 독자들에게 전달하고자 하는 첫 번째 상정의미(the speaker's communicated assumption)라고 가정한다. 따라서 우리는 이 논문에서 원작에 나타난 명시의미를 분석하고 이 의미가 번역의 글쓰기 과정에서 어떻게 재현되고 있는가를 논할 것이다. 명시의미가 포함된 맥락의미의 모든 해석에 대해, 번역가는 이를 번역 글쓰기 과정에서 어디까지 텍스트화할 것인가를 결정하게 된다. 이러한 측면에서 볼 때, 명시의미 및 함축의미가 어떻게 텍스트화되었는가를 분석하는 것은 번역가 또는 번역 텍스트의 창조성에 대한 연구에 기여할 것이다.[2]

우리는 다음 절에서 화자의미의 일부인 적합성 이론의 명시의미에 대해 논의할 것이다. 이에 기초하여 3절에서는 샐린저의 *The Catcher in the Rye*의 두 번역본을 분석함으로써 이 명시의미가 번역가의 글쓰기를 통하여 재현되고 있음을 보일 것이다.

---

[2] 원천 텍스트의 명시의미가 목표 텍스트에서 재현되는 현상을 명시화(explicitation)로 볼 수 있다. 이 부분에 대한 논의에 관심이 있는 독자는 1998년의 Kinga Klaudy, Explicitation, In Mona Baker (ed.), *Routledge Encyclopedia of Translation Studies* (London & New York: Routledge)를 참조하기 바람.

2. 명시적 의사소통 의미

의사소통 과정에서 언어적으로 입력된 의미에 화용적 의미가 추가적으로 보충되어 발화의미를 형성한다는 것은 널리 잘 알려져 있다(Grice 1975; Sperber and Wilson 1985, 2002; Carston 2002; Recanati 2004). 화용적으로 의미가 보충되지 않은 상태의 언어 의미는 의사소통의 관점에서 보면 불완전한 명제 내용의 상태로 남아 있는 경우가 있다. 이 경우 화용적으로 의미 보충되지 않은 언어 의미는 의미적으로 미확정적이다.[3] 따라서 화자가 전달하고자 하는 발화의 명제 내용은 언어적으로 입력된 의미가 화용적 추론을 거쳐 발전된 것으로 적합성 이론에서는 이를 명시의미라고 부른다.[4]

명시의미는 의사소통에서 화자가 발화한 언어 표현의 논리 형태가 화용적으로 보충되어 발전된 화용적 명제의미 내용으로, 언어적 부호의미와 화용의미의 혼성체이다. 이러한 명시의미의 혼성적 특성은 아래 제시된 명시의미의 정의에서도 볼 수 있다.

> An assumption communicated by an utterance U is EXPLICIT [hence an "explicature"] if and only if it is a development of a logical form encoded by U. (Sperber and Wilson 1982: 12)

---

3 Paul Grice가 의사소통 의미의 출발이 되는 '말해진 것(what is said)'을 제기한 이후, 추론적 의사소통 모형에 기반한 적합성 이론(Dan Sperber and Deirdre Wilson, Robyn Carston 등의 연구를 참고할 것)에서는 이 '말해진 것'이 의사소통에서 명시적 화자의미를 설명하기에 적절하지 않은 것으로 밝혀졌다.

4 Francois Recanati는 이를 'the pragmatically what is said(화용적으로 말해진 것)'이라고 부르기도 한다. 국지연·이성범의 연구("말해진 것"의 명시의미: 적합성이론 분석』, 『담화와인지』 14-2, 1~25쪽)에서 이 명시의미는 추론적 의사소통 이론에서 함축과 대비되기 때문에 '외축'이라 번역되기도 하였다.

위의 정의에서 "a logical form"은 언어적으로 입력된 의미, 즉 부호의미를 말하며 이에 기초하여 발전된 화용적 보충의미가 결합된 것이 의사소통된 명시의미에 해당된다.

원작의 발화에 나타난 명시의미가 번역 과정에서 어떻게 재현되는지를 탐구하기 위하여 이 논문에서는 언어적으로 입력된 의미와는 다른 명시의미를 유발시키는 두 가지 유형의 화용적 의미 보충 현상을 살펴보도록 하겠다. 먼저 화용의미의 보충이 언어적 요소에 의해 필수적으로 발생하는 포화(saturation) 현상을 논의하고 이어서 의사소통 상황의 배경 정보에 의해 보충되는 자유로운 의미 보충(free enrichment) 현상을 논의하겠다.

화자의 발화에 음성적으로는 실현되지 않았지만, 언어적으로 관련 정보가 반드시 실현되어야 하는 경우가 있다. 먼저 어휘의미의 속성에서 비롯되는 포화 현상을 보기로 하자. 아래의 발화 (1a)에서 "better"의 비교 대상이 무엇인지 음성적으로 나타나 있지 않다.

(1) a. Paracetamol is better.
    b. Paracetamol is better [than what?]

즉, (1b)에 표기된 바와 같이 'than what'에 대한 정보가 발화 (1a)에는 음성적으로 실현되지 않은 채 남겨져 있다. 이 정보는 어휘 "better"에 의해 반드시 채워져야 하는 정보이며 이 정보가 제공될 경우에만 해당 발화는 완전한 명제 내용을 갖출 수 있다. 따라서 청자는 이 정보를 맥락을 통해 보충하여야 한다. 물론 화자는 이 정보를 음성적으로 제공하지 않아도 의사소통 맥락에서 청자가 스스로 이 정보를 보충할 수 있다고 믿는다.[5]

---

[5] 이와 같이 비교의 대상을 필요로 하는 서술적 표현으로 'enough', 'same', 'too young' 등이 해당된다. 이에 관해서는 Robyn Carston의 연구를 참조 바람.

이를 달리 표현하면, 발화 "Paracetamol is better"의 논리 형태는 'Paracetamol is better than x'이므로 논항 x의 값이 부여되어야 한다. 그렇지 않는 경우, 의미적으로 비확정적인 상태로 남게 된다. 위의 발화가 발생한 맥락이 통증과 고열을 낮추는 약 'paracetamol'과 'phenacetin'의 효과성을 비교하는 경우라고 가정할 수 있다. 화자가 이 맥락에서 "Which one is better?"에 대한 답변으로 위의 (1a)를 발화할 수 있다. 이 경우 발화 (1a)의 논리 형태는 아래의 (2)와 같고, 맥락에 기반한 화용적 의미 보충 과정에서 논리 형태에 포함된 논항 x에 'phenacetin'이라는 값이 부과되어 (3)과 같은 명시의 미로 발전된다.

(2) Paracetamol is better than x
(3) PARACETAMOL IS BETTER THAN PHENACETIN.[6]

위와 같은 동일한 맥락, 즉 통증과 고열을 낮추는 약 'paracetamol'과 'phenacetin'의 효과성을 비교하는 맥락에서 아래와 같은 대화가 발생하였다고 가정하여 보자.

A : Which one is better?
B : Paracetamol.

이 맥락에서 A의 질문에 대한 B의 답변은 A가 정보 처리할 가치가 충분한 것이며 B가 말할 수 있는 정보로 가장 적합한 것이기 때문에 A는 B의 발화 "Paracetamol"을 최적의 적합성을 만족시킨 발화로 받아들인다.[7] 따라서

---

6 이 논문에서 편의상 명시의미는 대문자로 표기한다.
7 적합성의 원칙은 아래와 같이 정의된다.

비록 음성적으로 실현되지 않았지만, B의 발화 "Paracetamol"은 'Paracetamol is better'의 통사적 생략 형태로 다루어진다. 결국, B의 발화 "Paracetamol"의 논리 형태는 (1a)의 경우와 동일하게 (2)의 'Paracetamol is better than x'로 생성되며 청자 A는 비교 화용 정보 'phenacetin'을 논항 변수 'x'에 부과하게 된다. 즉, 청자 A는 B의 발화에 대해 자신이 화자와 공유하고 있다고 믿는 맥락 속에서 아래와 같은 과정을 거쳐 B가 의사소통을 통해 전달하고자 하는 명시의미 'PARACETAMOL IS BETTER THAN PHENACETIN'를 추론하게 된다. 아래는 위의 논의를 요약한 것이다.

맥락 : Is paracetamol better or phenacetin better?
발화 : "Paracetamol"
발화의 논리 형태 : Paracetamol is better than x
발화의 명시의미 : PARACETAMOL IS BETTER THAN PHENACETIN

포화 현상의 한 유형인 통사적 생략 구문 현상을 실제 소설 텍스트의 한 예를 통해서 하나 더 보기로 하자. 생략 구문은 그 자체적으로 불완전한 명제 내용을 갖고 있다. 아래의 발화가 이에 해당된다.

(4) Through Mother Davitch's stroke.

적합성 이론의 의사소통 원리에 따르면, 화자의 발화가 청자에게 정보 처리의 가치가 있고 화자가 선택한 가장 적합한 형태의 표현이 선택되었을 경

An ostensive stimulus is optimally relevant to an audience iff:
a. It is relevant enough to be worth the audience's processing effort.
b. It is the most relevant one compatible with communicator's abilities and preferences.

우 그 발화는 청자에게 최적으로 적합한 발화이다. 따라서 비록 통사적으로 불완전한 문장 형태이지만, 화자가 "Through Mother Davitch's stroke"와 같은 불완전한 문장을 발화하는 경우, 이는 해당 의사소통 상황에서 화자가 선택할 수 있는 최적의 표현이며 동시에 청자의 정보 처리 노력의 비용이 최소화된 발화로 이해된다. 이와 같은 최적의 적합성이 만족된 의사소통 상황에서 청자는 통사적으로 생략된 정보를 반드시 보충하여 화자가 의도한 명시의미를 추론하게 된다. (4)의 발화가 발생된 맥락을 보기로 하자.

… We'll get through this in no time.
Through Mother Davitch's stroke, Aunt Joyce's death, and Poppy's moving in with them.

전치사구의 불완전한 문장이 완전한 명제의미로 해석되기 위해서 해당 전치사구는 발화 맥락에서 구동사 'get through'의 일부분으로 정보 처리된다. 화자는 청자가 이 부분을 최소의 비용으로 정보 처리할 수 있다고 믿고 선택한 표현이기 때문에 이는 화자가 선택할 수 있는 최적의 발화이다. 따라서 청자는 불완전한 문장의 공백으로 비워진 곳에 'We'll get'을 부과하여 아래와 같은 명시의미를 추론하게 된다.

(5) WE WILL GET THROUGH MOTHER DAVITCH'S STROKE, AUNT JOYCE'S DEATH, AND POPPY'S MOVING IN WITH THEM.[8]

이와 같이 불완전한 문장 단위의 발화는 주어진 발화 맥락에서 생략된 표

---

8 명시의미는 중의성 해소 이외에 지시 대상 부여 등의 화용적 과정을 수반한다. 편의상 이 논문에서는 대명사의 지시 대상의 부여되는 지시 값을 명시의미의 대명사에 표기하지 않았다.

현으로 해석되어 문법적으로 반드시 생략된 부분이 채워지는 과정, 즉 포화 과정을 거친다.

화자의 명시의미를 해석하기 위해서 포화와 같이 문법적으로 반드시 보충되어야 하는 경우와 달리 언어적 제약 없이도 세상의 경험 지식에 근거한 화용의미가 발화의 논리 형태에 보충되어 화자의 명시의미가 발생하는 현상이 있다. 이른바 자유스러운 의미 보충이 이에 해당되며, 아래의 예를 통해 이를 관찰할 수 있겠다.

(6) a. I've had breakfast. [TODAY]
　　b. It's raining. [IN LOCATION X]
　　c. Mary took out her key and opened the door [AND THEN] [WITH THE KEY MENTIONED]

화자가 "I've had breakfast"라고 발화할 때, 이 발화 표현은 발화 시점을 기준으로 과거에 아침 식사를 하였다는 최소한의 명제의미를 갖고 있다. 그러나 일반적인 상황에서 화자가 "I've had breakfast"를 발화할 때에 의도한 의사소통의미는 [TODAY]가 의미 보충된 [I HAVE HAD BREAKFAST TODAY]이며 이에 기초하여 'I'm not hungry now' 등의 함축의미가 발생한다. 이때 보충되는 의미 'today'는 언어적 제약에 의해 유발되는 의미 보충이 아니라 발화의 상황에 의해 부가되는 의미 효과이다.

(6b)에서 "It's raining"의 경우에도 위에 제공된 것과 같은 발화 장소와 관계된 추가적인 의미 보충이 발생하는데, 대화 상황에서 화자가 자신의 발화 "It's raining"으로 전달하고자 하는 화자의미는 발화 형태의 논리의미인 'It's raining'이 아니라, 지금 화자와 청자가 공유하고 있는 장소에 비가 오고 있다는 명시의미이다. 예를 들어, 다음의 대화에서 Bob의 답변은 Ann의 질문에 대한 것이기 때문에 청자로서 Ann은 Bob의 발화를 자신의 질문에 대해

적합한 것으로 기대하고 해석한다.

> Ann : Shall we play tennis?
> Bob : It's raining.

Ann은 Bob의 발화로부터 다음과 같은 함축의미를 추론할 수 있는데,

IT'S NOT A GOOD IDEA FOR ANN AND BOB TO PLAY TENNIS AT LOCATION A/B[9]

'테니스 장에 비가 오고 있는 경우, 테니스 경기를 하자는 제안은 적절하지 않다.'라는 우리의 인지 정보가 처리되기 위해서는 위의 대화 맥락에서 Bob의 발화는 장소의 정보가 반드시 의미 보충되어, 다음과 같은 명시의미를 전제로 한다.

IT'S RAINING IN LOCATION A/B

끝으로 (6c)의 "Mary took out her key and opened the door"에서 발생하는 자유로운 의미 보충 현상을 보기로 하자. 일반적인 상황에서 화자가 "Mary took out her key and opened the door"라고 발화하는 경우, 대화 참여자들에게 발생하는 화자의미는 음성적으로 나타난 문자적 논리의미가 아니라, 사건의 행위자 메리가 문을 연 두 번째 사건은 메리가 열쇠를 꺼낸 사건 다음에 발생하며 그 문은 자신이 꺼낸 그 열쇠로 열었다는 정보를 포함한다. 즉

---

9 이탤릭체의 대문자는 함축의미를 표기하기 위해서 사용되었다. 그리고 A/B는 Ann과 Bob이 물리적으로 있는 장소를 나타내기 위한 지표를 의미한다.

(6c)의 명시의미는 해당 발화 "Mary took out her key and opened the door"의 문자의미에 접속어 'and'에 의해 연결된 두 사건이 시간 순서대로 발생하였다는 [AND THEN]의 시간 관계 정보와 문을 연 행위의 수단 정보 [WITH THE KEY MARY TOOK OUT]이 화용적으로 보충되어 발생하게 된다. 즉, 발화 "Mary took out her key and opened the door"의 명시의미는 다음과 같다.

MARY TOOK OUT HER KEY AND THEN SHE OPENED THE DOOR WITH THE KEY THAT MARY TOOK OUT.

다음 절에서는 *The Catcher in the Rye*의 1장에 나타난 포화 현상과 자유로운 의미 보충 현상을 살펴보고 이들의 명시의미가 두 번역본에서 어떻게 언어적으로 재현되고 있는가를 살펴보도록 하겠다.

3. 번역 대상으로서의 명시의미

1) 'to' 부정사 생략 구문의 포화 현상

문법적 생략 현상으로 설명되는 불완전 구문의 포화 현상이 번역물에서 어떻게 재현되고 있는가를 보기로 하자. 여기에서는 'to' 부정사의 동사구 생략 구문을 중심으로 논의하도록 하겠다. 논의될 포화 현상은 아래와 같다.

〈예시 3〉
ST : He didn't use to.
TT1 : 전에는 그렇지 않았다.
TT2 : 전에는 돈을 그렇게 많이 벌지는 못했습니다.

〈예시 4〉
ST : Finally we had to.
TT1 : …… 결국 멈추지 않을 수 없었다.
TT2 : 한데 결국 그만둬야 했어요.

먼저 첫 번째 경우를 보기로 하자. "He didn't use to"는 다음과 같은 발화 맥락에서 발생하고 있다.

It cost him damn near four thousand bucks. He's got a lot of dough, now. He didn't use to. He used to be just a regular writer, when he was home.

동사구 생략 발화 "He didn't use to"는 홀든이 자기의 형 DB가 할리우드에 진출하여 글을 써서 돈을 꽤 벌어 비싼 차를 샀다는 맥락에서 발생하고 있다. 이 생략 발화는 독자들에게 최적의 적합성을 가진 발화로 이해되는데, 그것은 이 발화가 형 DB(he)에 관한 앞의 발화에 지속하여 홀든이 서술자로서 자기 형에 대한 이야기를 하고 있기 때문이다. 독자들은 적합성의 기대를 충족시킨 이 발화의 명시의미를 해석하기 위하여 "He didn't use to"의 생략된 정보를 앞의 발화에 기초하여 보충하게 된다. 따라서 의미 보충된 "He didn't use to"의 명시의미는 아래와 같다.

HE DIDN'T USE TO GET A LOT OF DOUGH.

이러한 포화 현상을 보이는 출발 텍스트의 표현 "He didn't use to"가 어떻게 번역되었는가를 보기로 하자. 편의상 〈예시 3〉을 〈예시 5〉로 다시 제시하면 다음과 같다.

〈예시 5〉
ST : He didn't use to.
TT1 : 전에는 그렇지 않았다.
TT2 : 전에는 돈을 그렇게 많이 벌지는 못했습니다.

TT1은 이 명시의미를 대용어 '그렇(지)'로 처리하여 청자로 하여금 앞의 발화의미 정보를 참조해야 한다. 이 경우 청자(독자)는 홀든의 형 DB가 지금과 달리 과거에는 돈을 많이 벌지 못했다는 약한 함축의미를 추론 과정을 통해 얻게 된다. TT2는 TT1과 달리 해당 명시의미를 음성적으로 실현시키고 있음을 보여주고 있다. TT2는 정보적 처리 비용을 대가로 TT1에서 발생한 약한 함축의미 효과가 언어적 명제의미로 전달되고 있다. 원작에서의 함축의미 효과가 사라지고 이 의미가 문자적으로 실현됨으로써 해당 의미가 강화되었다고 볼 수 있다.

두 번째 경우인 〈예시 4〉를 보기로 하자. "Finally we had to"는 다음과 같은 맥락에서 발생하고 있다.

It kept getting darker and darker, and we could hardly see the ball any more, but we didn't want to stop doing what we were doing. Finally we had to.

비록 "Finally we had to"의 발화에는 음성적으로는 실현되지 않았지만 이는 'Finally we had to stop doing what we were doing'의 문장 형태에서 동사구 '(to) stop doing what we were doing'이 생략된 것임은 명확하다. 즉, "Finally we had to"는 주어진 발화 맥락에서 최적의 적합성을 지닌 발화로 적합성의 기대를 만족시키고 있다. 즉, 소설에서 서술자 홀든의 발화 "Finally we had to"는 독자들의 적합성의 기대를 만족시키는 최적의 적합성을 가진 발화로 이해되기 때문에, 독자들은 문법적으로 생략된 발화의 의미 정보를 보충함으로써 이 발화의 적합성을 만족시킨다. 즉, "Finally we had to"가 발화 맥락 하에서 명시적으로 의사소통되어 전달되는 의미는 다음과 같다.

FINALLY WE HAD TO STOP WHAT WE WERE DOING.

그리고 해당되는 발화의 도착 텍스트 번역은 아래와 같다.

〈예시 6〉
ST : Finally we had to.
TT1 : …… 결국 멈추지 않을 수 없었다.
TT2 : 한데 결국 그만둬야 했어요.

위의 도착 텍스트는 원본의 명시의미가 부분적으로만 번역 텍스트에서 재현되고 있음을 보여준다. 즉 TT1에서는 '멈추(지)'로 TT2에서는 '그만두(어)'로 텍스트화되어 명시의미에서 'stop'의 목적어 정보 'what we were doing'은 번역 텍스트에서 음성적으로 실현되기보다는 번역 텍스트의 명시의미로 존재하고 있다.[10] 지금까지 비록 제한적인 예를 통해 보기는 하였으나, 두 번역 텍스트 모두 어떠한 형태로든지 원작의 명시의미를 텍스트화시키고 있음을 보여주고 있다.

---

[10] 영어 구조와 달리 한국어 통사 구조는 조동사를 제외한 동사구 생략 현상이 통사적으로 불가능하기 때문에, 'to' 부정사로만 남아 있는 영어의 동사구 생략 발화를 음성적으로 복원하여야 하는 통사적 제약이 작용하고 있음을 부인할 수 없다.

2) 접속어 'and'의 자유로운 의미 보충[11]

번역 텍스트에 나타난 접속어 'and' 구문의 자유로운 의미 보충 현상을 논의하기 전에, 접속어 'and' 구문에 대한 화용의미적 특징을 보기로 하자. 접속어 'and'에 의해 연결된 구문은 의미적으로 대칭과 비대칭 'and' 접속어 구문으로 구별된다. 특히 후자는 '상호-사건 관계 and 구문'으로 불린다(조의연 2003). 대칭 'and' 접속어 구문의 경우와 달리 비대칭 접속 구문은 두 사건의 순서가 역으로 재배치되었을 경우, 재배치 이전의 상호-사건 관계 의미가 상실된다. 아래의 예들이 이를 보여준다.

(7) a. Tokyo is the capital of Japan and Seoul is the capital of South Korea.
    b. Seoul is the capital of South Korea and Tokyo is the capital of Japan.
(8) a. You drink another can of beer and I'm leaving.
    b. I'm leaving and you drink another can of beer.

(7a)의 대칭 구문은 두 접속절의 순서가 (7b)와 같이 재배치되어도 의미의 상실이나 변화가 없다. 반면에 (8a)의 경우, 두 접속절의 순서가 (8b)와 같이 재배치되면 (8a)의 두 접속절 사이에 존재하는 '조건-결과'의 의미가 사라진다. 접속어 'and' 구문을 대칭으로 해석하느냐 또는 비대칭으로 해석하느냐 하는 문제는 두 사건의 상호 연관 관계가 사회적 경험의 틀(frame)에 의해 이미 형성되어 있는 경우는 해석에 차이가 없을 수 있다. 그러나 두 사건 사이의 상호 관계가 개인적 경험에 의해 발생하는 경우 독자마다 차이가 있을 수 있음이 예견된다.

---

11 이 절의 내용은 주로 조의연의 「영한 번역과정에 나타난 외축의 명시화: 비대칭 'and' 접속 구문의 화용의미 분석」(『번역학연구』 12-2, 2011, 185~206쪽)에서 발췌되었다.

아래의 예들은 이미 사회적으로 설정된 경험의 틀에 의해서, 화용의미적으로 두 사건 사이의 관계가 'and then'과 같은 시간 순서로, 'and as a result'와 같은 원인-결과의 관계로, 그리고 'because'와 같은 이유의 관계로 해석된다.

(9) a. He handed her the scalpel and she made the incision.
b. She shot him in the head and he died instantly.
c. He was shortsighted and mistook her for a hatstand.

접속어 'and'로 결합된 이러한 두 사건 사이의 관계에 대한 화용의미적 해석을 두고 그라이스Grice와 후기 그라이스 학파는 이를 일반 대화 함축으로 다루고 있으며, 반면에 적합성 이론에서는 명시의미의 일부로 보고 있다. 언어적 제약에 의해 발생하는 것이 아닌, 우리의 경험적 틀에 의해 유발되는 이러한 상호-사건 관계의 화용의미는 화자의 명시적인 의미 상정 내용이기 때문에 번역가는 이를 번역 텍스트에 텍스트화시킬 것으로 예견된다.

먼저 *The Catcher in the Rye*의 번역 텍스트에서 두 사건이 대칭적으로 해석된 경우를 보기로 하자.

ST : My ears were hurting and I could hardly move my fingers at all.

위의 두 사건은 홀든이 선생님을 만나러 가는 도중 날씨가 얼마나 추웠는지를 묘사하는 상황이다. 두 상황은 상호 관계에 있지 않고 두 신체 기관에 대한 묘사를 각각 하고 있어 대칭적으로 해석된다. 이를 두 번역 텍스트는 등위 접속어 '고'를 사용하여 다음과 같이 번역하고 있다.

〈예시 7〉

ST : My ears were hurting and I could hardly move my fingers at all.

TT1 : 귀가 아프고 손가락은 곱아서 움직이지 않았다.

TT2 : 귀가 시리고 손가락을 제대로 놀릴 수가 없었습니다.

반면에 아래의 두 사건은 상호 관계에 있는 것으로 해석된다. 머리를 스포츠형으로 짧게 깎은 것과 머리 빗질을 자주 하지 않는다는 것은 원인-결과의 관계에 있는 것으로 해석된다.

〈예시 8〉

ST : I wear a crew cut quite frequently and I never have to comb it much.

TT1 : 나는 머리를 곧잘 스포츠형으로 짧게 깎았기 때문에 별로 빗질할 필요가 없다.

TT2 : 보통 스포츠형 머리를 자주 하는 편이라 빗질할 필요가 별로 없거든요.

위의 두 번역 결과물이 보여주듯이 앞의 사건은 뒤의 사건의 원인이 되는 배경으로, 그리고 뒤의 사건은 전경으로 해석되고 있다. 그런가 하면, 두 사건의 상호 관계 해석이 중의적인 경우도 있다.

〈예시 9〉

ST : She hung up my coat in the hall closet, and I sort of brushed my hair back with my hand.

TT1 : 부인이 내 외투를 현관 옷장 속에 거는 동안 나는 손으로 머리칼을 쓰다듬었다.

TT2 : 사모님은 내 외투를 현관에 있는 옷장에 거셨습니다. 나는 손으로 머리를 뒤로 빗어 넘겼습니다.

TT1의 번역 텍스트는 위의 두 사건을 동시적인 시간 관계에 있는 것으로 해석하고 있다. 반면에 TT2는 두 사건을 별개의 사건으로 나열하고 있다. 실제적으로 두 사건은 동시에 발생할 수도 있으며 그렇지 않을 수도 있다.[12]

아래의 예들은 원문 텍스트의 비대칭 접속어 'and' 구문의 상호-사건 관계 의미가 번역 텍스트에서 명시적으로 부호화된 경우들을 보여준다. 아래 소개된 출발 텍스트의 두 사건의 관계를 보면, 첫 번째 접속절의 '그 게임이 그해의 최종 게임이다'라는 명제의미는 우리의 경험 틀 내에서 두 번째 접속절의 이유로 해석되고 있다.

〈예시 10〉

  ST : It was the last game of the year, and you were supposed to commit suicide or something if old Pency didn't win.

  TT1 : 그것은 한 해를 마무리 짓는 최종 시합이었기 때문에 만약 전통 있는 펜시가 지는 날이면 자살을 하거나 그와 비슷한 비장한 짓들을 해야 한다고들 생각하고 있었다.

  TT2 : 그해 최종 게임이었기 때문에 만약 펜시 학교가 지는 날이면 녀석들은 자살하거나 뭐 그런 짓을 할 지경이었습니다.

---

[12] 조의연의 앞의 글에서 필자는 The Catcher in the Rye의 1장의 번역본 TT1과 TT2에서 비대칭 접속어 'and' 구문의 상호-사건 관계의 명시의미가 번역 텍스트에 음성적으로 재현된 경우의 빈도수를 다음과 같이 보고하고 있다.

ST		TT1		TT2	
비대칭 'and' 구문		명시의미 재현	비재현	명시의미 재현	비재현
20 (100%)		15 (75%)	5 (25%)	14 (70%)	6 (30%)

위의 표가 보여주듯이 두 번역 텍스트는 비대칭 접속어 'and' 구문의 상호-사건 관계에 해당되는 출발 텍스트의 명시의미를 도착 텍스트에서 음성적으로 재현시키는 경향을 보이고 있다.

이유에 해당되는 이러한 명시의미를 두 도착 텍스트 모두 '때문에'로 부호화하고 있다. 자유롭게 의미 보충된 이러한 상호-사건 관계 의미가 '때문에'로 부호화된 예를 다음에서도 볼 수 있다.

〈예시 11〉
　ST : They didn't have a maid or anything, and they always opened the door themselves.
　TT1 : 선생의 집엔 하녀 뭐니 하는 것은 없었기 때문에 언제나 선생이나 부인이 문을 열어 주었다.
　TT2 : 선생의 집에는 하녀 같은 건 아예 없었기 때문에 언제나 선생이나 사모님이 손수 나와 문을 열어 주셨다.

한편, 다음의 출발 텍스트에 나타난 종속절 내에 포함된 두 접속절 'and' 사이의 사건 관계에 대한 해석은 번역가의 경험에 따라 다르게 해석되고 있다.

〈예시 12〉
　ST : I kept standing next to the crazy cannon, looking down at the game and freezing my ass off.
　TT1 : 어쨌든 나는 그 바보 같은 대포 옆에 서서 꽁꽁 언 채로 시합을 바라보고 있었다.
　TT2 : 어쨌든 엉덩이가 떨어져 나갈 정도로 시린데도 정말 웃기게 생겨 먹은 대포 옆에 서서 경기장을 내려다보고 있었습니다.

TT1에서 첫 번째 접속절은 두 번째 접속절의 동시 상황으로 해석되고 있는 반면에 TT2에서 두 번째 접속절은 첫 번째 접속절 "looking down at the game"에 대한 역경(adversity) 조건으로 해석되고 있다.

끝으로 비대칭 'and' 접속 구문의 상호-사건 관계에 대한 의미 해석을 하는 번역 텍스트가 있는가 하면 그렇지 않은 경우도 있다. 예를 들어, 아래 원문 텍스트에서 첫 번째 접속절의 명시의미 '때가 12월이다'는 두 번째 접속절의 명시의미 '매우 추웠다'의 이유로 해석된다. 이 명시의미를 TT2에서는 부호화하고 있는 반면에 TT1에서는 그렇지 않다.

⟨예시 13⟩
ST : Anyway, it was December and all, and it was cold as a witch's teat...
TT1 : 하였든 12월이었다. 날씨는 마녀의 젖꼭지처럼 매섭게 추웠다.
TT2 : 어쨌든 때는 12월이라 계모의 눈살만큼이나 날씨가 매우 싸늘했습니다.

지금까지의 내용을 요약하면 다음과 같다. 비대칭 'and' 접속 구문의 상호-사건 관계를 나타내는 원문의 명시의미는 두 번역 텍스트에서 음성적으로 실현되는 경향을 보이고 있다. 특히 접속어 'and'의 상호-사건 관계의 명시의미는 언어 제약에 의해 유발되는 것이 아니라 우리의 경험 틀에 바탕을 둔 자유로운 의미 보충 현상임을 고려할 때, 이러한 명시의미가 번역가에 의해 큰 변이 없이 두 번역 텍스트에 모두 음성적으로 실현되는 것은 인간 보편적 인지 능력의 결과로 해석할 수 있다.

4. 맺음말

이 논문에서 우리는 원문 텍스트에서 발생하는 명시의미가 번역 텍스트에서 음성적으로 재현되는지 여부를 살펴보았다. 샐린저의 *The cather in the Rye* 1장에 나타난 'to' 부정사절 생략 구문과 비대칭 상호-사건 관계의 'and'

접속절에 나타난 명시의미가 두 번역 텍스트에서 음성적으로 실현되는 경향을 보이고 있음을 보았다. 비록 'to' 부정사절의 생략 구문은 문법적 제약에 의한 현상이라고 하더라도, 'and' 접속절에 나타난 명시의미는 자유로운 의미 보충 현상으로써 번역가의 경험적 해석이 작용한 결과로 볼 수 있다. 그것이 언어적 제약에 의한 것이든 그렇지 않은 것이든 이러한 연구 결과는 원문 텍스트의 명시의미가 번역가의 번역 대상이라는 가설을 뒷받침하고 있다. 물론 그 검증의 대상 자료가 제한적이기 때문에 다양한 구문의 출발 텍스트 명시의미가 도착 텍스트에서 어떻게 실현되고 있는가를 확대하여 연구하여야 할 것이다.

명시의미의 개념은 적합성 이론에서 제시된 것이지만, 그 존재의 출발은 그라이스의 '말해진 것(what is said)'에서 출발된 것이다. 이 '말해진 것'은 성공적인 의사소통의 관점에서 잉태된 것으로, 적합성 이론에서의 맥락 또한 동일하다. 즉, 우리의 의사소통 과정에서 전달되는 의미의 한 단위로서 명시의미는 존재하고 있다. 번역가의 역할은 도착 텍스트를 생성하면서 출발 텍스트의 저자뿐만 아니라, 텍스트 내의 서술자들이 의사소통하고자 하는 의미를 도착 텍스트의 독자들에게 전달하여야 하는 의사소통 과정의 또 다른 화자로 인식되어야 한다. 번역가의 수행 역할을 이러한 관점에서 볼 때, 의사소통 의미의 기본 단위인 명시의미는 번역가의 번역 대상으로 고려되어야 한다. 특히 명시의미가 언어적으로 입력된 의미에 보충되는 추론의 결과임을 고려할 때, 이 논문은 번역가의 번역 대상은 음성적으로 실현되지 않은 언어적 문맥 요소는 물론 경험적 문맥임을 보여주고 있다. 이러한 면에서 이 논문은 원문 텍스트의 명시의미는 번역가의 일차적 번역 대상임을 주장하고 있는 것이다.

참고문헌

국지연·이성범. (2007). 「"말해진 것"의 명시의미: 적합성이론 분석」. 『담화와인지』 14-2.

김욱동. (2007). 『번역인가 반역인가』. 파주: 문학수첩.

조의연. (2003). 「인지의미론에서 본 영어 상호-사건 관계 'and' 접속구문: 진정한 등위접속인가?」. 『담화와인지』 10-2.

조의연. (2011). 「영한 번역과정에 나타난 외축의 명시화: 비대칭 'and' 접속 구문의 화용의미 분석」. 『번역학연구』 12-2.

Boase-Beier, Jean. (2006). *Loosening the Grip of the Text: Theory as an Aid to Creativity*. In Eugenia Loffredo and Manuela Perteghella (eds.).

Carston, Robyn. (1988). *Implicature, Explicature and Truth-Theoretic Semantics*. In Ruth Kempson (ed.).

Carston, Robyn. (2006). Relevance Theory and the Saying/Implicating Distinction. In Laurence R. Horn and Gregory Ward (eds.). *Handbook of Pragmatics*. Oxford: Blackwell.

Grice, Paul. (1975). Logic and conversation. In Peter Cole & Jerry Morgan (eds.). *Syntax and Semantics 3: Speech Acts*. New York: Academic Press.

Kempson, Ruth (ed.). (1988). *Mental Representations: the Interface between Language and Reality*. Cambridge: Cambridge University Press.

Klaudy, Kinga. (1998). Explicitation. In Mona Baker (ed.). *Routledge Encyclopedia of Translation Studies*. London & New York: Routledge.

Loffredo, Eugenia and Manuela Perteghella (eds.). (2006). *Translation and Creativity: Perspectives on Creative Writing and Translation Studies*. London: Continuum.

Recanati, Francois. (2004). *Literal Meaning*. Cambridge: Cambridge University Press.

Sperber, Dan and Deirdre Wilson. (1986/1995). *Relevance: Communication and Cognition*. Cambridge, Mass.: Harvard University Press.

Sperber, Dan and Deirdre Wilson. (2006). Relevance Theory. In Laurence R. Horn and Gregory Ward (eds.). *Handbook of Pragmatics*. Oxford: Blackwell.

분석 텍스트

원문 텍스트 : J. D. Salinger. (2003). *The Catcher in the Rye*. Little Brown Books.
번역 텍스트 : 이덕형 옮김. (1998). 『호밀밭의 파수꾼』. 문예출판사.
　　　　　　 김욱동 · 염경숙 옮김. (1994). 『호밀밭의 파수꾼』. 현암사.

제2부
번역 결과물에 대한 구체적 분석

- 아동문학 번역에서의 명시화 전략   신지선
  '문학적 감동'과 '문화적 자극'을 고려하여
- 문화 인식의 측면에서 본 「춘향전」 번역의 특성   전현주
- 문학 번역의 자리   김애주
  Sula 번역을 통한 타자성의 재구상
- 한영 문학 번역에서 문체 및 문화 특정적 요소의   김순영
  번역 전략 고찰
  김동인의 「감자」 영역본을 중심으로
- '한—EU FTA 번역 오류 사태'와 그 사회적 영향   이상빈
  체스터만의 규범으로 바라본 언론 보도를 중심으로

아동문학 번역에서의 명시화 전략:
'문학적 감동'과 '문화적 자극'을 고려하여

신지선

1. 머리말

문학이 우리 삶에 미치는 크고 작은 영향은 이루 헤아릴 수 없이 많다. 문학 작품을 통해 감동과 재미를 느끼고, 흥분과 긴장을 맛보며, 지식과 지혜를 갖추고, 규범과 가치를 깨닫는다. 그런데 문학 가운데에서도 특히 아동문학이 우리 삶에 미치는 영향은 더욱 각별하다. 어렸을 때 읽은 한 권의 책에서 크나큰 감동을 받아 평생 책을 가까이 하는 사람이 될 수도 있고, 어렸을 때 읽은 한 권의 책으로 말미암아 평생 책을 멀리하고 싫어하는 사람이 될 수도 있기 때문이다. 평생의 독서 습관은 어린 시절에 어떤 책을 접했는가에 따라 형성되기도 하고 소멸되기도 한다. 어린 시절의 지루하고 짜증스러웠던 독서 경험으로 책을 멀리하게 되는 경우, 문학이 한 개인에게 가져다줄 수 있는 엄청난 위력은 그 진가를 조금도 발휘하지 못하고 만다.

아동문학은 문학 자체가 가지고 있는 보편적 의의 이외에 교육적 측면에서도 특별한 가치를 지니고 있다. 이성은은 아동문학이 아동의 듣기·말하기·읽기·쓰기 능력을 촉진하고, 인지·정서 발달과 상상력을 제고하며, 판단력과 가치 발달을 도모한다고 하였다. 특히 아름다운 모국어에 대한 사랑을 키우고 이해를 촉진하는 데에도 크게 기여한다고 하였다(이성은 2007). 아동문학이 어린이의 발달 과정에 미치는 이러한 중요한 역할을 고려하여, 우리 어린이들에게 좋은 책만을 엄선하여 보여주고 싶은 것이 성인들의 바람이다. 어린이를 위하여 작품을 집필하는 아동문학가는 아동문학의 의의와 가치를 충분히 이해하여 어린이에게 적절한 좋은 작품을 쓸 수 있다. 그런데 아동문학을 번역하는 번역가가 아동문학이라는 장르의 성격과 독자층의 특수성에 대한 이해 부족으로 성인을 위한 문학작품을 번역하듯 아동문학을 번역하는 경우가 있다. 성인을 위한 번역과 어린이를 위한 번역은 각각 번역 전략과 번역 방식이 다를 수 있으며, 경우에 따라서는 반드시 달라야만 한다.

번역문을 읽을 독자가 인지적·언어적·정서적으로 미성숙한 아동이기 때문에 성인들에게는 문제가 되지 않을 원문의 많은 요소들이 번역문에서는 문제가 될 수 있다. 성인의 경우에는 완성도가 낮은 번역 결과물로 인해 문학적 감동이나 언어적 이해 측면에서 크게 영향을 받지 않을 수도 있지만, 아동의 경우에는 중대한 폐해가 지속될 수 있다. 바로, 책에 대한 흥미를 상실하여 책에 담겨 있는 무한한 가능성을 누릴 수 없게 되는 것이다.

이러한 자각에서 출발하여 본 연구에서는 아동문학을 번역할 때 유의해야 할 여러 가지 사항 가운데 특히 '명시화' 전략에 주목하여 고찰하고자 한다. '명시화'란 원문에는 표면적으로 드러나 있지 않은 요소를 번역문에서는 명확하게 표현하는 방법으로, 번역문의 가독성에 직접적인 영향을 미치는 사안이다. 아동문학 번역에서, 원문에는 암시·함축되어 있는 내용을 번역할 때 명확하게 드러내야 하는 상황과 맥락은 다양할 수 있다.

본 연구에서는 우선 명시화가 무엇인지를 이해하기 위하여 번역학계에서 명시화와 관련하여 그동안 논의된 사안을 소개하고, 아동문학 번역에서 발생하는 명시화의 특성을 이해하기 위하여 명시화가 발생한 구체적 사례를 유형별로 고찰한 뒤, 원문 독자와 번역문 독자의 사회문화적 배경이 상이하여 번역 과정에서 명시화가 발생하는 경우를 집중적으로 살펴보려고 한다. 본 연구자가 아동문학 작품에 등장하는 문화적 요소의 명시화 양상에 주목하는 이유는 번역 과정에서 어떤 부분을, 어떤 방식으로, 어느 정도까지 명시화해야 하는지에 대해 논란의 여지가 있을 수 있기 때문이다. 문화적 요소의 다양한 명시화 방법을 구체적으로 분석하기에 앞서, 아동문학을 번역할 때 명시화가 필요한 이유를 설명하기 위하여 번역학에서 논의되는 자국화(Domestication)와 이국화(Foreignization) 현상부터 살펴보기로 하자.

2. 아동문학 번역과 명시화 현상

1) 아동문학 번역에서의 이국화와 자국화

번역 과정에서의 언어적 문제는 번역이 A 언어에서 B 언어로의 단순 치환 작업이 아니기 때문에 다양한 층위에서 고찰하고 분석할 필요가 있다. 번역을 할 때 번역의 단위는 어휘, 통사, 의미, 텍스트 전체, 커뮤니케이션 맥락으로 확대되기도 하고, 혹은 역순으로 축소되기도 한다. 이때 크게는 텍스트의 유형에서부터 작게는 일부 텍스트의 부분적 맥락을 고려하여 적절한 번역의 단위를 선택한다. 그런데 번역 과정에서 번역가가 번역의 단위를 넓혀 가거나 좁혀 가기 이전에 우선적으로 결정해야 할 중요한 사항이 있다. 즉, 이 원문을 번역한 글임이 드러나도록 옮길 것인지, 아니면 자국어로 원래 쓰인 글인 것처럼 옮길 것인지를 결정하는 일이다.

이와 같은 양자 선택의 길을 슐라이어마허Schleiermacher는 '이국화'와 '자국화'라는 개념으로 설명하였다. 슐라이어마허는 "번역가는 원문 저자는 가능한 한 그대로 두고 번역문 독자를 원문 저자 쪽으로 움직이게 하거나, 번역문 독자를 가능한 한 그대로 두고 원문 저자를 번역문 독자 쪽으로 움직이게 한다."라고 하였다.[1] 다시 말해서 '이국화'는 지금 읽고 있는 이 텍스트가 번역문임이 확연히 드러나는 번역, 사회적·문화적·언어적으로 생소한 요소가 번역문에 살아 있는 번역, 번역문 독자의 언어 관습을 고려하기보다는 원문 독자의 언어 규범에 충실한 번역을 가리킨다. 이와는 상반되는 개념인 '자국화'는 원문이 애초에 자국어로 쓰인 것처럼 자연스럽게 읽히는 번역, 원문의 낯설고 이질적인 요소가 겉으로 드러나지 않는 번역, 번역문 독자의 언어 사용 환경과 언어 규범을 준수하여 읽고 이해하기 용이한 번역, 번역문 독자에게도 원문 독자와 같은 반응을 불러일으킬 수 있도록 번역 효과를 중시하는 번역을 의미한다(신지선 2009).

번역된 아동 도서는 상이한 사회문화적 배경에서 전혀 다른 언어를 사용하는 외국의 어린이들을 위한 작품을 한국의 어린 독자들에게 소개하는 것이기 때문에, 이해하기 어려운 요소들이 곳곳에 산재해 있을 수 있다. 한국 작가가 한국의 어린이들을 염두에 두고 한국어로 집필한 창작 도서와는 여러 가지 면에서 다르다. 등장하는 인물의 이름부터 지명, 동식물, 놀이, 취미, 학교, 학년, 과목, 수업 분위기, 선생님과의 관계, 가족 구성원, 영화나 텔레비전 프로그램 등 이야기에 등장하는 많은 요소가 한 번도 들어본 적이 없는 생소한 것일 수 있다. 원문의 이러한 요소를 단어 대 단어로 그대로 옮긴다면, 독자의 눈높이를 고려하지 않은 이해하기 어려운 번역문이 될 수 있다. 본 연구에서는 어린 독자의 특성을 고려하여 이러한 독자에게 충실한 번역을 번역의 '명시화(Explicitation)' 전략에 초점을 맞추어 제안하고자 한다.

---

[1] Jeremy Munday, *Introducing Translation Studies: Theories and Applications* (London & New York: Routledge, 2001) 재인용.

2) 명시화 현상의 네 가지 유형

'명시화'란 비네Vinay와 다블네Darbelnet가 처음으로 제안한 개념으로 "출발어에서는 문맥이나 상황을 통해 명백하기 때문에 암시적으로 남아 있는 것을 도착어에서는 드러내어 명시하는 번역 스타일상의 기법"을 말한다(Vinay and Darbelnet 1995: 342). 즉, 원문에서는 표층 구조에 언어적으로 발현되어 있지 않은 요소를 번역문에서는 언어적 요소로 분명하게 표현하는 방법이다. 그 목적은 번역문을 읽는 독자도 원문 독자가 원문을 읽고 이해하는 수준으로 이해할 수 있도록, 원문에 함축·암시되어 있는 요소를 외현화外顯化하여 알려 주자는 것이다. 번역 과정에서는 근본적으로 명시화가 발생할 수밖에 없는 경우가 많다. 우선 출발어와 도착어 간의 언어적 차이로 인하여 원문에 없는 어휘적·통사적 요소를 번역문에서 명시해야 할 경우가 있고, 원문 독자와 번역문 독자가 서로 다른 문화권에 속해 있는 경우, 커뮤니케이션 차원에서 번역문 독자들이 이해할 수 없는 원문의 문화적 요소를 설명해 주어야 할 경우도 있다.

이러한 명시화 현상을 클라우디Klaudy는 다음의 네 가지 유형으로 분류하였다(Klaudy 2001).

첫째, 의무적 명시화 (Obligatory Explicitation)
둘째, 선택적 명시화 (Optional Explicitation)
셋째, 화용적 명시화 (Pragmatic Explicitation)
넷째, 번역 특성상 명시화 (Translation-inherent Explicitation)

각각의 정의를 구체적으로 살펴보면 첫째, 의무적 명시화는 출발어와 도착어의 통사 구조가 서로 다를 때 명시화가 반드시 이루어져야 하는 경우이다. 두 언어의 문법 구조가 서로 상이할 때, 번역 과정에서 차이점을 반영하여 필요한 요소를 명시해 주지 않으면 문법적으로 틀린 비문이 생성될 수 있다. 따라서 이러한 경우에는 번역할 때 명시화가 반드시 필요하다. 예를 들어 한국어를 영어로 번역할 때, 한국어 구문에서는 생략되어 찾아볼 수 없는 주어를 영어 번역문에서는 드러내어 표시해 주어야 한다. 한국어에서는 주어를 생략해도 문법상 틀리지 않으나 영어 문장에서는 주어가 필요하므로, 함축되거나 암시되어 있는 주어를 찾아서 번역해 주어야 하고, 시제의 경우에도 한국어와 영어 문법상 시제 구분이 일치하지 않아 번역할 때에 분명하게 표시해 주어야 할 때가 있다. 이처럼 의무적 명시화는 원문 언어와 번역문 언어의 문법 구조가 서로 다를 때 발생한다.

둘째, 선택적 명시화는 두 언어 간에 텍스트를 구성하는 방식과 선호하는 문체가 다를 때, 번역가가 선택적으로 활용할 수 있는 방법이다. 예를 들어 번역문에서 접속어나 강조어를 첨가하거나, 특정한 문장 형태를 선호하여 문장 구조를 바꾸어 번역하는 경우 등이 여기에 해당한다. 각 언어마다 접속어의 종류와 활용 방식이 달라 원문에서는 표층 구조에 드러나지 않은 접속의 의미를 번역문에서는 접속사로 분명하게 드러낼 수도 있고, 구문상의 차이로 번역문에서 강조의 의미가 부각되지 않을 경우, 강조어를 명시적으로 추가할 수도 있다. 선택적 명시화는 번역가가 활용 여부를 전적으로 결정하는 번역 방법으로, 아동문학을 번역하는 번역가의 경우에는 아동이 원문의 맥락을 잘 이해할 수 있도록 접속사나 강조어를 명시하는 경우에서 흔히 찾아볼 수 있다.

셋째, 화용적 명시화는 원문 독자와 번역문 독자 사이의 문화적 차이를 고려하여 번역문 독자의 이해도를 높일 목적으로 설명을 덧붙이는 경우이다. 서로 다른 문화적 맥락과 배경지식의 차이로 인해 독자가 원문을 감상하고 이해하는 정도가 크게 달라질 수 있음은 주지의 사실이다. 일례로, 서양 문학 작품에 등장하는 음산한 '보름달'과 한국 전래 동화에 등장하는 푸근한 '보름달', 일본 문학 작품에 등장하는 길조 '까마귀'와 한국 문학 작품에 등장하는 흉조 '까마귀'는 양국의 독자에게 전혀 다른 분위기를 전달한다. 일본어 원문에 '까마귀'라고 쓰여 있다고 해서 단순히 한국어로 '까마귀'로만 번역하면 원문 독자와 번역문 독자는 서로 다른 이미지를 연상할 수 있다. 번역문 독자가 원문에서 의도한 이미지를 떠올리지 못하면, 텍스트에 함축된 메시지를 원문 독자만큼 읽어 낼 수가 없어서 텍스트를 제대로 이해했다고 보기 어렵다.

넷째, 번역 특성상 명시화는 번역이라는 현상이 본질적으로 가지고 있는 특성으로 인해 자연스럽게 발생하는 명시화를 가리킨다. 즉 번역이란 출발어로 포착한 아이디어를 도착어로 구현하는 것이어서, 번역 과정에서 번역가는 메시지를 제대로 전달하기 위해 분명하게 밝히려는 경향을 내재하고 있다는 주장이다. 번역문 독자는 이해하기 불리한 입장에서 출발하므로 이해를 도와주려면 번역가의 적극적 개입이 불가피하다는 전제하에, 부지불식간에 번역 시 명시화가 발생할 수 있다.

이상으로 일반적인 명시화 현상의 네 가지 유형을 정리해 보았다. 이번에는 본 연구의 주제인 아동문학 번역에서 사회문화적 차이로 인해 명시화가 필요한 경우를 분석하기에 앞서, 아동문학을 번역할 때 명시화가 발생하는 일반적인 경우를 살펴보고자 한다.

3) 가독성을 고려한 명시화 전략

신지선은 아동문학을 번역할 때, 어린 독자의 가독성을 고려하여 다음과 같은 경우에 명시화가 발생한다고 강조하였다.[2]

---

2 신지선, 「아동문학 영한번역의 '규범' 연구」, 세종대학교 박사학위논문, 2005.

첫째, 생략된 부분의 명시화 (배경을 부연 설명하는 경우/원문에 지시 대명사나 대동사가 사용된 경우/ST에 내용이 암시된 경우 등)

둘째, 중성적 표현(neutral expression)의 명시화 (상황을 강조하기 위해 과장되게 묘사하기/상황을 강조하기 위해 내용을 삽입하기 등)

셋째, 접속어의 명시화

넷째, 호칭어의 명시화

다섯째, 그림(illustration)의 명시화

각각의 경우에 해당하는 사례를 살펴보면 다음과 같다.

첫 번째로, 생략된 부분의 명시화 가운데 지시대명사나 대동사가 사용되었을 때 번역문에서 지시사로 번역하지 않고 지시하는 앞의 내용을 다시 반복해서 번역하는 경우가 있다. 또한 원문에는 문장의 전후 관계나 텍스트의 흐름상 자연스럽게 내용이 암시된 부분을 번역문에서는 명확하게 밝혀 주는 경우도 있다. 다음의 사례를 보자.[3]

〈사례 1〉

ST : "Did you know, Gullible, that if you eat fifty carrots one after the other, you become invisible?" Gullible thought that sounded like great fun. (Margaret Shannon, *Gullible's Troubles*, Houghton Mifflin, 1998)

TT : "껌뻑아, 너 한꺼번에 당근 50개를 먹으면 투명 쥐가 되는 거 아니?" 껌뻑이는 <u>투명 쥐가 되면</u> 참 재미있을 것 같았어요. (장미란 옮김, 『껌뻑이가 괴물을 만났어요』, 한국프뢰벨, 1999)

---

3 ST는 역자가 번역 작업을 한 판본과 차이가 없다고 판단되는 경우, 구하기 용이한 판본을 참고하기로 하였다.

〈사례 2〉

ST : The man at the garage began to talk of replacing him with a younger dog.
(Maryann Kovalski, *Brenda and Edward*, Kids Can Press, 1997)

TT : 주인 아저씨는 에드워드가 너무 늙어 일하기 힘드니 젊은 개로 바꿔야겠다고 말했어요. (신지식 옮김, 『브렌다와 에드워드』, 한국프뢰벨, 1999)

위의 〈사례 1〉에서 ST의 "that"을 '그렇게 하면'이라거나, '그것이'라고 하는 대신에 "that"이 가리키는 앞의 내용 "한꺼번에 당근 50개를 먹으면 투명쥐가 되는" 것을 분명히 밝혀 주었다. 지시대명사 그대로 '그렇게 하면'이라고 번역하면 앞에서 그 내용이 한 번 나왔다 하더라도 '어떻게 하는 것?'이라고 의문을 가질 어린이들을 위하여 가독성을 높이기 위해서 명시화한 것으로 짐작된다. 〈사례 2〉에서 ST는 야간에 정비소를 지키는 개, 에드워드를 젊은 개로 바꾸어야겠다는 내용만 나오는데, TT에서는 개를 왜 바꾸려고 하는지 그 이유도 설명하고 있다. '너무 늙어 일하기 힘드니' 바꾸려 한다는 이유를 명시화하여, 일 잘하던 개를 왜 갑자기 바꾸려고 하는지 어린이들이 가질 수 있는 의문을 미리 해소해 주었다.

다음으로 두 번째, 원문에서는 감정적인 뉘앙스를 자제한 중성적인 단어에 감정을 실어 명확하게 표현한 경우이다.

〈사례 3〉

ST : Move, Gander. Please move, thought Duck. (Erica Silverman, *Don't Fidget a Feather!*, Sagebrush Education Resources, 1998)

TT : '움직여, 거위야! 제발 달아나라고!' 오리는 마음속으로 외쳤어요. (이상희 옮김, 『털끝 하나도 까딱하면 안 되기!』, 한국프뢰벨, 1999)

⟨사례 4⟩

ST : To the tiger in the zoo Madeline just said, "Pooh-pooh." (Ludwig Bemelmans, *Madeline*, Puffin, 2000)

TT : 동물원의 호랑이를 보고도 "흥! 흥!" 하고 코웃음을 쳤습니다. (이선아 옮김, 『씩씩한 마들린느』, 시공주니어, 1994)

앞의 ⟨사례 3⟩에서 ST는 자기 친구 거위가 여우에게 곧 잡아먹히게 되자 얼른 도망치기를 바라는 주인공 오리의 절박한 심정이 드러나는 상황이다. 이 상황에서 등장인물들이 느끼는 감정이 ST에서는 '생각했다'로 표현되었으나, TT에서는 구체적으로 "마음속으로 외쳤어요."라고 명시화되었다. ⟨사례 4⟩에서 ST의 "said"도 성인을 위한 문학 작품이었다면 '~라고 말했다'라고 번역이 되었을 것이나, 그림책 번역에서는 TT에서 보듯이 상황에 따라 행동을 구체적으로 묘사하였다. 더욱 실감 나게 내용을 전달하는 효과가 있어 지금 어떤 상황이 펼쳐지는지 아이들의 머릿속에 선명하게 장면이 떠오를 것이다. 이야기의 그림이 머릿속에 분명히 그려진다는 것은 이해가 잘됨을 의미한다. 따라서 번역가는 텍스트의 가독성을 높이기 위한 번역 방법으로 명시화를 선택한 것으로 보인다.

세 번째는, 원문에서는 사용하지 않은 접속사를 번역 과정에서 추가함으로써 내용의 연결 관계를 명확하게 표현해 주는 경우로 다음의 사례를 보자.

⟨사례 5⟩

ST : (1)It was dark and nothing looked familiar. (2)Brenda thought she saw Edward going into a drugstore across the street. (3)She ran to him without looking left or right. (Maryann Kovalski, *Brenda and Edward*, Kids Can Press, 1997)

TT : 어느덧 날은 어두워져 있었고 아주 낯선 곳이었습니다. 그때 브렌다는 에드워드가 건너편의 약국으로 들어가는 모습을 얼핏 본 것 같았어요.

그래서 찻길의 이쪽저쪽을 잘 살펴보지 않고 곧바로 달려갔지요. (신지식 옮김, 『브렌다와 에드워드』, 한국프뢰벨, 1999)

위의 〈사례 5〉에서 TT를 보면, 상황을 긴박하게 전개하기 위하여 ST에는 표층 구조에 드러나 있지 않은 접속사와 접속 부사를 삽입한 것을 확인할 수 있다. 이 부분은 아내 브렌다가 남편 에드워드를 찾아 낯선 동네에서 헤매는 장면이다. ST에 없는 "어느덧"을 넣어, 이리저리 헤매다가 날이 어느새 저물어 캄캄해지는 시간의 경과를 효과적으로 표현하였다. ST의 (2)는 브렌다가 갑자기 에드워드를 보았다고 생각하고 무작정 길을 건너는 대목이다. 낯선 곳에서 길을 잃고 친구를 찾아 헤매는 절박한 상황에서, 친구를 발견한 순간을 강조하고자 시간을 표시하는 접속 부사 "그때"를 삽입하였다. ST의 (3)에서는 브렌다가 이런 상황이었기에 주의하지 않고 길을 건넜다고, 전후 관계를 표시하는 "그래서"를 추가하였다.

다음으로 명시화의 네 번째 유형은 호칭어를 명시하는 방법으로, 원문에는 호칭 관계가 생략되어 있지만 번역문에서는 호칭어를 삽입하여 대화하는 화자 간의 관계를 명확하게 드러내 주는 경우이다.

〈사례 6〉
ST : "But look!" (Wanda Gag, *Millions of Cats*, Penguin U. S. 2006)
TT : "할멈, 저길 봐요!" (강무환 옮김, 『백만 마리 고양이』, 시공주니어, 2009)

〈사례 7〉
ST : "Let's cheer up," he said. (William Steig, *Sylvester and the Magic Pebble*, Simon & Schuster, 2010)
TT : "여보, 기운을 냅시다." (이상경 옮김, 『당나귀 실베스터와 요술 조약돌』, 다산기획, 1994)

앞의 두 사례는 대화하는 화자 간의 관계를 명시해 주는 호칭어를 대화 중에 삽입함으로써 독자의 이해를 돕는 경우이다. 〈사례 6〉에서는 "할멈"을 넣음으로써 할아버지가 할머니에게 한 이야기임을 분명히 밝혔고, 〈사례 7〉에서는 남편이 아내에게 말하는 것임을 명시해 주었다. ST에서는 굳이 누구에게 하는 말인지 관계를 표시하는 호칭어를 사용하지 않았다. 물론 이야기를 읽다 보면 누구와 누구 간의 대화인지 충분히 이해할 수 있으나, 아동이 읽을 때 대화의 주체와 객체를 곧바로 파악할 수 있도록 도와주기 위하여 명시화한 것으로 간주할 수 있다. 또한 호칭어를 삽입하면 주의를 환기시켜 이야기에 집중하게 하며, 친근감을 더해 주는 효과를 거둘 수도 있다.

마지막으로 다섯 번째는 아동문학 작품에서 글과 그림의 관계를 고려하여 번역을 할 때 그림에 함축된 내용을 글로 명시해 주는 경우이다.

〈사례 8〉

ST : She <u>slept with it</u> she <u>swam with it</u>. (Roger Duvoisin, *Petunia*, Random House Children Books, 2002)

TT : 피튜니아는 책을 깔고 잠들기도 했고, 책을 부리에 물고 헤엄을 치기도 했어. (서애경 옮김, 『피튜니아, 공부를 시작하다』, 시공주니어, 1995)

〈사례 9〉

ST : In two straight lines they broke their bread and brushed their teeth and went to bed. (Ludwig Bemelmans, *Madeline*, Puffin, 2000)

TT : 밥 먹을 때도 두 줄 나란히, 이 닦을 때도 두 줄 나란히, 잠 잘 때도 두 줄 나란히였습니다. (이선아 옮김, 『씩씩한 마들린느』, 시공주니어, 1994)

〈사례 8〉의 ST에서는 "slept with it", "swam with it"라고 표현했지만, TT에서는 "책을 깔고 잠들기도 했고, 책을 부리에 물고 헤엄을 치기도 했어."라고 구체적으로 그림에 맞게 묘사한 것이 특징이다. 〈사례 9〉의 TT에서는 아이들이 나란히 앉아 있거나 나란히 자는 모습의 그림이 세 번 등장하는 것을 고려하여 "두 줄 나란히"라는 표현을 세 번 반복하였다. 이처럼 그림에서는 읽을 수 있으나 원문에서 읽을 수 없는 내용을 번역문에 표현한 것은 결과적으로 아동들의 가독성을 높이기 위한 방안이라고 해석이 가능하다.

이상으로 아동문학을 번역할 때 명시화가 발생하는 원문의 요소와 번역문의 특성을 살펴보았다. 다음에는 본 연구에서 집중적으로 탐구해 보고자 하는 다른 유형의 명시화 방법을 고찰하고자 한다. 바로 원문 독자와 번역문 독자의 사회문화적 배경이 상이하여 번역할 때 명시화가 필요한 경우로, 번역가가 아동에 대해 가지고 있는 생각과 번역가 고유의 번역관에 따라 명시화 양상이 달라질 수 있다는 점에서 심층 연구가 필요한 부분이기도 하다.

4) 명시화 필요성에 대한 논의

투리Toury는 번역가가 번역할 때에 적절성(adequacy)과 용인성(acceptability)의 양 축 사이에서 어느 축에 근접하게 번역할 것인지를 결정하며, 이 결정에 영향을 미치는 요소는 그 언어권의 번역 규범이라고 지적하였다(Toury 1995). 성인을 위한 문학 작품은 전통적으로 원문 표현의 미학적 특성을 중시하여 적절성을 살리는 번역 방식을 선호한다. 그러나 아동문학 번역에서는 많은 아동문학 전문가와 번역학 연구자들이 용인성을 우선시할 것을 권장한다. 푸어티넨Puurtinen은 어린 독자가 성인에 비해 문해력이 낮고 인생 경험이 풍부하지 않아 이국적인 요소를 성인 독자들만큼 참아 내지 못할 것이라고 하였고(Puurtinen 2006), 르페브르Lefevere는 어린이를 위한 번역 방식을 논의할 때에는 번역을 다른 시대와 다른 장소, 다른 문화에 위치한 독자들을 위해 다시 쓰는 작업으로 가정한다고 하였다(Lefevere 1992). 이처럼 대상이 아동문학일 경우에는 번역 전략에 고유한 특성이 존재하기에 헤르만스Hermans가 말한 "모든 번역에는 특정 목적상 원문에 어느 정도의 손질을 가하는 과정이 내포되어 있다."(Hermans 1985: 11)라는 말이 더욱 의미 있게 다가온다.

물론 이러한 시각에 이의를 제기하는 학자들도 있다. 아동이 책을 읽고 이해하는 과정에서 독자로서 수행하는 역할이 성인과 실제로 다른지에 대해 의문을 제기하면서, 어린이를 위한 번역이 성인을 위한 번역과 크게 다를 바가 없다고 주장하는 번역가들이 있다(Stolze 2002). 또한 이러한 입장을 취하는 학자들은 아동 도서는 원문 자체가 애초에 아동의 사고와 눈높이에 맞추어 집필되었기 때문에 번역가는 그 원문을 충실히 재현하기만 하면 된다고 주장한다. 결과적으로, 독자로서의 아동은 텍스트 이해력이 제한되어 있으며 성인에 비해 아주 낮다고 전제하고서 아동문학 번역은 성인을 위한 번역과 다르다고 결론짓는다는 것이다.

스톨체Stolze는 성인들이 아이들은 많은 것을 이해하지 못할 것이라고 함부로 판단하여 텍스트를 단순화하는 바람에 텍스트에 어렵고 이국적인 요소, 해석을 요하는 요소들이 사라지게 되었고 그 결과, 아이들이 책을 쉽게 읽기는 하지만 동시에 쉽게 지루함을 느끼게 되었다고 하였다(Stolze 2002: 209). 스톨체의 이러한 주장은 아동문학을 번역할 때 번역가가 근거 없이 쉬운 어휘만을 고집하고, 번역문의 문장 구조를 단순화하며, 행간을 읽고 의미를 파악해야 할 정보를 노골적으로 알려 주고 있다면, 유의해야 할 사항임에 틀림없다.

그러나 어린이를 위한 번역은 성인을 위한 번역과 달라야 한다고 제안할 때, 해당 사항이 사회적·문화적·환경적 배경이 상이하여 문제가 되는 요소라면 위의 주장에 동의하기 어렵다. 어린이가 책을 읽을 때 표현이 너무 이해하기 쉬워서 책의 내용에 흥미를 잃을 수도 있지만, 이해하기 어려운 생소한 문화적 어휘와 맥락이 곳곳에 등장하여 이야기에 몰입하지 못할 수도 있기 때문이다. 본 연구에서 고찰해 보고자 한 명시화 전략은 원문 독자와 번역문 독자 간에 발생하는 이러한 괴리 현상을 완화시켜 줄 장치로써, 궁극적으로는 아동 독자들이 평생 책을 가까이 하게 하기 위한 목적에서 활용하는 번역 방법이다. 그렇다면 사회 문화적 배경의 차이로 번역 과정에서 명시화가 필요한 경우, 번역가의 판단에 따라 명시화 양상이 어떻게 달라질 수 있으며, 번역가의 판단에 영향을 미치는 요인들은 무엇인지 살펴보기로 하자.

5) 번역가의 선택

번역 대상 텍스트를 선정할 때부터 번역 결과물을 출판할 때까지 번역의 전 과정은 수많은 취사 선택과 크고 작은 결정의 연속선이다. 크게는 '독자에게 충실할 것인가 원문에 충실할 것인가', '원문의 문학성을 중시할 것인가 번역문의 상업성을 우선할 것인가', '의뢰인의 요구를 반영할 것인가 번역자의 소신을 고집할 것인가' 등의 문제와 마주하게 된다. 특히 아동문학의 경우에는 '책의 실제 구매자인 부모가 좋아할 번역을 할 것인가 실제 독자인 아이들이 좋아할 번역을 할 것인가'부터 시작하여, 작게는 명시화 방식만을 둘러싸고도 다음과 같은 사안이 문제가 될 수 있다.

즉 '원문의 어떤 요소를 명시적으로 표현하고, 어떤 부분을 함축적으로 남겨둘 것인가', '명시화한다면 어떤 번역 방식을 적용하여 어느 정도까지 생략된 내용을 삽입할 것인가', '감동을 느낄 수 있도록 맥락을 이해시키는 것과 흥미를 유지할 수 있도록 과잉 설명을 자제하는 중간 지점은 어디쯤인가', '시대와 장소가 완전히 동떨어진 작품을 번역할 때 원문의 동떨어진 상황을 이해시키려다 본래의 메시지가 퇴색된다면 그럴 가치가 있는가' 등을 생각해 볼 수 있다.

그런데 아동문학을 번역할 때 걸림돌이 되는 이 모든 논의의 중심에는 다음의 세 가지 사안이 자리 잡고 있다. 첫째는 번역가가 아동에 대해 가지고 있는 생각이고, 둘째는 국제화 시대에 번역가가 생각하는 아동문학의 역할이며, 셋째는 한국어 변천사에서 번역어의 영향에 관한 번역가의 개인적 시각이다. 각 요인이 아동문학 번역 과정에 어떤 영향을 미쳐 번역 결과물에 어떤 차이를 초래하는지 구체적으로 논의해 보겠다.

첫째, 프랑스의 한 아동문학 작품을 두 나라에서 번역한다고 가정해 보자. 같은 작품을 한국의 번역가는 한국의 어린이들을 위해서, 그리고 미국의 번역가는 미국의 어린이들을 위해서 번역할 때, 명시화의 정도와 번역가의 개입 정도가 서로 다를 수 있다. 각 번역가가 자국의 어린이에 대해 가지고 있는 보편적인 생각이 다를 수 있고, 자국의 문화적 풍토와 관습에 비추어 구체적으로 명시하고 싶지 않은 사항과 굳이 전달하고 싶지 않은 이데올로기가 다를 수 있다.

우리 어린이들은 현재 어느 정도의 지적 능력을 갖추었고, 낯선 문화적 요소를 얼마나 거부감 없이 포용할 수 있으며, 그 아이들이 접하는 문학은 어떠해야 한다는 번역가 자신의 주관적인 기준이 구체적인 번역 방법에 반영될 수밖에 없다. 그 결과, 번역가 개인의 판단에 따라 이국적이고 생소한 요소를 자세히 설명해 주기도 하고, 축약하거나 생략하기도 하며, 완전히 한국적인 개념으로 대체하기도 하는 것이다.

둘째, 아동문학 번역 양상에 크게 영향을 미치는 또 다른 요인으로 아동문학이 국제화 시대에 어떠한 역할을 수행할 수 있으며 어떠한 가치를 지니는지에 대한 사회의 전반적인 기대치를 꼽을 수 있다. 두 번째 요인은 위에서 언급한 첫 번째 요인의 근본 원인이기도 하다. 왜냐하면 번역가 개인의 주관적 판단과 결정은 당시의 사회적 분위기와 독자의 기대치를 고려하여 이루어지기 때문이다. 아동문학의 경우, 실제 구매자가 성인이므로 읽는 독자는 어린이라 하더라도 성인의 기대치를 상당 부분 고려하게 된다. 아동문학에 내재된 고유한 의의와 가치는 시대와 장소를 불변하고 영원한 것이겠지만, 외부에서 기대하는 문학적 목표와 교육적 방향은 급변하는 시대와 사회적 분위기에 따라 달라질 수 있다.

다른 나라와의 인적·물적 교류가 제한적이었던 과거와 비교하여, 인터넷과 첨단 통신 기술의 발달로 국경이 무의미해진 오늘날의 번역 양상은 이국적인 요소의 번역에 있어 큰 차이를 보인다. 과거였다면 한국의 어린이들이 본 적도 들은 적도 없어서 이해하기 어려웠을 각종 문화적 요소들이 오늘날의 아이들에게는 친숙한 개념이 되기도 하고, 이러한 기본적 문화 능력을 토대로 아이들이 새로운 개념을 더 쉽게 수용할 수도 있게 된 것이다. 국제어로서 영어의 지배적인 위치와 압도적인 영향력이 그 어느 때보다 강력해지면서 영어권 문화가 자연스럽게 뿌리를 내려 영어 어휘와 표현이 쏟아져 들어오는 실정이다.

또한 해외에 적극 진출하여 경제 발전의 가능성을 찾는 현재의 기성세대는 자라나는 어린 아이들이 국제적 감각을 갖추고 외국어에 능통하기를 바란다. 그래서 아동문학을 통해 아이들이 자연스럽게 외국의 문물을 접하고 이해하기를 기대할 수 있다. 물론 아동문학의 많은 가치 가운데 교육적 기능에만 초점을 맞추어 외래어와 외국어를 빈번히 사용하고, 필요 이상으로 자세히 설명하는 번역 방법에 반대하는 의견도 있을 것이다. 그러나 최근에 출판된 아동문학 번역서들을 보면 독자에게 원문을 이해시키고 새로운 문화적 용어를 알려 주기 위해 명시화 방법을 적극적으로 활용하고 있음을 관찰할 수 있다.

마지막으로 셋째, 번역어가 한국어 변화에 미치는 영향을 번역가가 긍정적으로 평가하느냐, 부정적으로 평가하느냐에 따라 번역문에서의 명시화 정도가 다를 수 있다. 명시화의 여러 가지 방식 중에 번역할 때 설명과 함께 외국어를 그대로 차용해서 쓰거나, 외국어로 남겨 두고 괄호 안에 역주를 덧붙이거나, 아니면 각주로 처리하는 경우 등이 있다. 언어는 언어 사용자들이 의식하지 못하는 사이에 끊임없이 변화를 거듭한다. 이전에는 없었던 신조어가 생기기도 하고, 더 이상 사용하지 않아 사어死語로 전락하기도 하며, 같은 단어이지만 의미와 뉘앙스가 크게 달라지기도 한다.

아름다운 우리말을 지키겠다고 속속 유입되는 외국어를 물리적으로 막을 수도 없고 또한 막아서도 안 된다. 그런데 이러한 외국어의 유입을 전폭적으로 지지할 수도, 최대한 지연할 수도, 사안에 따라 선별적으로 들여올 수도 있는 사람이 바로 번역가들이다. 즉, '외국어 그대로 음차 번역할 것인가', '의미상 정확히 일치하지는 않지만 가장 근접한 한국어로 번역할 것인가', '한국어에 등가어가 없으므로 번역가가 고민하여 의미와 형태를 반영하여 신조어를 만들어 낼 것인가', '한국적 상황에서 더 쉽게 이해가 가는 다른 한국어 대체어로 번역할 것인가', '어휘를 어휘 차원의 대응어로 번역하는 대신에 문장 속에서 의미를 풀어서 설명할 것인가' 등의 방법이 있는데 대다수의 번역가들이 주로 어떤 방법을 선택하느냐에 따라 언어의 변화 양상에 영향을 미칠 수 있는 것이다.

이러한 경우에 다음 두 부류의 번역가가 있을 수 있다. 첫 번째 집단은 한국에 등가어가 없는 외국의 어휘는 원어를 그대로 소개하여 외래어로 정착시키는 것이 한국어의 어휘를 풍요롭게 하는 동시에 원문의 의미 손실을 막는 방법이라고 생각하는 번역가들이다. 두 번째 집단은 외국어를 그대로 음차 번역하면 결국 쏟아져 들어오는 외국어의 홍수 속에 고유한 한국어는 조금씩 자취를 감추고, 한국어로 엄연히 대응어가 존재하는 어휘들조차 오히려 외국어로 표현될 수 있으며 그러한 풍토가 만연할 경우, 번역가들은 외국어를 차용하는 편한 방법에 의존하게 될 것이라고 생각하는 번역가들이다.

양측의 입장에 모두 일리가 있기에 어느 한쪽만 고집하기는 어렵다. 그러나 아동문학의 경우로 한정하면 선택의 양상이 달라질 수 있다. 대상 연령층에 따라 다르겠지만, 아동문학은 아동의 언어 발달에 지대한 영향을 미치고, 무엇보다 모국어를 가르치는 역할을 담당한다. 아동기는 아직 언어적으로 미완의 단계에 있어서 어떤 어휘와 표현을 접하느냐에 따라 언어 습득에 영향을 받고, 이 시기의 어린이들은 스펀지와 같아서 정보를 속속 받아들여 저장한다. 아직 한국어도 익숙하지 않은 아이들에게 외국어부터 가르치고 싶은 성인은 없을 것이다. 나중에 자녀가 자라서 외국어를 유창하게 하기를 바라겠지만 그것은 모국어인 한국어를 완전히 익힌 뒤에 기대할 일이다. 그러므로 아동문학을 번역할 때, 표기는 한국어로 되어 있으나 설명 없이 외국어의 음을 그대로 따오는 방식의 번역은 아무도 원하지 않을 것이다.

6) 문화적 요소의 명시화 전략

다음으로 원문 독자만큼의 배경지식을 제공하지 않아 번역문 독자가 원문을 이해하기 어려운 것도 문제이지만, 새로운 지식을 주려는 성인의 욕심이 지나쳐 오히려 번역문을 읽기 어렵게 만드는 것도 깊이 생각해 볼 문제이다. 성인들이 아이들에게 문화적 요소를 가르치려는 교육적 목적에서 필요 이상의 정보를 추가하면 문학 본연의 감동과 흥미가 반감될 수 있다. 번역가의 번역 전략에 따라 명시화 방식에 어떠한 차이가 발생하는지, 또한 명시화 정도에 따라 가독성과 독자 반응에는 어떠한 영향을 미칠 수 있는지를 가늠해 보기 위하여 다음의 사례를 살펴보자.

다음은 영국 아동문학의 영원한 고전 The Wind in the Willows(Kenneth Grahame, Troll, 2002)를 한국어로 번역한 두 종의 번역서에서 각각 발췌한 내용이다.[4]

⟨사례 10⟩

ST : "I like your clothes awfully, old chap. I am going to get a black velvet smoking suit myself some day, as soon as I can afford it."

TT1 : "이봐 친구, 네 옷 참 좋다. 나도 형편이 되면 언젠가는 검정 벨벳 스모킹 슈트(서양 남자들이 연회 때 입는 예복: 옮긴이)를 장만할 거야."

TT2 : "네 옷이 진짜 맘에 든다. 나도 언젠가 검은 벨벳으로 만든 양복을 입어야지. 형편이 좋아지면 말이야."

⟨사례 11⟩

ST : One knew, as if string-music had announced it in stately chords that strayed in to a gavotte, that June at last was here.

TT1 : 현악 연주곡이 장중한 화음에서 갑자기 가보트 곡(프랑스의 전통적인 농촌 무용곡: 옮긴이)으로 바뀌면서 신호라도 한 듯이, 이제 모두들 6월이 왔다는 것을 알게 되었다.

---

[4] TT1로 박선화가 옮긴 『버드나무에 부는 바람』(황금두뇌, 2005)을, TT2로는 신수진이 옮긴 『버드나무에 부는 바람』(시공주니어, 2003)을 참고하였다.

TT2 : 마치 현악기들이 당당하게 소리 맞춰 <u>가보트 춤곡</u>을 연주하듯 마침내 6월이 찾아왔다.

〈사례 10〉에서 보면 TT1은 "벨벳 스모킹 슈트"라고 음차역을 한 뒤 의미를 괄호 안에 역주로 처리하였고, TT2는 검은 "벨벳으로 만든 양복"으로 문장 내에서 설명한 뒤 '스모킹 슈트'라는 이름은 생략하였다. 〈사례11〉에서도 TT1은 역시 음차역을 한 뒤 역주를 추가하였고, TT2는 "가보트"라는 이름을 소개하되 "춤곡"이라는 의미를 간단히 덧붙였다. '스모킹 슈트'나 '가보트' 모두 한국의 어린이들에게는 낯선 단어이다. 이러한 경우, TT1, TT2와 같이 명시화하는 것이 대표적인 번역 방법일 것이다. 배경지식을 제공하는 방법에는 따로 떼어서 괄호 안에 묶어 역주임을 드러내고 자세히 설명하는 방법과, 간단한 설명을 추가하여 문장 내에서 괄호 없이 처리하는 방법이 있다.

두 방법 모두에는 각각 장단점이 있다. 전자는 그 용어가 어떤 것인지 정확하게 파악할 수 있어 모습이 머릿속에 더 잘 그려진다는 장점이 있으나 문장 중간에 등장한 괄호와 긴 설명으로 독서의 흐름이 끊길 수 있다는 단점이 있고, 후자는 글을 읽을 때 독서의 흐름이 끊기지 않고 이야기 전개에 집중할 수 있다는 장점이 있으나 구체적인 모습을 파악할 수는 없어 장면을 생생하게 떠올릴 수 없다는 단점이 있다. 등장하는 문화적 어휘의 수가 적고, 추가 설명이 필요한 내용이 적은 경우에는 두 가지 방법 중 어느 쪽을 선택해도 크게 문제가 되지 않는다. 그러나 다음의 사례를 살펴보면 번역가가 어느 부분을, 어느 정도까지, 어떤 방식으로 명시해 줄 것인가가 글의 시각적 흐름에 영향을 미칠 수 있음을 알 수 있다.

〈사례 12〉

ST : On the walls hung wire baskets with ferns in them, alternating with brackets carrying plaster statuary-Garibaldi, and the infant Samuel, and Queen Victoria, and other heroes of modern Italy.

TT1 : 벽에는 양치 식물이 담긴 철사 바구니들이 걸려 있고, 그 사이사이에 가리발디(이탈리아의 통일을 위해 몸을 바친 애국자: 옮긴이), 청년 시절의 사무엘(옛 이스라엘의 예언자: 옮긴이), 빅토리아 여왕, 그리고 근대 이탈리아 영웅들의 석고상이 있었다.

TT2 : 벽에 걸린 철사 바구니에는 고사리 비슷한 식물이 담겨 있고, 석고 조각상도 붙어 있었다―가리발디(이탈리아의 통일을 위해 몸을 바친 애국자: 옮긴이), 어린 사무엘(구약 성경에 나오는 인물, 고대 이스라엘의 예언자로 하나님의 허락을 받고 이스라엘 왕국의 건설을 단행하였다. 기도하는 모습의 조각상이 유명하다: 옮긴이), 빅토리아 여왕(영국의 여왕: 옮긴이)과 이탈리아 영웅들의 조각상이었다.

〈사례 12〉를 보면 어린 독자들에게 세계사 교육 차원에서 배경지식을 가르쳐 주려는 번역문의 목적과 의도를 짐작할 수 있다. TT1에서는 "가리발디", "사무엘"이 누구인지, TT2에서는 여기에 "빅토리아 여왕"까지 더하여 각각의 인물이 역사적으로 어떤 의미를 지닌 인물인지를 설명하고 있다. 두 번역서에서 명시화의 대상으로 삼은 용어의 수와 명시화 부분에서 설명의 자세한 정도가 서로 다름을 확인할 수 있다. 위의 명시화 정도와 방식을 두고 '적절하다' 혹은 '부적절하다'라고 평가하기는 쉽지 않다. 독자마다 배경지식의 정도가 다르고, 책에서 기대하는 내용이 다르며, 읽고 느끼는 감동이 다르고, 주어진 정보를 습득하는 학습 효과가 다르기 때문이다. 그런 이유로 같은 번역 작품을 두고도 어떤 독자는 번역을 아주 잘했다고 좋아하고, 어떤 독자는 최악의 책이었다고 싫어할 수 있다. 이러한 변수를 생각하면 대다수의 어린 독자들이 위의 번역문에 어떻게 반응할지 알 수 없으나, 개인적인 입장을 밝히자면 우리 성인들이 아이들에게 하나라도 더 가르칠 생각으로 문장 중간에 과도하게 역주를 삽입하는 것은 지양해야 하지 않을까 생각한다.

〈사례 12〉의 번역문을 읽어 보면 단어 뒤에 괄호로 긴 설명을 덧붙이는 명시화 방법이 연이어 사용되었다. 흥미진진한 이야기 전개에 몰입하던 독자라면 잠시 어리둥절해질 수도 있을 것이다. 그러므로 번역가는 교육적 정보 제공과 문학적 감동 제공이라는 두 가지 요소를 끊임없이 저울질하며 균형을 맞추어야 한다. 다음의 예시도 보도록 하자.

〈사례 13〉

ST : They gave us a capital one last year, about a field-mouse who was captured at sea by a Barbary corsair, and made to row in a galley.

TT1 : 작년에는 정말로 기가 막힌 걸 보여줬어. 바다에서 바르바리(해적의 근거지로 알려진 지중해 근처 해안: 옮긴이) 해적선에 붙잡혀 갤리선(옛날에 노예나 죄수에게 노를 젓게 했던 돛단배: 옮긴이)에서 노를 저었던 들쥐 얘기였지.

TT2 : 작년에는 근사한 연극을 보여줬는데. 바다에서 무시무시한 해적들에게 잡혀서 노를 젓게 된 들쥐의 이야기였지.

위의 두 번역문을 비교해 보면 TT1에서는 "바르바리"와 "갤리선"으로 번역하고 괄호 안에 역주를 달아 용어를 자세히 설명해 주었으나, TT2에서는 이 두 어휘를 모두 찾아볼 수 없다. 해적선을 만난 구체적 위치와 붙잡혀서 노를 젓게 된 배의 종류를 생략하였다. 위 이야기는 주인공들이 전년도에 관람했던 연극의 내용을 설명하는 부분이다. 어떤 연극이었기에 그렇게 재미있었는지 연극의 줄거리가 궁금한 시점이기도 하다. TT2의 경우는 갤리선이 무엇인지 설명하고 당시 해적선이 출몰하던 지역이 지중해 부근임을 알려 주는 것보다 글의 긴장감을 유지하는 것이 더 중요하다고 판단한 것으로 보인다. 그래서 지리적·문화적 정보의 손실을 감수하고도 연극의 내용을 단번에 읽어 내려갈 수 있도록 명시화 대신 생략을 선택한 것으로 사료된다.

3. 맺음말

아동문학은 문학 자체에 내재해 있는 이중 독자층, 교육적 가치와 의의를 중시하는 사회적 규범, 급변하는 사회 속에서 시대상을 반영하는 아동 이미지의 변화, 독자의 언어 발달에 직접적으로 영향을 미치는 번역의 역할 등을 고려해 볼 때 번역하기가 쉽지 않은 분야이다. 번역할 때 유의해야 할 사항이 무수히 많음에도 불구하고, 독자가 아동이고 글이 상대적으로 단순하다는 이유만으로 그동안 과소평가되고 평가절하된 분야이기도 하다. 성공한 거의 모든 사람들이 평생 독서의 중요성을 언급하고, 유수한 명사들이 어린 시절의 가장 큰 즐거움이 책읽기였다고 강조하는 것을 굳이 예로 들지 않더라도, 우리 모두는 독서가 우리에게 미치는 엄청난 영향을 잘 알고 있다. 바로 이러한 이유 때문에 우리는 아동문학을 번역하는 번역가에게 각별한 책임감과 소명 의식을 기대하는 것이다.

번역문을 읽을 독자가 단박에 이해하기는 어려울 것으로 판단되는 문화적 요소가 원문에 등장했을 때, 번역가는 어떠한 번역 전략을 취해야 할까? 번역문을 읽는 독자도 원문 독자만큼 생생한 흥미와 감동을 느끼게 하려면 커뮤니케이션 맥락에서 번역가가 어떻게 개입해야 할까? 원문을 읽는 어린이와 같은 문화권에 살지 않는 이상 번역문 독자는 이해하기 어려운, 맥락으로 이해해야 하는 함축된 의미와 뉘앙스가 원문에 존재한다. 이러한 경우, 번역가는 그 간극을 메워 주기 위하여 추가적인 정보나 설명을 명시화하여 제공하게 되는데 이때 어느 어휘를 대상으로 할 것이며, 얼마나 자세히, 어떠한 방식으로 알려 줄지를 결정해야 한다.

다른 문화의 생소하지만 새로운 면모를 적극적으로 자세히 소개하여 문화적 자극을 많이 줄 것인가? 아니면 일편 지엽적이라고 치부할 수 있는 요소들을 구체적으로 설명하지 않고 이야기의 흐름을 살려, 책 읽는 흥미진진함을 배가시키고 문학적 감동을 줄 것인가? 이 두 가지가 동전의 양면처럼 둘 중의 하나를 택하면 다른 쪽은 버려야 하는 대립의 개념은 아니나, 적어도 어느 방향으로 갈 것인지는 반드시 선택해야 하는 사안이다. 결국 명시화의 구체적인 구현 정도는 번역가의 (또는 출판사의 '조언'을 고려한 번역가의) 결정으로 남는다. 이 결정 과정에 영향을 미치는 요인에는 번역가 자신이 가지고 있는 아동의 이미지, 유년기의 추억, 독자의 기대치에 대한 예상, 아동 번역서의 역할에 대한 기성 사회의 시각, 각 번역서의 목적 등이 포함될 수 있다.

이와 같은 상위 규범하에서, 아동문학을 번역하는 번역가는 아동에게 생소한 원문의 이국적 요소를 번역할 때 다음과 같은 사항들을 고려하게 될 것이다.

- 문화적 배경지식이 필요한 이 어휘를 생략할 것인가? 알려 줄 것인가?
- 생략한다면, 원문에는 있는 내용을 생략하려는 이유가 무엇인가?
- 생략하지 않고 알려 준다면, 외국어 이름을 음차 번역하여 알려 줄 것인가? 한국어 상위어로 대체할 것인가?
- 음차 번역할 때, 원문에 없는 설명을 추가할 것인가?
- 추가 설명이 필요하다고 생각될 때, 의미를 간단히 용어 앞에 삽입할 것인가? 별도로 괄호 안에 넣어 자세한 설명을 역주로 추가할 것인가?
- 어느 '정도'의 설명을 추가해야 '인지적'으로 이야기 흐름에 방해가 되지 않을까?
- 어느 '지점'에 설명을 추가해야 '시각적'으로 이야기 전개에 방해가 되지 않을까?

아동문학을 번역할 때, 국제화 시대에 원문의 새로운 요소들을 조금이라도 더 소개하여 이문화에 대한 이해를 목표로 하는 번역 방법이 있을 수 있고, 이야기의 흥미진진한 전개와 메시지 자체에 초점을 맞추어 스토리텔링에 초점을 맞추는 번역 방법이 있을 수 있다. 독자의 인지적·언어적 수준과 개인적 취향이 천차만별이라, 만병통치약처럼 통용될 수 있는 처방적 번역 방식은 존재하지 않는다. 그러나 아동문학을 번역하는 번역가는 어린이가 번역서를 읽고서 원문 독자와 같은 수준의 감동과 재미를 느낄 수 있도록 작품 이해에 필수적인 요소는 설명을 추가하되, 성인과는 다른 어린이의 언어 발달 단계를 고려하여 설명이 과하지 않도록 유의해야 할 것이다. 무엇보다 원문의 목적과 원문 저자의 의도, 번역문의 목적과 번역문 독자의 특성을 파악하여, 명시화 방법을 결정할 때 위에서 열거한 사항들을 충분히 고려할 것을 제안하는 바이다.

참고문헌

신지선. (2005). 「아동문학 영한번역의 '규범' 연구」. 세종대학교 박사학위논문.

신지선. (2009). 「이중 독자층이 내재한 아동문학의 번역양상 고찰-『버드나무에 부는 바람』을 중심으로」. 『번역학연구』 10-3.

신지선. (2009). 「어린이를 위한 번역은 달라야 한다」. 『어린이책 이야기 2009 가을』. 아동문학이론과창작회.

심성경 외. (2003). 『유아문학의 이론과 실제』. 학지사.

이성은. (2007). 『아동문학교육』. 교육과학사.

Beckett, Sandra (ed.). (1999). *Transcending Boundaries: Writing for a Dual Audience of Children and Adults*. New York & London: Garland Publishing.

Coillie, Jan Van and Walter Verschueren (ed.). (2006). *Children's Literature in Translation: Challenges and Strategies*. St. Jerome Publishing.

Hermans, Theo (ed.). (1985). *The Manipulation of Literature: Studies in Literary Translation*. New York: St. Martin's Press.

Hunt, Peter (ed.). (2005). *Understanding Children's Literature*. London & New York: Routledge.

Klaudy, Kinga. (2001). The Asymmetry Hypothesis. Testing the Asymmetric Relationship between Explicitations and Implicitations. Paper presented to the Third International Congress of EST 'Claims, Changes and Challenges in Translation Studies'. Copenhagen.

Knowles, Murray and Kristen Malmkjær. (1996). *Language and Control in Children's*

Literature. London & New York: Routledge.

Lathey, Gillian (ed.). (2006). *The Translation of Children's Literature: A Reader*. Clevedon: Multilingual Matters.

Lefevere, Andre. (1992). *Translation, Rewriting, and the Manipulation of Literary Fame*. London & New York: Routledge.

Munday, Jeremy. (2001). *Introducing Translation Studies: Theories and Applications*. London & New York: Routledge.

Oittinen, Riitta. (2000). *Translating for Children*. New York: Garland.

O'Sullivan, Emer. (2005). *Comparative Children's Literature*. London & New York: Routledge.

Puurtiinen, Tiina. (1998). Translation and Intercultural Education. *Meta 48(1–2)*.

Stolze, Radegundis. (2003). Translating for Children-World View or Pedagogics?. *Meta 48(1–2)*.

Toury, Gideon. (1995). *Descriptive Studies and Beyond*. Amsterdam & Philadelphia: John Benjamins.

Vinay, Jean-Paul and Jean Darbelnet. (1995). *Comparative Stylistic of French and English: A Methodology for Translation*. Amsterdam: John Benjamins.

분석 텍스트

로저 뒤봐젱. 서애경 옮김. (1995). 『피튜니아, 공부를 시작하다』. 시공주니어.
루드비히 베멀먼즈. 이선아 옮김. (1994). 『씩씩한 마들린느』. 시공주니어.
마가렛 샤논. 장미란 옮김. (1999). 『껌뻑이가 괴물을 만났어요』. 한국프뢰벨.
마리안 코발스키. 신지식 옮김. (1999). 『브렌다와 에드워드』. 한국프뢰벨.
완다 가그. 강무환 옮김. (2009). 『백만 마리 고양이』. 시공주니어.
에리카 실버맨. 이상희 옮김. (1999). 『털끝 하나도 까딱하면 안 되기!』. 한국프뢰벨.
윌리엄 스타이그. 이상경 옮김. (1994). 『당나귀 실베스터와 요술 조약돌』. 다산기획.
케네스 그레이엄. 박선화. (2005) 『버드나무에 부는 바람』. 황금두뇌.

케네스 그레이엄. 신수진. (2003)『버드나무에 부는 바람』. 시공주니어.

Erica Silverman. (1998). *Don't Fidget a Feather!*. Sagebrush Education Resources.

Kenneth Grahame. (2002). *The Wind in the Willows*. Troll.

Ludwig Bemelmans. (2000). *Madeline*. Puffin.

Margaret Shannon. (1998). *Gullible's Troubles*. Houghton Mifflin.

Maryann Kovalski. (1997). *Brenda and Edward*. Kids Can Press.

Roger Duvoisin. (2002). *Petunia*. Random House Children Books.

Wanda Gag. (2006). *Millions of Cats*. Penguin U. S.

William Steig. (2010). *Sylvester and the Magic Pebble*. Simon & Schuster.

문화 인식의 측면에서 본 「춘향전」 번역의 특성

전 현 주

1. 머리말

번역은 단순히 언어 기호를 전환하는 작업이 아니라 원천 언어 사용자의 세계관이 고스란히 농축되어 있는 원천 문화의 역동성을 목표 문화권에 이식시키는 작업이다. 그리고 번역은 "문화의 한 형식"(Bassnet and Lefevere 1998)으로 원천 문화의 가치 체계, 관습, 규범, 세계관, 신념, 생활 습관 등 유·무형의 언어적 혹은 비언어적인 속성을 목표 문화권의 독자들에게 전달하는 다중적인 작업이다. 뿐만 아니라 번역은 이질적인 두 언어 간의 소통을 위한 것이며, 언어가 그 나라 문화의 정화임을 생각할 때 번역에서 문화를 중요시하는 일은 당연하며 특히 문학 번역에서 번역은 문화 이해의 힘이다(손지봉 2007: 29~31). 번역과 문화의 불가분의 관계를 고려해 보면 번역가는 태생적으로 번역 과정에서 원천 문화와 목표 문화를 중재하는 '문화중재자(cultural mediator)'의 역할을 수행해야 하므로, 두 문화의 차이에 대한 통찰력을 발휘하여 언어라는 매개체로 문화를 해독하여 전달할 수 있는 '간문화적 통찰력間文化的 洞察力(intercultural insight)'[1]을 발휘할 필요가 있다.

번역가가 '문화중재자'로서 '간문화적 통찰력'을 갖춰야 할 필요성이 제기되는 이유는 언어의 본질은 문화이며 "어떤 문화에서나 언어는 가장 상징적이고 전형적이며 중심적인 요소로 작용하므로 언어와 문화는 분리될 수 없기" 때문이다(Brooks 1964). 또한 번역은 주로 원작을 읽을 수 없는 독자를 대상으로 하며, 원작을 읽을 수 없다면 언어는 물론 그 속에 담긴 문화적 이질성도 이해할 수 없으므로 독자가 이해할 수 있도록 문화 변용(cultural appropriation)도 (경우에 따라서)[2] 필요하기 때문이다(손지봉 2007: 29~31). 따라서 원문과 번역문에는 서로 차이가 발생할 수밖에 없는데 이는 두 언어의 상이성보다는 두 문화의 근본적인 차이에서 기인한다고 볼 수 있다. 그러므로 번역 과정에서 번역가가 간문화적인 능력을 발휘하기 위하여 동원할 수 있는 지식의 양은 방대한 문화적인 요소의 속성에 비하면 '빙산의 일각', '문화의 빙산' 혹은 '양파의 껍질' 정도로 아주 미미하다 할 수 있다. 이를 조금이라도 극복하려면 제한된 범위에서라도 번역가가 간문화적 통찰력을 발휘하여 문화의 차이를 극복한 양상이나 특성을 파악할 수 있다면 유사한 상황에서 번역의 대안 혹은 전략으로 활용할 수 있을 것이다.

이를 위하여 '문화 인식(cultural awareness)'의 측면에서 홉스테드Hofstede가 분류한 문화적 가치 체계 이론을 적용하여 「춘향전」 완판본의 원문 및 번역문에 나타난 서술 방식 및 특성을 분석하고자 한다. 「춘향전」을 사례 분석 텍스트로 선정한 이유는 이 작품이 신분 제도가 존재하던 당시의 시대상과 윤리 및 가치관 등 문화 인식의 측면에서 다층적인 문화 양상과 다양한 문화

---

1 김효중을 비롯한 여러 학자들은 역자의 문화 간 중재 능력을 '간문화적 능력(intercultural competence)'(2.1) 참조)으로 지칭하였으나, 본고에서는 이를 보다 구체적으로 전달하기 위하여 '간문화적 통찰력(intercultural insight)'이란 표현을 병행하여 사용한다.
2 괄호 속은 필자의 것임.

소文化素를 담고 있으므로 번역 과정에서 번역가의 간문화적 통찰력을 발휘해야 할 기회가 상대적으로 많을 것이라 가정하였기 때문이다. 여러 가지 판본이 있지만 완판본[3]을 분석 대상 도서로 삼았으며, 캐나다인 선교사이자 사전편찬자였던 제임스 게일James Gale[4]이 1917년 9월부터 1918년 7월까지 『한국 잡지』(Korea Magazine)[5]에 11부部로 구성하여 출간된 판본이 가장 먼저 번역된[6] 완판본[7]인데, 본고는 비교적 최근에 속하는 1999년에 출간된 리처드 루트Richard Rutt의 *The Song of A Faithful Wife, Ch'un-hyang*[8]의 번역문을 분석 대상으로 삼았다.

---

3 설성경, 「춘향전 번역의 몇 가지 전제」(『번역문학』, 4, 2002), 3쪽. 「춘향전」은 1640년경에 쓰인 작가 조경남의 창작 소설인데 소설 양식 외에 판소리 양식을 통한 연행의 형태로도 전해져서 18세기와 19세기에는 소설 양식과 판소리 양식의 두 축이 자리 잡게 되었다. 필사본과 목판본 등 다양한 판본이 있으나 목판본 소설 중에서 판소리적인 속성을 상당 부분 수용하고 있는 가장 성숙된 텍스트는 완판본 소설이다.
4 그는 이해조가 「춘향전」을 개작하여 1912년 매일신보에 연재한 신소설 「옥중화」를 번역하기도 하였다.
5 1917년에 창간되어 1919년 4월에 폐간된 월간 영문 잡지이다. (한국교회사 문헌연구원 http://cafe.daum.net/kaistkorea)
6 다른 번역문도 있지만 각색을 한 것 또는 좀 더 오래된 고본(古本)을 번역한 것이거나 원문의 내용과 다소 거리가 있는 경우가 많았다.
7 완판본의 제목은 「열녀춘향수절가」(Yŏllyŏ Ch'unhyang sujŏl ka: Song of the Constancy of the Faithful Wife, Ch'un-hyang)이며, 이본(異本)의 제목은 대체로 가장 널리 사용된 「춘향전」(Ch'unhyang chŏn: Story of Ch'unhyang)을 비롯하여, 「호남 악부」(Honam akpu: Song of Chŏlla), 그리고 「옥중화」(Okchunghwa: The flower in the prisonhouse) 등이 있다.
8 앞서 1974년에 영국왕립아시아학회 한국지부(Royal Asiatic Society-Korea Branch)에서 출판한 『영국왕립아시아학회 한국지부』 저널에 게재되었던 *Virtuous Women: Three Classic Korean Novels*의 재판본이기도 하다. 그리고 영어 번역문 중 1950년에 최홍심(Choi Hong Sim)이 번역하여 한국국제문화협회(International Cultural Association of Korea)에서 출간한 *The Waiting Wife*는 목판본의 번역문이라, 완판본을 분석 대상으로 하는 본고의 참고 범위와 차이가 있어 논의의 대상에서 제외하였다.

2. 번역과 문화

에드워드 홀Edward T. Hall은 그의 저서 *Silent Language*에서 문화를 설명하는 개념은 다양하지만 문화의 속성은 잘 드러나지 않으므로 실제로 밖으로 드러나는 부분은 "빙산의 일각에 불과하다.(just the tip of the iceberg)"라고 하였다(Hall 1996). 브레이크Brake를 비롯한 몇몇 학자들 역시 일명 '아이스버그 이론'에서 "법률, 관습, 의식, 몸짓, 복식, 음식, 음료, 인사법, 작별인사법 등 모든 요소는 문화의 속성에 속하지만 이는 문화의 빙산(the cultural iceberg)에 불과하다."라고 하였다(Brake et. al. 1995: 34~39). 같은 맥락에서 홉스테드 또한 그의 저서 *Cultures and Organizations*에서 문화는 "상징(symbols), 영웅(heroes), 의례(rituals), 그리고 가치(values)로 나눌 수 있으며, 양파의 껍질에 비유하여 '상징'은 가장 겉껍질에 해당하는 피상적인 속성을, '가치'는 가장 안쪽 껍질에 해당하는 심층적인 속성을, 그리고 '영웅'과 '의례'는 '상징'과 '가치' 사이의 껍질에 위치하는 중간적인 속성을 지닌다."라고 설명하였다(Hofstede 1991: 9). 이와 같이 문화의 속성을 '양파의 껍질', '빙산의 일각' 혹은 '문화의 빙산' 등에 비유하여 정의한 학자들이 있는가 하면, 문화와 커뮤니케이션을 불가분의 관계로 보고 이를 규명코자 노력한 학자들도 있다.

특히 구디쿤스트Gudykunst는 간문화적 커뮤니케이션 방식[9]을, 첸Chen과 스타로스타Starosta는 간문화적 의사소통 능력의 구성 요소[10]를, 그리고 에드

---

9 W. B. Gudykunst, *Cross-Cultural Comparison*, In C. R. Berger and S. H. Hills (CA: Sage, 1987). 간문화적 커뮤니케이션(inter-cultural communication), 교차 문화 커뮤니케이션(cross-cultural communication), 국가 간 커뮤니케이션(international communication), 그리고 교차-매스 커뮤니케이션(cross-mass communication) 등 네 가지로 분류하였다.

10 G. M. Chen and W. J. Starosta, *Foundations of Intercultural Communication* (Needham, MA: Roman & Littlefield Pub. Inc., 2005). 간문화적 의사소통 능력(intercultural communication competence)의 구성 요소를 다음과 같이 분류하였다.
① 개인적 속성(personal attribute): self-disclousure, self-awareness, self-concept, social

워드 홀은 문화를 커뮤니케이션의 한 형태로 다루면서, 수신자(수용자)의 문화적 배경에 따라 특정 감각기관(시각, 촉각, 청각, 후각, 미각)이 예민하게 반응하거나 둔감하게 반응하는 문화 필터가 작용한다고 주장하였다. 다시 말하면 문화는 커뮤니케이션과 불가분의 관계를 갖고 있으므로 번역가가 원천 문화를 제대로 이해하지 못하거나 커뮤니케이션 능력이 부족하면 번역 작업을 원만하게 수행할 수 없다는 것이다. 이는 눈에 보이지 않는 문화적 차이들이 이異문화 간의 의사소통에 있어서 눈에 보이는 문화적 차이보다 더 많은 문제를 야기할 수 있기 때문이다. 이런 숨겨진 문화적 차이(hidden cultural differences)는 아주 난해하고 미묘한 방식으로 번역가의 번역 작업에 영향을 미치게 된다. 마찬가지로 문화의 속성이나 특징은 헤아릴 수 없을 만큼 다양하고 심층적이므로, 표면적인 요소만 고려하는 번역 전략을 수립하면 오류를 범할 가능성 또한 높아질 수 있다. 이런 점에서 번역가가 번역 과정에서 활용할 수 있는 번역 전략을 수립하기 위해서는 문화의 속성이나 본질 혹은 특징을 효율적으로 파악해야 하며 특히 의식적인 측면에서 문화의 속성을 이해할 필요가 있다.

1) 문화적 가치 체계와 번역가의 간문화적 통찰력

번역가에게 간문화적 통찰력이 절실히 요구되는 이유는 "번역은 두 언어 사이가 아니라 두 문화 사이를 전환시키는 작업이므로, 번역가는 언어적

---

relaxation
② 의사소통 능력(communication skill): message skills, social skill, flexibility, interaction management
③ 심리적인 적용(psychological adaptation): frustration, stress, alienation, ambiguity
④ 문화 인식(cultural awareness): social values, social customs, social norms, social systems

인 규칙은 물론 문화적인 규칙도 반드시 고려"(Eco 2003: 82)해야 하는데, 그렇지 못하여 '문화 문맹(cultural illiteracy)'[11]의 정도가 높아지면 원문의 의미를 왜곡할 가능성 또한 높아지기 때문이다. 따라서 번역가는 "원천 텍스트에서 가치관과 생활 양식 및 민족성 등을 추론하여 이를 목표 문화권의 그것과 비교·분석·평가할 수 있어야 하며, 경우에 따라서는 보상 및 교정할 수 있는 '간문화적 능력'"(김효중 2004: 59~60)을 반드시 갖추어야 한다. 그렇다면 번역가가 간문화적 능력을 발휘할 수 있는 통찰력은 구체적으로 무엇을 일컫는가? 첸과 스타로스타는 번역가의 간문화적 능력을 의사소통의 측면에서 네 가지로 분류하였는데[12] 그중에서 사회의 가치관(social values), 사회의 관습(social customs), 사회의 규범(social norms), 그리고 사회의 체계(social systems) 등 문화 인식(cultural awareness) 능력을 강조하였다. 그리고 홉스테드 역시 번역가의 다양한 "간문화적 의사소통 능력"(Chen and Starosta 2005: 244) 중 문화 인식의 측면과 관련하여 문화적 가치 체계(cultural dimensions)를 세분화시킨 바 있다. 이들 학자들은 공통적으로 의식적인 측면에서 번역가의 간문화적인 통찰력의 중요성에 주목하였다.

특히 홉스테드는 그의 저서 *Culture's Consequences*(1980)에서 지구상에 존재하는 모든 국가의 문화를 다섯 가지로 분류한 후, 이를 더욱 발전시켜 1991년에, 인간의 태도와 행위에 영향을 미치는 다섯 가지 차원의 문화적 가치 체계[13]를 50여 개국을 대상으로 한 실제 연구에 기초하여 구체적으로 제시

---

11 유정완은 「폴 오스터의 『뉴욕 3부작』: 문화 해독력과 번역의 문제」(『안과밖』 20, 2006, 227쪽)에서 번역의 질적 향상을 보장하는 밑거름으로 배경지식의 중요성과 관련하여 번역가의 '문화 해독력(cultural literacy)'을 강조하였는데, 필자는 이에 대한 반대 개념을 '문화 문맹(cultural illiteracy)'으로 표현하였다.
12 각주 10을 참고할 것.
13 홉스테드는 국가별로 권력의 격차(power distance), 개인주의와 집단주의(collectivism and individualism), 남성성과 여성성(masculinity and femininity), 불확실성 기피(uncertainty avoidance), 그리고 장단기 지향성(long-and short-term orientation) 등 다섯 가지 차원의 문화적

한 바 있다. 본고에서는 원천 문화의 가치 체계에 대한 번역가의 문화 인식 정도가 번역문에서 구현된 방식을 이해하기 위하여 홉스테드의 문화적 가치 체계 중 특히 '권력의 격차'와 '집단주의 및 개인주의'를 중심으로 논의를 전개하고자 한다. 그리고 이들 가치 체계를 분석 대상 텍스트에 적용하여 문학 작품의 주제, 소재, 등장인물의 대사나 작품의 특징 등이 번역문에 구현된 방식과 결과를 중심으로 상호관련성을 점검한 후 번역과 문화의 상관성 및 번역가의 간문화적 통찰력의 필요성을 논하고자 한다.

2) 권력의 격차

'권력의 격차(power distance)'란 권력이 약한 구성원들이 '권력이 불공평하게 분포되어 있다'고 인정하고 예상하는 정도를 말한다. 홉스테드는 "권력 격차가 큰(high-power distance)" 사회와 "권력 격차가 크지 않은(low-power distance)" 사회를 국가별로 구분하였다. 권력 격차가 큰 사회에서는 인간은 평등하지 않다는 전제에 따라 자신이 처한 위치를 인정하고 그에 따라 권위를 부여하거나 수용한다. 이처럼 위계질서가 뚜렷한 문화권에서는 상하 간의 결속력과 의존성이 높은 집단주의적 특징이 나타난다. 한편 권력 격차가 크지 않은 사회에서는 권리와 기회의 평등이 강조되고 모든 인간은 평등하다는 전제에 따라 권력과 부富의 관계를 동일시하지 않으며, 신분의 격차나 온정주의溫情主義(paternalism)[14] 등을 바람직하지 않다고 간주한다. 위계질서는 편의상 설정된 역할의 구분일 뿐, 개인의 역할이나 나이와 상관없이 자유로

가치 체계를 갖고 있으며 이들은 서로 상관성이 있다고 주장하였다.
14 주로 노사(勞使) 관계에서 쓰이는 말. 노사 관계를 대등한 인격자 상호 간의 계약에 의한 권리·의무 관계로 보지 않고, 사용자의 온정에 따른 노동자 보호와, 이에 보답하고자 노동자가 더욱 노력하는 협조 관계로 보는 것이며, 합리적인 계약 관계 대신 서로의 정감(情感)에 호소함으로써 노사 관계를 원활하게 하려는 노무 관리 방법이다. (네이버 백과사전)

운 커뮤니케이션이 가능하므로 상호 간의 독립성이 존중된다(Hofstede 2005: 39~70).

'권력의 격차'와 관련하여 「춘향전」의 번역문에 주목하는 이유는 작품의 시대적 배경이 신분을 엄격하게 구분하던 17세기 조선시대로, 등장인물들 간에 엄연히 존재하는 권력의 격차를 번역문에서 구현한 방식을 통해서 번역가의 문화 의식을 읽을 수 있기 때문이다. 가령, 「춘향전」의 도입부에는 작품의 시대적인 배경과 신분제 사회를 바탕으로 한 국가의 윤리관 및 가치관을 엿볼 수 있는 대목이 있다. 당시는 조선의 제19대 왕인 숙종대왕(1674~1720 재위) 즉위 초로, 조선시대는 유교 도덕의 기본이 되는 삼강오륜三綱五倫을 중시하던 사회였다. 따라서 임금과 신하, 어버이와 자식, 남편과 아내 사이에 구분이 있고 각자 마땅히 지켜야 할 도리를 강조하던 사회였다.

⟨예시 1⟩

ST : 숙종대왕 즉위 초에 성덕이 넙우시사 성자성손은 계계승승하사 금고옥적은 요순시절이요, 의관문물은 우탕의 버금이라. 좌우보필은 주석지신이요, 용양호위는 간성지장이라. 조정에 흐르는 덕화 향곡(힝곡)에 패엿시니 사해군은 기운이 원근에 어려잇다. 충신은 만조하고 효자열녀 가가재라. 미재미재라 우순풍조하니 함포고복 백성들은 처처에 격양가라.

TT : When King Sukchong first ascended the throne, virtue flowed out from him over all the land; the king had sons and grandsons, so the succession was assured; the times were secure and seasons harmonious as in the days of Yao and Shun; administranion and culture were as efficient and flourishing as in the days of Yü and T'ang. The ministers of the crown were strong pillars of the stand and the generals and marshals were faithful warriors. The good influence of the court reached the remotest countryside, peace and security reigned within the four seas. There were faithful subjects in the palace and filial sons and virtuous wives in the homes of the people. It was wonderful time! The weather was favorable, the people were well-fed and happy, and everywhere could be heard the happy songs of the farmers at work. (p. 14)

원문과 번역문의 밑줄 친 부분은 주로 국가가 처한 상황을 비롯한 시대적인 배경을 설명하는 대목으로 당시의 상황을 중국의 요순시절에 빗대거나 우탕에 버금간다고 비유하는 서술 방식에서 사대주의 사상이 강하게 반영되어 있음을 알 수 있다. 그리고 국가의 기강이 확고하고 조정의 좋은 기운이 지방의 곳곳까지 전해지며 충신과 효자열녀가 많은 나라임을 강조하는 대목에서는 조선의 국가 윤리 및 가치관을 구체적으로 파악할 수 있다. 외적으로는 태평성대이지만, 선남선녀의 사랑이 결실을 맺는 과정에서 등장인물은 신분 사회를 수용하는 관점의 차이로 인하여 많은 고통을 받기도 한다. 그럼에도 불구하고 불의와 타협하지 않고 끝내 수절하는 주인공 춘향의 의지를 통하여 조선 시대 여성의 열녀상('효자열녀 가가재라'/filial sons and virtuous wives in the homes of the people)을 백성들에게 계몽하고자 하는 작가의 의도가 번역문에서도 고스란히 잘 나타나 있다.

당시의 시대상과 윤리관 그리고 가치관을 담고 있는 원문에서 특히 권력의 격차를 실감할 수 있는 대목은 주로 등장인물의 호칭이나 관직 혹은 신분을 일컫는 고유명사, 등장인물을 수식하거나 그들이 사용하는 표현 등의 어휘, 그리고 말씨나 어투 혹은 상대와의 상하 관계 및 수평 관계 등을 시사하는 대우법 등에서 찾아볼 수 있다. 이와 관련된 원문과 번역문을 비교해 보면 서로 해당 내용을 구현하는 서술 방식에 다소 차이가 있음을 발견할 수 있다. 먼저 등장인물의 호칭이나 관직 혹은 신분과 관련된 고유명사 번역의 사례를 살펴보면 다음과 같다.

〈예시 2〉

ST : …… 월매라 하는 기생이 잇스되 …… 성참판하는 말이 …… 이때 삼청동 이한림이라 하는 양반이 잇스되 …… 이때 사또자제 이도령이 년광은 이팔이요……

TT : … there lived a kisaeng named Wŏl-mae… At this time there was a gentleman in Seoul, a civil official named Yi, who lived in Samch'ŏng-dong… The governor's son, young master Yi, was now fifteen years old… (p. 14~17)

〈예시 2〉의 번역문에서 특이한 점은 "기생"은 우리말 발음 그대로 "kisaeng"으로 음차音借 번역(transliteration 혹은 phonetic translation)을 한 반면, 나머지 "참판", "양반", "사또", "도령"의 경우는 모두 "a civil official", "a gentleman", "a governor", 그리고 "a young master"로 의미에 중점을 둔 의차 意借 번역(semantic translation)을 한 것이다. 호칭이나 신분 혹은 관직과 관련된 어휘의 경우 본문 전체에 대부분 의차 번역 전략이 적용되었다. 번역문에서는 '읽어두기(notes)'에서 관련 어휘에 관한 설명을 제시하여 독자들에게 작품의 시대적인 분위기를 전달하고자 노력하였다. 가령, "양반"과 관련하여 조선이 엄격한 신분 사회였다는 설명과 함께 "(조선시대에는) 세습 귀족은 없었지만 세습 귀족 계급인 양반이 있어서 그들은 일정 품계 이상의 관직에 진출할 수 있었다."라고 설명한다.[15] 그런가 하면 번역문의 서문에서 「춘향전」의 대의를 설명하는데, "an aristocrat's son falls in love with the daughter of a kisaeng"에서 "양반"을 '귀족'의 의미를 지닌 "an aristocrat"로 표현하였

---

[15] Richard Rutt, *The Song of A Faithful Wife, Ch'un-hyang* (2nd ed.) (Royal Asiatic Society-Korea Branch, 1999), p. 6. "Social classes were clearly delineated. There was no hereditary nobility, but there was an hereditary aristocratic class (*yangban*) which alone could aspire to government service above the level of clerks."

다. 본문에서 사용한 "a gentleman"에 비해 조선시대가 신분 사회였음을 더욱 직접적으로 전달해 줄 수 있는 어휘로 설명한 것이다.

그리고 "도령"의 경우 본문에서 "a young master" 혹은 "a young sir"로 의차 번역하였으나, '읽어두기'에 "도령이란 귀한 가문의 미혼인 청년을 높여서 부르는 호칭으로 현대 영어로는 번역이 불가능하다(untranslatable)."라고 부언 설명하였다.[16] 번역가는 작품의 시대적인 분위기와 배경 그리고 내용에 관하여 독자들의 이해를 돕기 위해 '읽어두기' 지면을 할애하여 관련 호칭을 설명했으나, 필자는 개인적으로 앞서 예로 든 "양반"이나 "도령", "사또"나 "참판"과 같은 호칭이나 관직명의 경우, "기생"의 경우처럼 음차 번역을 적용하지 않은 점이 매우 아쉽게 여겨진다. '번역의 어려움'을 호소한 번역가의 입장을 감안해 보면 더욱더 그러하다. 결국 번역가가 신분 제도가 지배하는 원천 문화권의 문화 속성을 이해하는 정도가 소설 속의 등장인물이나 원천 문화권의 독자들과 상당한 차이가 있었음을 보여주는 경우로 보인다. 때문에 신분 사회에 존재했던 권력의 엄격한 격차가 보편적인 어휘로 의차 번역되는 과정에서 원문의 의미가 상당히 퇴색되어 독자들에게 전달되고 말았다.

하지만 역서나 문헌에서 이유를 달리 제시하지 않아 정확하게 유추할 수는 없으나, 호칭이나 신분 관련 고유명사를 주로 의차 번역한 점으로 미루어 보아 고유명사 "기생"을 음차 번역한 이유에 일종의 번역 전략이 작용한 것으로 볼 수 있을 것도 같다. 가령 번역가가 작품을 수용한 입장을 원천 문화권 독자들이나 작중인물들이 느끼는 방식과 동일하게, 춘향의 신분적인 굴레를 서구적인 시각에서 조명했을 수 있다. 또한 "기생"이란 어휘를 목표 문화권 독자들에게 발음 나는 대로 전달하기 위한 목적을 지녔을 수도 있

---

16 Richard Rutt, 앞의 책, p. 6. "*Toryŏ'ng* was a respectful form of address and title for an unmarried youth of good family, but is untranslatable in modern English."

다. 번역문의 '읽어두기'에 제시된 "기생" 관련 설명[17]을 보면 "기생은 상류층의 남자들을 즐겁게 해 주기 위하여 문학, 음악, 춤 등을 익히는 하층 신분의 여성이다. 기생 중에는 첩실이 많다. 귀족(양반)과 기생 사이에서 태어난 춘향의 이중적인(ambivalence) 사회적 신분은 이 작품에서 매우 중요한 요소로 작용한다. 다른 판본에 비하여 완판본은 춘향이가 양반의 혈통을 물려받은 사대부 가문의 여식으로서 품격 있는 교육을 받고 자란 점을 더욱 부각시키고 있다."라고 밝히고 있다.[18] 이런 점을 고려해 보면, 번역가가 작품의 성격과 작가의 의도를 상당히 면밀히 분석하였으며, 이를 번역 과정에서 충분히 적용하려고 노력하였음을 알 수 있다. 그러나 번역가의 문화 인식의 정도가 심층적인 요소를 모두 포괄하기에는 역시 무리가 있었던 것 같다. 예를 들면, 권문세가에서 본처 외에 첩을 두는 조선시대의 축첩蓄妾 제도와 관련된 번역에서 원전과 다소 차이가 있다. 기생인 후처의 딸로 태어난 춘향의 이중적인 신분은 원문에서 신분 상승의 가능성을 제시하는 동시에 정체성의 한계로 작용한다. 이러한 신분의 이중성을 번역문에서 제대로 구현하기 위해서는 번역가가 축첩 제도가 존재했던 당시의 시대적인 배경에 대한 것은 물론, 양지와 음지처럼 본처와 첩실의 차이를 엄격하게 구분했던 당시의 관행까지도 충분히 인식할 수 있어야 했다. 이를 제대로 구분하지 못하였기 때문에 다음의 사례에서 보다시피 원문이 담고 있는 중요한 의미가 번역문에서 상당히 희석되고 말았다.

---

[17] 해당 내용에 대한 번역은 필자의 것임('읽어두기'의 내용을 인용한 다른 경우도 마찬가지임).
[18] Richard Rutt, 앞의 책, p. 6. "Kisaeng were lower-class women trained in literature, music and dancing as entertainers for men of the upper classes. They were often but not always courtesans. The ambivalence of Ch'un-hyang's social position as the daughter of an aristocrat and kisaeng is crucial to her story. The version translated here lays more stress than some others do on her aristocratic parentage and gentle upbringing."

〈예시 3〉

ST : 일일은 크게 깨쳐 옛사람을 생각하고 가군[19]을 청입하야 여짜오되

TT : Then one day she suddenly remembered some stories of people of former times, and asked to see her husband. (p. 14)

춘향의 출생과 관련하여 월매가 "…… 성가라 하는 양반을 다리고 세월을 보내되……"라고 말하는 부분이 있다. 여기에서의 '성가라 하는 양반'을 번역문에서는 "… she was living with a gentleman named Sŏng."(p. 14)으로 옮겼다. 그러나 원문에서 자신의 남편이자 딸 춘향의 부친이지만 이를 떳떳하게 밝힐 수 없는 월매가 '남(본처)의 남편'이라는 뜻으로 표현한 "가군"(문맥상으로는 '본처와 후처인 월매 두 사람의 남편'의 의미로 사용)이, 번역문에서는 '월매의 남편(her husband)'이라고 번역되었다. 얼핏 보면 큰 차이가 없는 것으로 간주할 수 있으나, 동일한 대상을 '남의 남편'이라고 표현한 원문과, '자신의 남편'이라고 표현한 번역문 사이에는 분명 의미적으로 확연한 차이가 존재한다. 이러한 부주의는 목표 문화권 독자들이 춘향을 '후처의 딸'이 아닌 '기생의 딸'에 국한하여 작품을 이해하도록 이끌 수도 있다. 물론 '읽어두기'에서 작품의 성격을 밝히기는 했지만 주인공의 정체성을 구성하는 신분상의 중요한 요소가 간과될 수 있으므로 번역가에게 배경문화에 대한 분명한 인식이 더욱더 요구되는 상황이었다고 말할 수 있다.

다음의 〈예시 4〉에서 방자의 대답을 통하여 춘향의 이중적인 신분과 관련되는 권력의 격차를 확인할 수 있다. 「춘향전」의 초입부에서 몽룡이 단오를 맞이하여 풍광을 즐기려고 광한루에 갔다가 춘향이 그네 타는 모습을 본 후 남원 관아의 통인 방자를 시켜 춘향이 누구인지 알아보고 오라고 시

---

[19] 가군(家君) : 남의 남편을 이르는 말.

키는 대목으로,

〈예시 4〉
ST : "다른 무엇이 아니오라, 이골 기생 월매 딸 춘향이란 계집아히로소이다."
TT : 'I know who that is. That girl is called Ch'un-hyang. She is the daughter of a kisaeng in the town.' (p 22)

통인 방자가 춘향을 "기생 월매 딸"이라며 은근슬쩍 얕잡아 보는 것은 물론 '낭자'나 '아씨'가 아닌 '계집아히'로 호칭하는 것으로 보아 당시 기생의 딸은 관아의 통인과 신분상 큰 차이가 없었던 것 같다. 하지만 이 미묘한 뉘앙스를 담고 있는 "계집아히"[20]를 번역문에서는 단순히 "that girl" 또는 "she"로 표현하여 원문에서 의도했던 의미의 차별성이 상당히 반감된 느낌을 준다. 앞의 "가군"과 마찬가지로 해당 어휘의 미묘한 차이를 좀 더 두드러지게 표현하지 못한 점에서 번역가의 간문화적 인식의 한계를 보여주는 사례라 할 수 있다.

한편 조선시대는 사람의 신분을 '양반', '중인', '상민', '천민' 등 네 계급으로 나누고 그 경계를 명확하게 구분하던 사회였다. 번역가는 번역 과정에서 등장인물 간의 신분의 차이에서 비롯되는 권력의 격차를 대우법의 측면에서도 깊이 인식할 필요가 있다. 여러 가지 대우법의 체계[21] 중에서 특히 "한

---

[20] '시집가지 않은 어린 여자 아이를 낮잡아 이르는 말'(다음 한글사전)이므로 'chit'나 'cummer' 등 경멸의 의미를 담고 있는 어휘로 옮길 수 있다.
[21] 허웅, 『20세기 우리말의 형태론』 (서울: 샘문화사, 1995); 송미영, 「중세국어의 대우법의 교육 방안에 관한 연구」 (중앙대학교 석사학위논문, 2006); 薛亮, 「현대 한국어의 대우법 연구」 (선문대학교 석사학위논문, 2008). 이들 연구에서 알 수 있는 대우법의 체계는 다음과 같다.
① 상대(청자) 대우법
② 주체 대우법
③ 객체 대우법
④ 어휘를 통한 대우

국어는 상대 높임법이 가장 주축"이 되는데, "이러한 특징은 한국어가 서술어 중심의 언어이므로 주체 높임이나 객체 높임을 드러내는 요소보다 상대 높임의 양상을 드러내는 상대 높임 어미가 가장 뒷부분인 문미文尾 부분에 주로 나타난다."(薛亮 2008: 17)라고 할 때, 「춘향전」의 주요 인물들 간에 대우법이 실현된 양상을 정리하면 다음과 같다.

〈표 1〉 … 「춘향전」의 주요 인물들 간 상대(청자) 대우법 양상[22]

화자\청자	춘향	몽룡	방자	월매	향단	변학도
춘향		해라체	해라체	해라체	하오체	해라체
몽룡	합쇼체/하오체		합쇼체	합쇼체/하오체	합쇼체	합쇼체
방자	해라체	해라체		하게체	하오체	·
월매	합쇼체	하게체	하게체		합쇼체	·
향단	해라체	해라체	해라체	해라체		·
변학도	합쇼체	하게체	·	·	·	

위에서 특히 춘향은 몽룡에게 '합쇼체'와 '하오체'를, 몽룡은 춘향에게 '해라체'를, 몽룡은 장모인 월매에게 '하게체'를, 월매는 사위인 몽룡에게 '합쇼체'와 '하오체'를 사용하는데 이러한 양상을 통하여 당시 사회가 인물 간의 연령 차이나 관계보다는 신분이 우선적으로 작용되는 사회였음을 알 수 있다. 이와 관련하여 먼저 춘향과 몽룡의 대화를 살펴보면,

〈예시 5〉
ST : "앉이라 일러라."

---

22 격식체: 아주높임(합쇼체), 예사높임(하오체), 예사낮춤(하게체), 아주낮춤(해라체)
비격식체: 두루높임(해요체), 두루낮춤(해체)

이때 춘향이 추파를 잠간 들어 이도령을 살펴보니…… 아미를 숙이고 염슬단좌뿐이로다.²³ 이도령 하는 말이,
"성현도 불취동성이라 일럿스니 네 성은 무엇이며 나흔 몇 살이뇨."
"성은 성가이옵고 년세는 십육세로소이다."

TT : 'Tell her to sit down.'
'At the same time Ch'un-hyang lifted her eyelids for a moment … but she lowered her eyebrows and remained kneeling before him. The boy said: The sages have said that one should not marry someone with the same surname. Tell me what your surname is and how old you are.'
'My name is Sŏng, and I am fifteen years old.' (p. 24)

서로 통성명할 때 몽룡은 춘향에게 '해라체'(~이뇨)로 하대하지만 춘향은 몽룡에게 '합쇼체'(~로소이다)로 존대하는데, 밑줄 친 부분을 보면 영어의 특성상 이러한 대우법을 번역문에서 구현하는 데에는 상당한 한계가 있음을 알 수 있다. 이에 번역가는 "아미를 숙이고 염슬단좌뿐이로다"와 같은 부분을 "she lowered her eyebrows and remained kneeling before him"이라고 옮겨, 춘향이 눈을 내리깔고 몽룡 앞에 무릎을 꿇고 앉아 있는 상황을 전달함으로써 두 주인공의 신분의 격차를 가늠할 수 있도록 하였다. 이와 같이 호칭이나 대우법과 관련된 번역의 한계는 어휘를 통한 대우법을 구현하는 방식으로 보완할 수 있으므로 번역가의 간문화적 통찰력과는 별개의 사안으로 보는 것이 좋을 것 같다.

---

23   염슬단좌(斂膝端坐) : 무릎을 모아 단정하게 앉음. (야후 국어사전)

〈예시 6〉

ST : 통인이 <u>아뢰되</u>,

"제어미는 기생<u>이오나</u> 춘향이는 도도하야 기생구실 마다하고 백화초엽에 글자도 생각하고 여공재질이며 문장을 겸전하야 여염처자와 다름이 <u>업나니다</u>."

도령 허허 웃고 <u>방자를 불러 분부하되</u>,

"들은즉 기생의 딸이라니 <u>급히 가 불러오라</u>."

TT : The servant <u>went on</u>: 'Although her mother is a kisaeng, Ch'un-hyang <u>is</u> very proud and says: "I'm no kisaeng." She spends all her time thinking of flowery poetry and embroidery and writing. She <u>is</u> just like a girl of good family.'

The boy chuckled, <u>called his valet, and said to him</u>: 'I hear she's a kisaeng's daughter. <u>Go and fetch her here at once</u>.' (p. 22)

위의 예시에서도 방자와 몽룡의 대화를 통하여 화자가 청자를 대하는 겸양의 정도와 태도, 그리고 두 인물 간의 신분의 차이, 즉 권력의 격차가 존재하고 있음을 문미의 서술어를 통해서 알 수 있다. 방자는 몽룡에게 "이오나"와 "없나니다"의 '합쇼체'로, 몽룡은 방자에게 "불러", "분부하되", 그리고 "불러오라"의 '해라체'를 사용하지만 번역문에서는 이러한 차이를 실감하기 어렵다. 앞에서 언급한 바와 같이 영어는 어휘를 활용하면 의미를 충실하게 전달할 수 있지만 상대 대우법을 우리말처럼 서술어에서 구체적으로 실현시킬 수 없기 때문에 겸양의 정도를 표현하는 데에는 역시 한계가 있다. 다음의 예시 또한 방자와 춘향의 권력의 격차가 원문에서는 확연하게 드러나지만 번역문에서는 매우 제한적으로 나타나는 경우이다.

〈예시 7〉

ST : "여봐라 이 애 춘향아."

부르는 소래 춘향이 깜짝 놀래여,

"무슨 소리를 그따우로 질러 사람의 정신을 놀래나냐."

"이 애야 말말아. 일이 낫다."

"일이라니 무슨 일."

"사또자에 도령님이 광한루에 오셧다가 너 노는 모양 보고 불러오란 령이 낫다."

춘향이 화를 내여,

"네가 미친 자식이다. 도령님이 어찌 나를 알어서 부른단 말이냐. 이 자식 네가 내 말을 종지리새 열씨까듯 하엿나보다."

TT : 'Hey! Ch'un-hyang!'

Ch'un-hyang was startled when she heard hem call:

'What do you mean by shouting like that? You gave me a shock.'

'Oh, stop chattering; this is important!'

'What is it?'

'The young master, the governor's son, has come out to the Kwanghal-lu and he has seen you swinging. He told me to fetch you.'

Ch'un-hyang was indignant: 'You must be mad. How can he have known that it was me, to call me? You must have been chattering about me like a sparrow cracking hemp-seeds.' (pp. 22~23)

〈예시 7〉에서 몽룡의 하인 방자가 윗전에서 상대하는 여성이지만 신분의 이중성을 지닌 춘향에게 사용하는 호칭이나 서술어를 보면, "여봐라 이애 춘향아" 또는 "너 노는 모양 보고" 등의 하대어를 사용한 반면, 몽룡을 언급할 때는 깍듯하게 "도령님"이라는 호칭을 일일이 붙이는 것은 물론 "…… 오셧다가 …… 불러오란 령이 낫다" 등의 존대어를 쓰고 있다. 춘향 역시 방자에게 "네가 미친 자식일다", "이 자식", "네가" 등 호칭이나 서술어에서 하대어를 사용하고 있다. 이런 점에 비추어 보면 춘향과 방자 사이에는 권력의 격차가 거의 작용하지 않는 것 같다. 다시 말해서, 방자의 입장에서 춘향이란 인물은 양반 가문의 여식女息보다는 기생의 딸이기 때문에 자신과 동급이라고 판단하여 춘향에게 '해라체'를 사용하는 것이다. 하지만 춘향이 방자에게 '해라체'를 사용하는 점은 자신과는 신분의 차이가 엄연히 존재하고 있음을 못 박아 두려는 의도가 작용한 것으로 판단된다. 이어서 훗날 장모와 사위가 될 월매와 몽룡의 대화를 살펴보면 조선시대 신분 사회에서 존재했던 권력의 격차가 확연히 드러난다.

〈예시 8〉

ST : 이때 도령님이 배회면고하야 무료이 서 잇슬제 방자나와 여짜오되,

"저기 오는 게 춘향의 모로소이다."

춘향의 모 나오더니 공수하고 우뚝 서며,

"그새에 도령님 문안이 엇더하오."

도령님 반 웃고,

"춘향의 모라제 평안한가."

"예 게우 지내옵내다. 오실 줄 진정 몰라 영접이 불민하오이다."

"글헐리가 잇나."

TT : Meanwhile Mong-nyong stood looking around listlessly, till the valet came out and said: 'This is Ch'un-hyang's mother coming now.'

She came and stood in front of him politely, with the palms of her hands together: 'Has all been well with you, young sir?'

The boy smiled: 'So you're her mother. How are you?'

'Thank you, all goes well. We did not know you were coming, so we are not ready to welcome you.' (p. 32)

방자가 월매를 지칭할 때 "저기 오는 게"에서 '사람'이나 '분'이 아닌 "게"로 표현한 대목에서 조선시대의 기생이 얼마나 낮은 신분인지 가늠할 수 있다. 그리고 기생 월매가 자식 또래의 몽룡을 처음 만나는 자리에서 "공수"한 자세로 '하오체'를 사용하여 "도령님"의 문안을 여쭙고 몽룡의 질문에 답한다. 그런가 하면 몽룡은 고을 사또의 자제로 향후 장모가 될 수 있는 월매에게 "평안한가"라며 '하게체'를 사용하는 것으로 보아 서로 다른 신분 간에 현격하게 존재했던 권력의 격차를 실감할 수 있다. 번역문에서 "도령님"을 "young sir"로, "공수하고"를 "stood in front of him politely, with the palms of her hands together"로 '왼손을 오른손 위에 올려놓고 두 손을 마주 잡아 공경의 뜻을 나타낼 때 취하는 자세'라고 상세하게 표현하는 번역 전략을 적용하여 상대 대우법의 한계를 보완함으로써 두 인물 간에 존재하는 신분의 격차를 효과적으로 전달하였다.

〈예시 9〉

ST : 춘향의 모 여짜오되,
"귀중하신 도령님이 이 누지에 욕림하시니 황공감격하옵내다."
도령님 그말 한마듸에 말궁기가 열리엿제,
"그럴리가 웨 잇는가. …… 자네 딸 춘향과 백년언약을 맺고자 하니 자네의 마음이 엇더한가."

TT : The girl's mother said: 'I'm overwhelmed that you should do us the honor of visiting this humble place.'
This remark was enough to loosen Mong-nyong's tongue: 'You have no reason to speak like that. … I want to be betrothed to her. Will you permit it?' (pp. 33~34)

〈예시 9〉 역시 상대 대우법의 측면에서는 "여짜오되"를 "said"로, "황공 감격하옵내다"는 "I'm overwhelmed"로, "그럴리가 웨 잇는가"는 "You have no reason to speak like that"으로, 그리고 "자네의 마음이 엇더한가"는 "Will you permit it?"로 의미 중심으로 번역하였는데, 이들 번역문에는 원문이 담고 있는 등장인물 간의 권력의 격차는 거의 나타나 있지 않다. 대신 "귀중하신 도령님이 이 누지에 욕림하시니"를 "you should do us the honor of visiting this humble place"로, 특히 왕림의 의미를 지닌 "욕림辱臨"을 "the honor of visiting"으로 옮겨 두 인물 간의 권력의 격차를 전달하고자 애쓴 번역가의 의도가 엿보인다. 권력의 격차와 관련된 예시를 한 가지 더 살펴보면,

〈예시 10〉
ST : "그러나 저러나 <u>양반이 부르시는듸 아니 갈 수 잇것나냐.</u> 잠간 가서 다녀 오라."
TT : 'In any case, <u>when such a gentleman sends for you, how can you refuse?</u> Go and see him.' (p. 24)

원문에서 "양반이 부르시는듸 아니 갈 수 잇것나냐"는 몽룡이 춘향을 만나러 왔을 때 월매가 춘향에게 하는 말로 곧 '양반이 아닌 네가 (혹은 온전한 양반이 아닌 네가) 양반이 부르면 가야지 별 수 없다'라는 뜻으로 볼 수 있다. 이는 월매 자신이 스스로 자신과 딸 춘향의 정체성을 정의한 것으로 춘향과 몽룡 사이에는 상당한 권력의 격차가 있음을 인정하는 대목으로 볼 수 있다. 원문의 이러한 뉘앙스를 전달하는 데 가장 큰 장애는 다름 아닌 "양반"을 "gentleman"으로 옮긴 대목이다. 영어 원어민 독자들이 이 대목을 읽을 경우, 두 인물 간의 권력의 격차를 전혀 실감하지 못한 채, 춘향의 신분을 '신사'의 상대어인 '숙녀'로 착각하거나 원문보다 훨씬 격상시켜 수용할 가능성이 높아 보인다. 따라서 앞서 지적했듯이 필자는 "양반"을

'yangban'으로 옮겨 음차 번역 전략을 사용하는 편이 독자들의 가독성은 물론 작품의 감상도를 훨씬 더 높일 수 있을 것이라고 생각한다.

3) 개인주의와 집단주의

개인주의(individualism) 문화가 발달한 사회에서는 구성원 개개인의 정체성, 관심사, 독립성 등 개인의 고유한 개성을 존중하며 강조한다. 개인의 선택에 따라 특정 집단의 소속과 탈퇴가 자유로우며, 인간관계보다는 능력과 경쟁을 통한 자아실현, 능력 발휘, 그리고 개인의 행복을 최고의 미덕으로 간주한다. 개인 간 감정 교감의 밀도가 낮기 때문에 명시적인 커뮤니케이션을 필요로 하는 저감도 문화(low-context culture)에 속한다. 한편 집단주의(collectivism) 문화가 발달한 사회에서는 구성원들 간에 '우리'라는 의식이 무의식적으로 깊이 내재되어 있어 개인을 집단의 일부(in-groups)로 간주하므로 각자의 개성보다는 집단의 소속감이나 관점을 중시한다. 따라서 자신이 속한 집단에 대한 의존성이 높기 때문에 충성심이 강한 반면 자신이 속하지 않은 집단(out-groups)에 대해서는 배타적인 성향이 강하게 나타난다. 개인의 능력과 경쟁보다는 인간관계를 우선시하므로 자신보다는 타인의 생각이나 인정認定에 민감하며 체면을 중시한다. 대신 개인 간 감정 교감의 밀도가 높기 때문에 암묵적이거나 함축적인 커뮤니케이션이 이루어지는 고감도 문화(high-context culture)에 속한다(Hofstede 2005: 73~114; 전현주 2009: 175~178).

주인공 춘향은 개인주의와 집단주의 의식이 공존되어 있는 인물이다. 왜냐하면 주변의 시선이나 변학도의 위협에 굴하지 않고 자신의 절개를 지키기 위하여 권력에 강력하게 저항하는 모습에서 개인주의적 성향이 뚜렷하게 나타나는 반면, 춘향의 의식 속에 잠재하는 심리는 17세기 조선시대의 전통적인 윤리 의식 및 가치 기준과 맞물려 있는데 이는 다분히 집단주의적인 요소에 영향을 받고 있음이 분명하기 때문이다. 몽룡 역시 춘향과 마찬

가지로 신분의 장벽에 굴하지 않고 사랑을 지키려 하는 모습에서 개인주의적 성향이 두드러지게 나타나는 한편, 지체 높은 사또의 자제인데 구설수에 오르면 훗날 벼슬길에 오르지 못할 수 있기 때문에 주변의 반응이나 여론에 민감하게 반응하는 모습에서 집단주의적 성향이 나타난다. 이처럼 춘향과 몽룡은 둘 다 주변의 평가에 상당히 민감하게 반응하는 경향이 있다.

〈예시 11〉

ST : 춘향이 일어나며 부끄러이 여짜오되,

"시속인심 고약하니 그만 놀고 가겄내다."

TT : Ch'un-hyang got up and said shyly: 'People can easily get the wrong impression. I must not stay any longer.' (p. 25)

위의 예시에서 춘향은 몽룡에게 "시속인심이 고약하니 그만 놀고 가겄내다."라고 하며 자리를 뜨려고 한다. 남녀의 만남 자체를 곱지 않은 시선으로 보던 시대적인 분위기에 비추어 보면 빨리 자리를 뜨는 것은 당연한 것이며, 덧붙여서 "시속인심"이란 춘향의 표현 속에는 이중적인 신분에 대한 부담감 역시 강하게 작용하고 있음을 엿볼 수 있다. 번역문에서도 이 대목을 "People can easily get the wrong impression", 즉 '사람들에게 나쁜 인상을 줄 수 있으므로'라고 번역하여 원문과 동일한 효과를 거두었다. 다음의 사례에서는 "시속인심"에 신경을 쓰는 등장인물의 성향이 더욱 구체적으로 나타난다.

〈예시 12〉

ST : "그게 이를 말이냐. 사정이 그러키로 네 말을 사또께는 못 여쭈고 대부인 전 여짜오니 꾸중이 대단하시며 양반의 자식이 부형父兄 따라 하향에 왓다 화방작첩하야 다려간단 말이 전정에도 고이하고 조정에 들어 벼살도 못 한다더구나. 불가불 이별될 밖에 수 없다."

TT : 'I daren't tell my father about you, and when I told my mother she was angry beyond words. She said that if a gentleman's son comes to the provinces with his father, then goes out and takes a mistress, and the fact gets known at court, he never stands a chance of being accepted. There is nothing for it. We must be parted.' (p. 49)

위에서 몽룡은 춘향과의 이별을 앞두고 양반의 자식이 기생을 첩妾으로 삼는 "화방작첩花房作妾" 행위는 가문의 수치일뿐더러 입신양명의 걸림돌로 작용한다는 말을 하는데, 이를 통하여 이들의 연애는 개인적인 차원을 넘어 집단주의적인 성향으로 옮겨가 매사에 조심하고 주변의 소문이나 평판에 귀를 기울일 수밖에 없는 상황으로 바뀐다. 몽룡은 또한 기생의 딸과 염문을 뿌린 자식을 둔 부모의 입장이나 처신에 대해서도 상당한 부담을 느낀다. 이러한 몽룡의 태도에 춘향 역시 달리 이의를 제기하지 않고 매우 수긍하는 입장을 취하는데 이는 서로 간에 존재하는 신분의 차이를 인정하기 때문이다. 때문에 춘향은 몽룡과 작별하기 전에 자신과 어머니를 한양으로 불러 주면 몽룡의 가문에 부담을 주지 않고 조용히 지내겠다며, 정실이 될 수 없는 자신의 처지를 순순히 인정하면서 부부의 인연을 맺은 몽룡에게 자신을 잊지 말라는 당부를 한다.

〈예시 13〉

ST : "…… 내가 올라가드래도 도령님 큰댁으로 가서 살 수 업슬 것이니 큰댁 가까이 조구만 집 방이나 무엇 되면 족하오니 염탐하여 사두소서. 우리 권구眷口 가더래도 공밥먹지 아니할 터이니, 그렁저렁 지내다가 도령님 날만 믿고 장개 아니 갈 수 잇소. 부귀영총 재상가에 요조숙녀 가리여서 혼정신성昏定晨省 할지라도 아주 잊든 마옵소서. 도령님 과거하야 벼슬 높아 외방外方 가면 신래마다 치행할 제 마마로 내세우면 무삼 말이 되오릿까. 그리 알아 조처하오."

TT : '… but when I go to Seoul, I shall not be able to live in your father's house. If you can get a little place nearby, just a couple of rooms, that will be good enough. See what you can do. Even if my whole family comes, you will not have to feed us. We shall get along somehow or other. Just trust me. <u>You will have to get married sometime. They will choose you a *chaste and modest maiden* from a rich and honored family of ministerial rank, but when you go with her to pay your respects to your parents at morning and evening, don't forget me altogether.</u> When you have passed the state examinations and attained government rank, <u>and first go out as a new graduate, you will be able to take a secondary wife. Then everything will be settled.</u>' (p. 49)

밑줄 친 부분에서 특히 "내가 올라가드래도 도령님 큰댁으로 가서 살 수 업슬 것이니"라는 대목은 춘향의 이중적인 신분이 평범한 부부의 인연으로 살아갈 수 없는 한계로 분명하게 작용하고 있음을 보여준다. 번역문에서도 "…… 도령님 큰댁으로 가서 살 수 업슬 것이니(I shall not be able to live in your father's house.)"에서 '큰댁'은 '본처'가 시부모님을 모시고 기거하는 곳이므로 "your father's house"라고 표현하여 춘향의 가슴 아픈 현실을 묘사하였다. 그리고 "도령님 날만 믿고 장개 아니 갈 수 잇소. 부귀영총 재상가에 요조숙녀 가리여서 혼정신성昏定晨省 할지라도 아주 잇든 마옵소서."에서 보듯이 몽룡역시 춘향 이외의 정실正室을 따로 맞이해야 하는 당시의 관습을 인정하고 수긍한다. 특히 "신래마다 치행할 제 마마로 내세우면 무삼 말이 되오릿까(and first go out as a new graduate, you will be able to take a secondary wife. Then everything will be settled.)"에서 자신을 '마마(a secondary wife)'로 내세운다는 대목과, "무삼 말이 되오릿까(Then everything will be settled.)"에서 춘향이 정실이 아닌 첩실로 큰댁이 아닌 근무지를 따라다니며 남편을 보필하면 남의 입방아에 오르내

리지 않을 것이라고 말하는 대목에서, 춘향이 개인적으로는 몽룡을 정실에게 양보하고 싶지 않지만 첩실로서의 현실적인 한계를 인정하고 있음을 알 수 있다. 이러한 입장은 결국 당대를 살아가는 주인공이 주변의 평판과 반응을 무시할 수 없는 시대적인 가치관의 지배를 받아, 집단주의적 양상을 띠게 되는 것을 대변한다 할 수 있다.

집단주의적 양상은 개인주의적 성향과 적절하게 조화되어 작품의 흥미와 긴장감을 더욱 고조시키는 역할을 한다. 변사또의 수청을 거절한 춘향이 옥중에서 몽룡을 만나 마지막으로 하직 인사를 하는 장면에서, 목숨을 걸고 수절한 자신의 공적을 인정받기를 소원하는 대목이 나온다. 이는 기생의 딸이라는 열등한 신분을 갖고 있지만 양가집 규수 못지않게 절개를 목숨과 맞바꾸어서라도 일부종사一夫從事함으로써 신분에 대한 세상의 편견을 극복하고 공적으로 인정받고 싶어 하는 바람으로, 개인적 차원의 수절을 집단주의적 차원으로 승화시키고자 하는 심리가 동시에 반영되어 있는 것이다. 이러한 저자의 의도는 번역문(〈예시 14〉)에서 "수절원사춘향지묘"를 "원통하게 죽은 열녀 춘향의 묘(Grave of Ch'un-hyang, A Constant Wife, Unjustly Killed)"로 번역하여 춘향이 수절하다 원통하게 목숨을 잃더라도 헛된 죽음이 아닐 것이라는 원문의 메시지를 제대로 구현하였다.

〈예시 14〉

ST : …… 비문에 새기기를 '수절원사춘향지묘'라 야달자만 새겨주오.

TT : On my gravestone simply write the eight characters: *Grave of Ch'un-hyang, A Constant Wife, Unjustly Killed*. (p. 92)

다음의 예시에서, 춘향이 갖은 고초를 겪은 후 드디어 몽룡과 재회하고 한양으로 상경하여, 임금으로부터 정경부인의 품계를 하사받고 마침내 몽룡의 부모님으로부터 정식 며느리로 인정받는 일련의 과정은 개인주의적 차원이 집단주의적 차원으로 고양되는 양상을 더욱 분명하게 보여준다. 절개를 지킨 주인공의 개인적인 행위가 집단주의적 차원(Ch'un-hyang was officially recognized as a woman of great constancy)으로 승화되어 국가적으로 인정받고 그 뜻을 높이 기리게 되는 과정은 절개가 개인 윤리의 근간임을 백성들에게 주지시키고자 하는 계몽주의적 의도를 다분히 포함하고 있다.

⟨예시 15⟩

ST : 이때 어사또는 좌우도 순읍하야 민정을 살핀 후에 서울로 올라가 어전에 숙배하니 삼당상 입시하사 문부를 사증 후에 상이 대찬하시고 직시 이조참의대 사성을 봉하시고 춘향으로 정렬부인을 봉하시니 사은숙배하고 물러나와 부모전에 뵈온대 성은을 축사하시더라.

TT : Mong-nyong finished his inspection of both parts of the province and learned the true state of the people. Then he went up to Seoul and presented himself to the king. His reports were submitted to the boards of the central government, and when they had been reviewed the king praised him highly. He was immediately raised to be a member of the Board of Civil Affairs, and rector of the national Confucian college. Ch'un-hyang was officially recognized as a woman of great constancy. They thanked his Majesty and retired to their home, where they reported the royal awards to Mong-nyong's parents and offered their congratulations. (p. 97)

이 밖에 몽룡이 어사가 되어 남원으로 돌아오는 길에 농부들의 한탄에 귀를 기울이는 장면에도, 집단주의적 성향의 대표적인 특징인 주변의 평가나 평판에 민감하게 반응하는 것이 드러나는 대목이 있다. 춘향은 목숨을 걸고 수절하느라 고통을 겪고 있는데 정작 부부의 인연을 맺은 당사자인 몽룡은 이를 모르는 척한다는 소문이 남원 고월에 퍼져 있음을 알고 몽룡은 적잖이 마음 걸려 한다. 이를 묘사한 원문의 다음 밑줄 친 대목에서 "이도령인지 삼도령인지"와 "그놈의 자식," 그리고 "인사가"는 모두 몽룡을 비난하는 표현이지만, 번역문에서는 "that young beggar Yi", "he"로 번역하여 원문에서 의도한 대구, 반복의 효과나 비꼬는 의미는 제대로 부각시키지 못하였다.

⟨예시 16⟩

ST : "…… 올라간 <u>이도령인지 삼도령인지 그놈의 자식</u>은 일거후 무소식하니 <u>인사가</u> 그러코는 벼살은커니와 내좇도 못하제."

TT : '… <u>That young beggar Yi</u>, who went left her, has never sent a word of news to her. I don't care what rank <u>he</u> has risen to, he isn't worth the water in my chamber-pot.' (p. 84)

춘향이 변학도의 수청을 거절하여 목숨을 부지할 수 없게 되자 이 소식을 들은 동네의 한 어린아이가 안타까워하며 한 말을 우연히 듣고, 자신의 평판에 대하여 자못 신경 쓰는 몽룡의 모습 또한 집단주의적 성향을 보여 준다. 특히 아이가 하는 말 중 "몹실 양반 이서방"을 번역문에서 "the wicked gentleman"으로, "양반의 도리는 그러헌가"라며 비난하는 반어투 표현은 "there's the gentry for you!"로 번역하여 몽룡을 비난하는 의중을 잘 드러내고 있다.

⟨예시 17⟩

ST : "…… 춘향이는 이서방을 생각하야 옥중에 갇치여서 명재경각 불쌍하다. <u>몹실 양반 이서방은 일거소식 돈절하니 양반의 도리는 그러헌가</u>."

TT : …
   But, more's the pity, poor Ch'un-hyang,
   <u>Always thinking of young master Yi,</u>

> Shut up in prison,
> Hovering on the point of death,
> Never gets a word of news
> From that wicked gentleman.
> There's the gentry for you! (p. 85)

여러 가지 예시에서 살펴보았듯이 사랑의 결실을 맺는 과정에서 춘향과 몽룡은 주변의 여론이나 평판에 상당히 신경을 쓰는 모습을 보여준다. 이러한 양상은 자신의 입장이나 생각보다는 타인의 평가를 통하여 체면을 중시하는 집단주의적 성향으로 개인주의적 성향이 강한 서양의 문화와 차이가 있다. 한편으로 신분의 격차를 뛰어넘은 사랑을 목숨을 걸어서라도 지키고자 하는 춘향의 의지는 다분히 개인주의적 성향을 나타낸다. 다만 이러한 개인주의적 성향이 개인주의 차원에 그대로 머무는 것이 아니라 공식적인 인정을 거쳐 집단주의적 차원으로 승화되는 지점은 당시 사람들에게 잠재되어 있던 이중적 의식으로 볼 수 있다. 이는 간문화적 통찰력을 지향하는 번역가가 인식해야 할 매우 흥미로운 관찰 대상이기도 하다.

4) 「춘향전」과 문화적 가치 체계의 상관성

지금까지 홉스테드가 분류한 다섯 가지 차원의 문화적 가치 체계 중 '권력의 격차' 및 '집단주의와 개인주의'의 관점을 중심으로 우리나라의 고전소설 「춘향전」의 완판본 원문과 번역문의 번역 사례를 살펴보고 번역가의 간문화적 통찰력을 알아보았다. '권력의 격차'와 관련하여 작품의 배경이 되는 조선시대는 신분 제도가 유지되었던 사회로 인물 간의 신분의 격차에서 비롯된 대우법 및 관련 어휘 차원에서 그 특성이 두드러지게 나타났다. 몽룡과 방자, 춘향이 사용하는 대우법, 그리고 장모와 사위이지만 신분의 차이가 있는 월매와 몽룡이 사용하는 대우법의 경우, 우리말에서는 서술어 중심으로 등장인물 간의 관계에 따라 겸양법이 달라지는 데 반해 영어에서는 그렇지가 않아서 번역에 한계가 있음이 나타났다. 대신 어휘의 측면에서는 등장인물 간의 권력의 격차가 원문과 번역문 모두 분명히 나타났다. 다만 호칭이나 관직명, 신분 등을 나타내는 고유명사의 경우, 원문에서 어필했던 권력의 격차와 관련된 미묘한 의미의 차이가 의차 번역을 채택한 번역문에서 다소 반감된 경향이 있었다.

'집단주의'와 '개인주의' 문화의 측면에서는, 등장인물들이 주변의 평가나 인정, 소문이나 평판 등에 상당히 신경을 쓰는 한편, 옳다고 생각하면 협박이나 타협에 굴하지 않고 끝까지 의지를 관철해 나가는 모습이 드러남으로써 두 문화의 양상이 원문과 번역문에 골고루 나타나 있었다. 고통을 감내하고 몽룡에게 절개를 바친 춘향이 죽음을 앞두고 옥중에서 '열녀' 비문을 새겨 달라고 소원하거나, 훗날 임금으로부터 정승부인의 품계를 하사받는 등의 경우는 개인주의적 차원이 집단주의적 차원으로 승화되는 과정을 밟는다. 여기서 우리는 조선시대의 시대관이나 윤리 및 도덕관, 가치관 등이 작품 속에 고스란히 반영되어 있으며 동시에 작품에 계몽적인 성격을 부여하고자 한 작가의 의도 역시 원문과 번역문에서 엿볼 수 있었다.

한편, 위에서 자세히 언급하지는 않았지만 홉스테드가 분류한 문화적 가치 체계 중 나머지 세 가지 양상과 관련된 특징을 간략하게 기술하면 다음과 같다.

먼저 '남성성과 여성성'과 관련하여, 몽룡과 변학도가 춘향을 보는 관점에 따라 상대방을 배려하고 이해하는 정도 혹은 일방적으로 자신의 의지대로 상대방의 행동을 강요하는 남성적인 문화와 여성적인 문화의 양상이 드러났다. 사또가 수절을 강요하며 권력을 남용하여 춘향에게 갖은 고문을 가하는 행위는 다분히 남성적인 문화의 성향을 보이는 한편, 목숨과 맞바꿀 정도로 끝까지 절개를 지키는 춘향의 기개는 남성적인 문화의 상징인 권력에 맞서는 고매한 행위로 여성적인 문화의 양상으로 볼 수 있다. 그리고 '불확실성의 기피' 성향 역시 원전과 번역본에서 매우 비슷하게 구현되어 있었다. '몽룡과 처음 만나 인연을 맺을 때', '몽룡이 한양으로 떠나야 된다는 사실을 알고 이별할 때', 그리고 '변학도의 수청을 거절하여 옥중에 있으면서 몽룡에게 서신을 보내는 행위' 등을 통하여 이를 엿볼 수 있었다. 춘향은 자신의 태생적인 굴레를 극복하고 몽룡과 백년가약을 맺은 뒤, 이후의 불안한 삶에 대하여 재다짐을 받고, 이별 후 외적인 압력에도 굴하지 않으며 수절에 대한 강한 의지를 관철해 나간다. 이러한 행위 등은 예측하기 어려운 불확실한 미래에 대해 확실하게 보장을 받아야 한다는 잠재의식이 작용한 사례로 볼 수 있다. 몽룡은 입신양명하여 관직에 올라 공적으로 인정받는 과정을 실현함으로써 불확실성을 피할 수 있는 발판으로 삼아 춘향과 맺은 인연을 백년해로로 이어 간다. '불확실성의 기피' 성향과 관련된 양상은 '권력의 격차' 및 '집단주의와 개인주의' 그리고 '남성성 및 여성성'과도 밀접한 상관성을 지니고 있다. 마지막으로 '장·단기 지향성'과 관련하여 당시의 유교적인 윤리를 고수하는 춘향의 인내와 끈기, 그리고 당장 눈앞의 현실과 타협하지 않고 먼 미래를 내다보아 몽룡과의 사랑의 언약을 지키는 춘향의 태도에서 장기 지향적인 성향을 엿볼 수 있었다. 그리고 몽룡이 상경한 후 춘향에게 무정하게 행동했다는, 남원 고을 사람들의 차가운 여론에 자신의 체면이 손상되었음을 염려하는 몽룡의 태도에서 단기 지향적인 성향을 엿볼 수 있었다.

 결론적으로 홉스테드가 분류한 문화적 가치 체계는 서로 상호관련성을 지니고 있다고 할 수 있다. 특히 춘향의 이중적인 신분은 '권력의 격차', '불확실성의 기피', '집단주의와 개인주의' 그리고 '남성성 및 여성성'의 다양한 가치 체계가 표출되는 동기를 유발하는 요인으로 작품성을 드높이는 가장 중요한 요소로 작용한다. 그리고 남녀 주인공 모두 주변의 평판에 마음을 쓰고 체면을 생각하는 등의 행위는 '집단주의와 개인주의', '장·단기 지향성'

과 관련된다. 또한 변사또의 수청을 거절하고 절개를 지키는 춘향의 태도 및 주변 상황에는 '권력의 격차', '불확실성의 기피', '남성성 및 여성성', 그리고 '장·단기 지향성' 등이 골고루 나타난다. 이러한 가치 체계가 상호관련성을 맺고 있는 원전의 특성을 제대로 이해하기 위해서 번역가의 간문화적 통찰력이 유감없이 발휘될 필요성이 있음은 두말할 나위도 없다. 특히 「춘향전」과 같이 원전과 번역본의 출간 시기가 크게 차이 나거나[24] 원저자와 번역가의 태생적인 배경 문화의 차이로 인한 동서양의 가치관 차이가 존재하는 등 번역 과정에서 극복해야 할 여러 가지 한계 상황을 감안하면 더욱더 그러하다. 번역의 용인성(acceptability)을 담보하는 번역가의 간문화적 통찰력은 다름 아닌 두 문화 사이에 존재하는 문화 의식의 다양한 층위를 수용하여 번역문에서 구현해 나가는 필수적인 요소이기 때문이다. 두 문화권을 아우르는 '문화 해독력'을 가늠하는 번역가의 통찰력은 아무리 강조해도 지나치지 않다.

3. 맺음말

지금까지 번역과 문화와 관련하여 번역가의 간문화적인 통찰력의 필요성을 입증하기 위해 홉스테드의 문화적 가치 체계 이론을 적용하여 「춘향전」 완판본의 원문과 번역문을 개략적으로 살펴보았다. 문화의 포괄성을 감안해 볼 때 단순히 몇 가지로 분류한 문화의 가치 체계를 중심으로 번역가의 간문화적 통찰력의 발현 여부 및 정도를 거론하는 데에는 다소 무리가 있을 수 있다. 특히 20세기 후반에 서구에서 제안한 홉스테드의 문화적 가치 체

---

[24] 원전은 1640년경에, 번역본은 1999년에 출간되었다.

계 이론을 17세기 후반의 우리나라 고전문학 작품의 분석에 적용한다는 사실 자체가 상당한 부담을 수반하는 시도였다. 하지만 동서고금을 막론하고 고전작품이나 문화 이론이 갖추어야 할 최소한의 필요충분조건을 고려해 보면 둘 다 보편성과 타당성이라는 공통분모를 가지고 있으므로, 시대와 장소를 막론하고 연구 목적에 부합하게 서로 적용이 가능하다고 생각한다.

이런 의미에서 번역과 문화 이론의 접목을 시도한 본 논문은 포괄적인 의미에서 번역가의 배경지식을 아우르는 간문화적 통찰력의 중요성을 부분적으로 입증했다고 할 수 있다. 다만 「춘향전」의 성격을 두 가지의 문화 의식에 기초하여 문화적 가치 체계를 고려하였으므로 문학적인 가치나 수사학적인 풍자, 해학 그리고 판소리 및 사설, 한자어 표현의 묘미 등에 관하여 제대로 다루지 못한 한계점을 지니고 있다. 향후에는 이러한 문학적인 특징 외에도 지금까지 발표된 다양한 판본의 번역본을 상호 비교하여 문화의 가치 체계가 구현된 방식을 살펴본 후 번역 시 번역가의 간문화적 통찰력의 중요성을 재확인할 필요가 있겠다.

서두에서도 밝혔지만 마지막으로 강조하고 싶은 점은 번역과 문화의 접목은 서로 불가분의 관계를 맺고 있기 때문에, 원문에 구현된 저자의 의도를 충실히 전달하려면 번역가는 반드시 간문화적인 통찰력을 발휘하여 '문화의 변용'까지도 제대로 소화할 수 있어야 한다는 것이다. 이를 실현하려면 번역가는 작품의 장르나 시대, 배경은 물론 원작에 구현되어 있는 문화 인식의 측면에서 문화적 가치 체계에 대한 철저한 분석과 이해, 그리고 수용 및 소화를 할 줄 알아야 한다. 문화를 제대로 소화하지 못한 번역은 '혼'은 사라지고 줄거리만 달랑 남아서 원작을 훼손하는 경우가 많다는 안선재[25]의 주장을 굳이 인용하지 않더라도 '번역과 문화의 상관성' 그리고 '번역가와 간문화적

---

[25] 안선재, 「프랑크푸르트 도서전 下, 번역–출판의 문제점은」, 『조선일보』(http://www.chosun.com), 2004. 3. 11.

통찰력'에 대한 이해는 번역이 대중의 담론이 된 지 오래된 21세기의 현실에서 이미 확고하게 굳어진 규범이나 마찬가지이기 때문이다. 이런 점에서 문화 중재자로서의 번역가의 역할은 그 어느 때보다도 절실하게 요구된다고 할 수 있다.

참고문헌

권혁래. (2003). 「고전동화로 보는 『춘향전』: 1990년대 이후 출간된 작품을 대상으로」. 『동화와번역』 6.

김경혜. (2007). 「번역 전환 양상과 타자 번역하기: 박물관 텍스트를 중심으로」. 숙명여자대학교 석사학위논문.

김근태·유석호. (1990). 「한국 고전의 불역」. 『한불연구』.

김재국. (1996). 「『춘향전』의 독자 생산적 수용양상」. 『어문논총』 12.

김효중. (2004). 『새로운 번역을 위한 패러다임』. 서울: 푸른사상.

박광용. (1999). 「조선후기 여성의 사회적 지위에 대한 시론」. 『성평등연구』 3.

서상준. (1996). 『현대국어의 상대높임법』. 전남대학교출판부.

서석배. (2008). 「신뢰할 수 없는 번역: 1938년 일본어 연극 「춘향전」」. 『아세아연구』 51-4.

서하석. (2001). 『문화권간의 의사소통-한미 간의 언어적·비언어적 의사구조를 중심으로』. 서울: 형설출판사.

서혜은. (2003). 「고전소설에 나타난 기녀의 정절실현 양상과 그 사회적 의미」. 『문학과언어』 25.

薛亮. (2008). 「현대 한국어의 대우법 연구」. 선문대학교 석사학위논문.

설성경. (2002). 「춘향전 번역의 몇 가지 전제」. 『번역문학』 4.

설성경. (1993). 「『춘향전』의 개성적 표현에 관한 연구」. 『연세교육과학』.

성기철. (1985). 『현대국어 대우법 연구』. 서울: 개문사.

손성림. (2001). 「한국문화의 번역방법 고찰-이문열 소설 프랑스어 번역을 중심으로」. 한양대학교 석사학위논문.

손지봉. (2007).「번역과 문화」.『문학번역의 이해』.

손지봉. (2006).「문학번역 평가기준에 관하여」.『국제회의 통역과 번역』 8-1.

송미영. (2006).「중세국어의 대우법의 교육 방안에 관한 연구」. 중앙대학교 석사학위논문.

신선희. (2003).「『춘향전』에 나타난 여성인물의 언술양상」.『인문사회과학연구』 12.

안정효. (2006).『번역의 공격과 수비』. 서울: 세경.

양진성. (2003).「한국과 미국의 문화 간 커뮤니케이션 갈등에 관한 연구—Hofstede의 문화표현모델을 중심으로」. 연세대학교 석사학위논문.

엄순천. (2006).「러시아어로 번역된 한국문학 개별작품의 수용 사례 분석」.『한국시베리아연구』 9.

유석호. (1996).「홍종우의『춘향전』불역의 문제점」.『번역문학』 창간호.

유정완. (2006).「폴 오스터의『뉴욕 3부작』: 문화 해독력과 번역의 문제」.『안과밖』 20.

이상원. (2005).「한국 출판 번역 독자들의 번역 평가 규범 연구」. 한국외국어대학교 박사학위논문.

이영임. (2002).「동서양 고전의 비교:『춘향전』과『오디세이』」.『번역문학』 4.

이익섭. (2000).『사회언어학』. 서울: 민음사.

이재호. (2005).『문화의 오역』. 서울: 도서출판 동인.

전현주. (2009).「고(저)감도 문화 이론과 번역전략의 상관성」.『통번역교육연구』 7-2.

전현주. (2008).『번역비평의 패러다임』. 파주: 한국학술정보.

최정희. (2001).「문화 간 커뮤니케이션에 관한 연구: 문화 간 가치를 중심으로」. 단국대학교 석사학위논문.

최효선 옮김. (2001).『침묵의 언어』. 서울: 한길사.

한규섭. (1996).「『춘향전』인물의 기능과 성격 연구: 병오판 33장본『열녀춘향슈절가』를 중심으로」.『어문논총』 12.

한규섭. (1999). 「춘향의 애정과 분노의 발전 양상」. 『우암논총』 21, 청주대학교 대학원.
허웅. (1995). 『20세기 우리말의 형태론』. 서울: 샘문화사.
한국문학번역원. (2007). 『문학 번역의 이해』. 서울: 북스토리.
Bassnet, Susan and André Lefevere. (1998). *Constructing Cultures*. Multilingual Matters.
Bochner, Stephen (ed.). (1981). *The Mediating Person: Bridges between Cultures*. Cambridge: Schenkman.
Brake, Terence, Danielle Medina-Walker and Thomas Walker. (1995). *Doing business Internationally: the Guide to Cross-Cultural Success*. Burr Ridge, IL: Irwin.
Brooks, N. (1964). *Language and Language Learning* (2nd ed.). New York: Harcourt, Brace and World.
Brown, P. and S. Levinson. (1987). *Politeness: some Universals in Language Usage*. New York: Cambridge University Press.
Choi Hong Sim. (1950). *The Waiting Wife*. Seoul: International Cultural Association of Korea.
Chen, G. M. and W. J. Starosta. (2005). *Foundations of Intercultural Communication*. Needham, MA: Roman & Littlefield Pub. Inc..
Eco, Umberto. (2003). *Mouse or Rat*. London: Phoenix.
Goffman, E. (1967). *Interaction Ritual: Essays on face-to-face behavior*. NY: Doubleday Anchor Books.
Gudykunst, W. B. (1987). *Cross-Cultural Comparison*. In C. R. Berger & S. H. Hills. CA: Sage.
Hall, T. Edward. (1996). *Silent Language*. NY: Doubleday.
Hofstede, Geert and Gert Jan Hofstede. (2005). *Cultures and Organizations: Software of the Mind* (3rd ed.). London: McGraw-Hill.
Hofstede, Geert. (1980). *Culture's Consequences: International Differences in Work-Related Values*. Beverly Hills, CA: Sage.
Leech, G. (1983). *Principles of Pragmatics*. London: Longman. Lanham: University Press

of America.

Katan, David. (1999). *Translating Cultures: In Introduction for Translators, Interpreters and Mediators*. Manchester: St. Jerome.

Smith, Peter and Harris Bond Michael. (1993). *Interpersonal Communication*. California: Wadsworth Inc..

Steiner, George. (1975). *After Babel: Aspects of Language and Translation*. Oxford: Oxford University Press.

Taft. R. (1981). The Role and Personality of the Mediator, in *The Mediating Person: Bridges between Cultures*, S. Bochner (ed.). Cambridge: Schenkman.

Tannen, Deborah. (2001). *I Only Say This Because I Love You: Talking to Your Parents, Partner, Sibs, and Kids When You're All Adults*. NY: Ballantine Books.

〈참고 사이트〉

교수신문 : http://www.kyosu.net/news/articleView.html?idxno=402

한국교회사문헌연구원 : http://cafe.daum.net/kaistkorea

조선일보 : http://www.chosun.com. 「프랑크푸르트 도서전 下. 번역—출판의 문제점은」. 2004. 3. 11.

한국문화예술위원회 : http://www.kcaf.or.kr/zine/artspaper86_01/19860106.htm
　　(설성경. 특별기획프로그램. 한국의 기층문화를 점검한다. 「춘향전 72종을 대비 분석한다 – 춘향전은 왜 영원한 고전인가—」.)

다음 및 네이버 한글사전 및 백과사전

〈분석 대상 작품〉

원문 : 「춘향전」 완판본 (http://cafe.daum.net/books-lover)

번역문 : Richard Rutt. (1999). *The Song of A Faithful Wife, Ch'un-hyang*. (2nd ed.). Royal Asiatic Society-Korea Branch. (1st ed. : 1974. *Virtuous Women: Three Classic Korean Novels*. Royal Asiatic Society-Korea Branch.)

문학 번역의 자리:
Sula 번역을 통한 타자성의 재구상[*]

김애주

1. 문학 번역과 사회 제도

국가 간의 경계가 허물어지는 초국가주의 시대에 이질적 문화의 교합과 소통을 문화 '번역'으로 인식하는 확장된 개념이 널리 통용되고 있다. 호미 바바Homi Bhaba가 *The Location of Culture*(1994)에서 "번역은 문화적 소통의 수행적 본질이다."(p. 228)라고 했듯이, 이제 번역은 단순히 한 언어를 다른 언어로 전환시키는 행위를 넘어서 사회적·역사적·정치적·문화적 요소를 포괄하는 복합적인 소통 공연(performance)으로 인식되고 있다. 바바의 번역에 대한 이러한 정의는 탈식민주의, 후기 모더니즘 담론의 영역에 속한 것이지만 사실 번역학 분야에서도 수전 배스넷Susan Bassnett과 앙드레 르페브르Andre Lefevere가 *Translation, History and Culture*(1990)에서 번역과 문화의 본질적 관

---

[*] 이 논문의 일부는 김애주의 연구 「타협의 과정으로서의 번역: *Sula* 번역을 중심으로」(『통역과번역』 11-2, 2009)에 발표되었다.

계를 거론한 이후 번역 행위의 본질적인 속성으로 수용되고 있다. 번역을 문화 변용의 행위로 보는 대부분의 번역학자들은 번역학의 연구 대상을 언어적 요소는 물론이고 비언어적 요소인 문화까지 포함하며, 따라서 번역가를 문화 중개자로 인식하는 경향이 강하다. 가령 배스넷은 번역이 일련의 언어 기호에서 다른 언어 기호로 의미를 변환시키는 언어적 행위 외에도 통괄적인 언어 외적 기준을 포함한다고 주장하는데(Bassnett 1991: 13), 이때 '통괄적인 언어 외적 기준'이란 사회적·경제적 요소와 더불어 사회를 구성하는 각종 제도를 총괄하는 것이다. 번역을 사회 제도 내에서 원작이 재창작(rewriting)되는 과정으로 보는 르페브르는 번역가가 갖추어야 할 필수 자질로 언어 능력뿐 아니라 문화 정보에 대한 이해가 필요하다고 강조한다(Lefevere 1992b: 12).

이와 같은 맥락에서 볼 때 번역 지대(translation zone)는 사회의 인식소로부터 자유로운 중립 지대가 아닐 뿐 아니라 번역가 개인의 이념과 정치적 성향으로부터 차단된 진공 상태는 더더욱 아니다. 르페브르가 번역가를 "타협의 장인"(Lefevere 1992b: 6)이라고 부른 것은 시대 상황, 문학 전통, 언어 특성 등 번역에 영향을 미치는 제반 요소들을 적절히 조율해 가며 재창작해야 하는 번역가의 입장을 가리킨 것이다. 재창작의 과정에서 특히 번역 생산물의 내용을 결정짓는 주된 요소 중 하나가 번역가 개인의 이념적 성향과 번역 방법의 선택이다. 가령 *The Scandals of Translation*(1995)에서 번역가가 취해야 할 선택과 윤리 의식을 다룬 로렌스 베누티Lawrence Venuti는 소수화 번역을 지향하는 자신의 입장을 다음과 같이 밝히고 있다.

나 자신은 번역 프로젝트들을 수행해 감에 있어 소수 문학에 끌리는 경향이 있는데, 소수 문학을 통해 외국성을 환기할 수 있기 때문이다. 내가 선호하는 번역 대상은 출발 문화 내에서도 소수적 성격을 지니고 있으며, 그들의 정전正典 체계 내에서 주변적 위치를 점하고 있는 외국 텍스트, 혹은 번역을 통해 미국 문화 내의 표준어와 지배적인 문화적 형태들을 소수화하는 데 효과적으로 사용될 수 있는 외국 텍스트들이다. 이러한 선호는 부분적으로는 영어가 세계의 패권을 차지하는 것에 반대하기 위한 나의 민주적인 정치적 프로그램의 일환이라 할 수 있다. (로렌스 베누티, 『번역의 윤리』, 2006, 25쪽)[1]

번역 대상을 선택하는 데 있어서 소수 문학을 선호하는 이유를 베누티는 소수 문학이 다수 언어 속에 잠재되어 있는 외국성을 환기시키기 때문이라고 하였다. 번역이 지향해야 하는 방향도 투명성의 환상을 안겨 주는 유창한 번역이 아니라 이러한 소수 문학이 지닌 외국성을 명백하게 드러내는 번역, 이른바 "다양한 방언, 사용역, 문체들이 한데 각인되어 있는 사회방언을 창조하는"(로렌스 베누티, 앞의 책, 26쪽) 번역이어야 한다고 주장한다. 그럼으로써 베누티는 다수 언어와 다수 문화를 배제시키는 동화주의적 태도를 지양하고 문화적 차이를 수용하는 사회의식 형성에 기여하는 것이 곧 번역의 역할이라고 보았다.

이와 같이 번역 행위는 언어와 문화에 대한 숙달과 이해 외에도 번역가 개인의 세계관과 번역 방법의 선택에 따라 그 결과물이 크게 달라지는 매우 유기적인 영역이다. 특히 베누티가 제시한 바 번역가 개인의 이념적 성향은 번역 텍스트의 선정에서부터 번역 방법의 선택, 나아가 문화적 정체성의 형성에 이르기까지 새롭게 재창조된 번역물을 생산하는 데 있어 결정적인 역할을 한다. 그런데 실제 번역의 현장에서 번역 방법의 선택과 실천에 있어 번역가가 자신의 목적과 다른 방식을 채택해야 하는 경우가 있다. 가령 베누티와 유사하게 소수화 번역을 지향하면서도 번역 방법에 있어 소수 문학의 속성을 명백히 보여줄 이국화(foreignization) 전략을 실행하려고 하였

---

[1] Lawrence Venuti의 *The Scandals of Translation*(1995)은 국내에서 『번역의 윤리』(임호경 옮김, 열린책들, 2006)라는 제목으로 번역 출판되었다.

으나, 독자 수용을 우선시하는 출판사의 이념적 제약에 의해 이 전략을 약화시켜야 했던 필자의 경우가 그렇다. 즉, 미국의 흑인 여성 작가 토니 모리슨Toni Morrison의 두 번째 작품 *Sula*(1973)를 번역하면서 아프리카계 미국 여성 문학의 타자성을 드러내려던 목적은 후원(patronage) 제도하에 있는 출판사의 이념적 요청으로 조정이 불가피했다. 또한 한국 문화에 없는 미국 흑인 문화, 한글 문체와 차이가 나는 흑인 재즈 양식 등의 시학성(poetronology)을 드러내는 과정에서 도착 문화의 시학적 이념을 고려한 수정과 타협이 불가피하였다.

필자의 *Sula* 번역물에 제약 조건으로 작용한 두 가지 요소, 즉 후원 제도와 시학성은 문학계를 관장하는 지배 이데올로기와 상호 밀접한 관계를 맺고 있어서 번역 작업에 직접적인 영향을 준다. 르페브르가 정리한 바처럼 후원은 문학 시스템 외부의 통제 요소로서 독서, 창작, 그리고 재창작에 영향력을 행사하는 사람이나 출판사, 혹은 매스컴 등을 가리킨다(Lefevere 1992a: 15). 문학 시스템 내부의 통제 요소인 비평가, 서평가, 번역가들이 문학의 내용 자체를 비평하고 재창작하는 것과 달리 후원자들은 이탈리아의 메디치Medici가처럼 문학가들이 창작을 하도록 경제적인 원조를 하기도 하며, 나치 정권에서처럼 문학을 국가 권력을 집행하기 위한 이념적 도구로 이용하기도 한다. 또한 오프라 윈프리 북 클럽처럼 책 판매에 특권을 부여하기도 한다. 이와 같이 후원 제도는 르페브르가 강조하듯이 "기본적으로 사회 제도의 안정성을 유지하는 것을 지향"하며 작가나 번역가가 후원 제도를 수용한다는 것은 곧 "후원가가 만든 한도 내에서 작업을 한다는 것", 다시 말해서 "기꺼이 후원가의 권력과 입지를 정당화한다는 것"을 의미한다(Lefevere 1992a: 17~18). 문학 시스템의 보수적인 영역에 속하는 후원 제도는 문학계를 지배하는 중심 시학을 강화시키는 제도인데, 후원의 한 영역인 번역의 경우, 출발 문화의 시학적 이념보다 도착 문화의 지배적 시학 이념을 따를 것을 강요받는다. 그러므로 필자가 번역을 하는 과정에서 애초의 의도와 달리 이국화 전략을 수정한 것을 어떤 의미에서 지배 담론과의 타협이라고 해도 좋다. 이 글은 소수 문학의 타자성을 드러내기 위한 글쓰기의 목적하에서 이러한 타협의 과정을 담론화하는 데 목적을 둔다. 소수 문학에 속하는 *Sula*를 번역하는 데 있어 필자가 애초에 목적을 두었던 이국화 전략은 후원의 이념적 특성인 독자 수용에 의해 수정될 수밖에 없었는데 이 글은 그 과정을 기술하는 데 초점을 맞춘다. 그럼으로써 번역의 경험을 공유하고 번역 방법과 번역가의 위치를 다시 한번 생각할 기회를 가지며, 나아가 보다 나은 번역 방법을 제안하는 데 목적을 둔다. 이러한 번역가의 자가 번역 비평은 번역학에 또 하나의 비평 방법론을 소개하는 데 의미가 있을 것으로 판단된다.

2. 타협의 과정으로서의 번역

미국 흑인 문학 *Sula*를 번역 대상으로 선정했을 때 필자가 처음 가졌던 목적은 작품이 지닌 고유한 속성을 한국 독자들에게 최대한 전달하는 데 있었다. *Sula*의 문학적 특성은 파격적인 흑인 여성 인물, 기독교 신화와 아프리카 신화가 교차된 문화의 혼성성, 흑인 공동체와 개인의 상충 관계, 시적이고 구술성이 짙은 문체 등 다양한 층위에서 논의되고 있다. 하지만 외국 텍스트에 내재한 소수 문화의 특성을 드러내기 위한 소수화 번역의 관점으로 볼 때, 필자는 *Sula*의 세 가지 요소가 강조되어야 작품의 외국성(foreignness)이 잘 드러난다고 본다. 첫 번째는 작품의 배경이 되는 1919년부터 1965년까지의 미국 중서부 마을에 위치한 흑인 공동체이다. *Sula*에서 흑인 공동체는 흑인의 역사와 문화가 저장되어 있는 동시에 그 자체로 마치 하나의 인물처럼 개성을 지닌 비중 있는 존재다. 그러므로 이러한 복합적 특성을 지닌 흑인 공동체를 번역서에 드러내는 것이 중요하다. 두 번째는 유례없이 파격적으로 그려진 흑인 여성상이다. *Sula*에 등장하는 여자 주인공 Sula, 그의 어머니 Hanna, 그리고 할머니 Eva는 기존의 정형화된 흑인 여성상을 뛰어넘는 독특한 인물들이다. 세 번째는 흑인의 고유한 표현 양식인 재즈 음악 스타일이다. 여느 흑인 작가도 그러하지만 토니 모리슨 역시 가장 극적이고 역동적인 장면에서 재즈 음악 양식을 문체에 활용하고 있으며 그것은 흑인성을 표현하기 위한 전략적 기법이기도 하다. *Sula*를 번역하는 데 있어 위의 세 가지 요소가 제대로 드러날 때 흑인 여성 문학의 특성이 독자들에게 전달된다고 보았으며 따라서 그것을 최대한 드러낼 수 있는 번역 전략은 "외국 텍스트의 언어적·문화적 차이를 나타내기 위하여 자기 민족 중심적 도착어 문화의 가치로부터 이탈되도록 압박을 가하는"(Venuti 1995: 20) 이국화 전략이 적절하다고 보았다. 하지만 실제 번역 과정에서 이러한 목적은 수정될 수밖에 없었는데 그것은 세 영역에서 마주친 독자 수용성의 문제 때문이었다. 그리고 이 독자 수용성의 철학은 출판사가 중시하는 가치로, 르페브르가 언급한 바와 같이 번역의 재창작 과정에서 번역가에게 작동하는 제약이었다.

1) 흑인 공동체와 문화의 경우

우선 흑인 공동체와 문화의 경우 한국 문화에 없는 등가 부재의 요소라는 점, 그리고 함축적 의미 전달의 문제 때문에 번역이 힘든 경우가 많았다. *Sula*의 배경인 Bottom 흑인 마을은 원천 텍스트에서 "the Bottom"(Morrison 1973: 3)[2]이라는 고유명사로 기술되어 있다. 'Bottom'은 '바닥'이라는 단순한 사전적 의미뿐 아니라 미국 노예 제도에서 인종적 억압을 받은 흑인 중에서도 최하층 계급을 함축하는 어휘이다. 특히 원천 텍스트에서 "the Bottom"은 흑인이 받은 인종차별뿐 아니라 그에 대한 저항, 나아가 자본주의로 인

---

2   Toni Morrison, *Sula* (New York: Bantam Book, 1973). 이하 페이지 수만 표기함.

해 급격히 와해되어 간 흑인 공동체의 역사를 구현하는 복합적인 장소로 재현되어 있다. 흑인 문학 비평가 트루디어 해리스Trudier Harris는 "the Bottom"을 흑인의 "생존의 철학"(Harris 1991: 56)을 예증하는 장소로, 데보라 맥도웰 Deborah McDowell은 "이원 대립의 세계로부터 벗어나 공존의 세계를 가능하게 하는 신세계"(McDowell 1988: 80)로 해석함으로써 흑인의 과거 역사와 미래를 함께 포괄하는 장소로 이해한다. 이와 같이 "the Bottom"은 원천 텍스트에서 지역적 의미와 더불어 흑인의 역사와 희망이 교차되는 독특한 영역으로 그려져 있다. 그러므로 그 의미를 함축하고 있는 대상어가 도착 언어에 존재하지 않기 때문에 이국화의 관점에서 볼 때, 언어적 문화적 차이를 드러내기 위해 도착 텍스트에 출발 텍스트의 고유명사를 그대로 음차하여 '바텀'으로 번역하는 것이 한 방법이다. 그러나 최종 번역에서 "the Bottom"은 "바닥촌"(김애주 옮김, 『술라』, 2005, 9쪽)으로 수정될 수밖에 없었는데 그 이유는 독자 수용을 우선시하는 출판사의 요청 때문이었다. 번역물을 출판하기 전 독자의 반응을 점검하는 과정에서 '바텀'이 흑인 문화를 잘 모르는 독자들에게 생소하다는 이유로 '바텀 마을', '바닥 땅,' '바닥촌' 등 타협 과정을 거쳐 "바닥촌"으로 최종 결정되었다.

흑인 문화를 전달하는 과정에서 일어난 이러한 변용의 문제는 한국 문화에 부재한 흑인 문화를 번역할 때 다시 발생했다. 가령 다음 문장은 흑인 문화의 사소하고도 생소한 부분을 목격할 수 있는 장면이다.

> On Thursday, when Hannah brought Eva her fried tomatoes and soft scrambled eggs with the white left out for good luck, she mentioned her dream of the wedding in the red dress. Neither one bothered to look it up for they both knew the number was 522. (p. 64)

여기서 알 수 있는 바, 어떤 흑인들에게는 스크램블 에그를 만들 때 행운의 표시로 흰자위를 빼며, 붉은 드레스를 입고 결혼식을 하는 꿈을 꾸면 불길한 징조로 보는 등의 문화가 있다. 그러나 이러한 문화적 정보를 통해서도 해결할 수 없었던 것이 숫자 "522"에 대한 해석이다. 물론 클리프 노츠 Cliffs Notes의 글에서 이 부분을 "숫자 놀이는 사람들이 즐겨하는 도박이다. 바팀에 사는 사람들은 어떤 숫자가 행운을 가져다주는지 그 '징조'를 찾는다."(Notes 1997: 68)라고 설명해 주고 있긴 하다. 그러나 "522"라는 숫자가 그들에게 왜 행운의 숫자인지, 또 그 숫자와 꿈 해석은 서로 어떤 관계를 가지고 있는지에 대한 내용은 나와 있지 않았고, 결국 끝내 밝혀 내지 못한 채 필자는 다음과 같은 번역으로 마무리하고 말았다.

> 한나가 에바에게 튀긴 토마토와 행운의 표시로 흰자위를 빼어 버린 부드러운 스크램블을 가져다주던 목요일, 그녀는 붉은 옷을 입고 결혼식을 올리는 꿈 얘기를 했다. 그날의 행운의 숫자가 522번(바닥촌 사람들은 숫자 맞추기 노름을 즐겨했다. 사람들은 생활 속에서 행운의 숫자를 정할 이런저런 단서들을 찾았다—옮긴이)이란 것을 둘 다 알고 있었기 때문에 꿈에는 크게 신경 쓰지 않았다. (김애주 2005: 98)[3]

이와 같은 이국적 문화 요소에 관한 숫자를 필자는 그대로 남기는 것이 타자성을 드러내는 한 방식이라고 판단하였다. 만약 숫자에 관한 흑인 문화에 대해 좀 더 풍부한 지식을 가지고 있었다면 보다 명료한 번역을 했으리라 본다. 본 번역에서는 흑인들의 숫자 맞추기 노름에 관한 추가적 정보를 옮긴이의 주석을 통해 제공함으로써 독자의 가독성을 높이기로 하였다. 이것이 이국화 전략에 반할 수도 있지만, 독자의 가독성을 높이기 위한 전략이 외국 문학을 번역하는 기본 전략이라고 생각한다.[4]

---

3 토니 모리슨 지음, 김애주 옮김, 『술라』(서울: 들녘, 2005). 이하 쪽 수만 표기함.
4 가독성을 위해서 이와 같이 설명문을 삽입하는 경우 외에도 각주를 이용하거나 원천 텍스트

2) 흑인 여성의 경우

  Sula 번역에서 가장 힘들었던 부분이 흑인 여성의 복원 문제가 아니었나 생각한다. *Sula*에 등장하는 여성들은 흑인 여성의 스테레오 타입을 깨는 급진적인 인물들이다. 흔히 흑인 여성은 인종과 성의 이중 억압에 짓눌린 희생자, 혹은 윌리엄 포크너William Faulkner의 *The Sound and the Fury*(1931)의 Dilsey처럼 백인 가정의 살림을 도맡아 꾸려가는 희생적이고 영적인 흑인 유모, 때로는 여성성(female sexuality)이 제거된 중성적인 여사제 등으로 정형화되어 있다. 그러나 *Sula*의 여성들은 강력한 생명력과 주체성을 지녔으며 사회 윤리 체제를 위반할 정도의 반도덕적인 인물로 재현되어 있다. 이러한 파격적인 흑인 여성상을 만나면서 필자는 과연 그들을 어떻게 해석하고 복원시켜야 할 것인지 혼란스러웠으며 흑인 여성 문학의 맥락에서 그들을 어떻게 자리매김시켜야 할지 막막했다. 서구 개인주의의 영향을 받아 극단적으로 변형된 경우인가? 아니면 아프리카 여성상의 재출현인가? 주요 인물을 어떻게 해석하느냐 하는 문제는 결국 번역 시 어떻게 복원시키는가와 직접적인 관계를 갖고 있기 때문에 적확한 해석은 원전에 대한 충실성(faithfulness)을 바탕으로 한다. 이것은 도착 문화의 관점에서 보았을 때 타자

의 내용을 변형시키는 예들도 있다. 가령 조세희의 「난장이가 쏘아 올린 작은 공」을 영역했던 Bruce Fulton은 서구 독자의 이해를 돕기 위해 목표 텍스트에 원천 텍스트의 내용을 변형, 첨가하였다. Fulton은 4·19 혁명이 배경인 오정희의 「동경」을 번역하면서 "영로는 어느 봄날 바람개비처럼 달려 나갔다. 채 자라지 않은 머리칼을 성난 듯 불 부리 세우고"를 "One spring day Yŏngno had flown out of the house like a nighthawk, his crewcut not quite grown out and sticking up indignantly in all directions"로 번역한 적이 있는데, 이후 그것을 "One spring day Yŏngno, fresh out of high school, had flown out of the house like a nighthawk, his schoolboy crewcut not quite grown out and sticking up indignantly in all directions"로 수정했다. 그 이유는 영로의 짧은 머리가 왜 곤두서 있는지를 이해하지 못한 미국 독자의 질문을 받고, 1960년대 한국 고등학생의 문화적 상황, 이른바 머리를 짧게 밀어야 했던 상황을 첨가하는 것이 필요하다고 본 것이다. 결국 Fulton은 위의 밑줄 친 내용을 덧붙임으로써 가독성 문제를 해결하려고 한 것이다.

성으로 인식될 수 있을 것이다.

이후 접한 *Sula*에 대한 다양한 해석은 번역의 방향을 정하게 되는 중요한 근거로 작용했다. Sula라는 이름 자체가 아프리카의 바방기Babangi어이며 "추방자", "이탈자" 등 여러 의미를 지닌다는 해석이 있었고(Lewis 1987: 91), Peace가街의 여성들이 보여주는 무질서하지만 폭발적인 생명력이 아프리카 영성, 특히 아프리카 대지의 여신의 원형적 모습이라고 주장한 비평가도 있었다(Demetrakopoulos 1987: 54). 또한 Sula를 카인의 표적으로 해석하는 경우가 있는가 하면(Jones 1993: 1), 아프리카 속임수꾼 이야기 군(trickster cycle)의 맥락으로 해석하기도 하였다(Harris 1991: 71).

필자의 경우 서구의 성서적 해석보다 '아프리카 속임수꾼 이야기 군'에 무게를 두었으며 따라서 그들의 파격적인 삶의 행보를 생존의 한 형태로 받아들였다. 아프리카 속임수꾼 이야기 군은 'Brer Rabbit' 흑인 민담[5]에 나타난 바, 생존을 위해 반도덕적·반사회적 행위를 서슴지 않는다는 내용을 담고 있다. 이는 미국 노예 제도에서 복종과 저항의 양날의 칼을 사용할 수밖에 없었던 흑인들의 생존 전략을 표상한다. Peace가 여인들의 체제 전복적인 행보는 바로 아프리카 속임수꾼의 형상을 이어받은 것으로 볼 수 있으며 인종과 성의 이중 억압에 신음하던 흑인 여성들의 생존 전략으로 해석할 수 있다. 이와 같은 맥락에서 필자는 *Sula*에 등장하는 여성들의 원시적인 생명력과 체제 전복적인 면을 복원하는 데 초점을 맞추려고 했다. 아래에 인용된 소설 텍스트의 일부는 주인공 Sula의 이러한 복합성이 드러나 있는 부분이다.

---

[5] 여기서 'Brer Rabbit'는 아프리카 흑인 민담에 자주 등장하는 캐릭터 중 하나를 의미한다. 흑인 민담에서 토끼는 항상 호랑이나 곰 같은 힘이 센 동물들에게 습격을 받지만 그때마다 지혜를 짜내어 그들을 골탕 먹이거나 교묘하게 도망친다. 이러한 Brer Rabbit의 성격은 과거 미국 노예 제도 속의 흑인의 실정과 상통하는 바가 있다.

Sula was a heavy brown with large quite eyes, one of which featured a birthmark that spread from the middle of the lid toward the eyebrow, shaped something like a stemmed rose. It gave her otherwise plain face a broken excitement and blue-blade threat like the keloid scar of the razored man who sometimes played checkers with her grandmother. The birthmark was to grow darker as the years passed, but now it was the same shade as her gold-flecked eyes, which, to the end, were as steady and clean as rain. (p. 45)

이 부분에 대해 필자는 단문으로, 다소 거친 느낌의 어휘를 선정하며 최대한 원문에 충실하게 번역하는 것이 원문의 시적 긴장감을 살린다고 보고 다음과 같이 초벌 번역하였다.

술라는 크고 고요한 눈을 가진 짙은 갈색 피부의 소녀였다. 한쪽 눈 눈꺼풀 가운데에서 눈썹 쪽으로 퍼져있는 모반母班은 마치 가지 달린 장미꽃처럼 보였다. 그렇지 않았다면 평범했을 그녀의 얼굴에 모반은 터져 나올 것 같은 흥분과, 간간이 그녀의 할머니와 장기를 두는 면도사의 켈로이드 흉터 같은 푸른 칼날의 위협을 가했다. 해가 갈수록 모반은 점점 검어지더니 이제 금빛 반점 같은 그녀의 눈동자와 똑같은 빛깔이 되었다. 끝내 비처럼 한결같고 깨끗해졌다가……

그러나 최종 번역은 다음과 같이 보다 산문적이고 설명적으로 변형되었다.

술라는 큼직하면서도 조용한 눈동자와 짙은 갈색 피부를 갖고 있었다. 그리고 한쪽 눈에는, 눈꺼풀 가운데에서 눈썹 쪽으로 퍼져 있는 반점이 있어 마치 가지째 꺾인 장미꽃처럼 보였다. 그렇지 않았다면 평범했을 그녀의 얼굴에 그 반점은 돌출하는 흥분과, 간간이 그녀의 할머니와 장기를 두는 면도사의 켈로이드(그리어로 '게의 집게발 같은 모양'이라는 뜻으로, 상처가 아물어 가면서 단단하고 불규칙한 모양으로 부풀어 올라 검붉은 보기 흉한 흉터이다) 흉터처럼 푸른 칼날의 위협 같은 인상을 주었다. 해를 더해 갈수록 그 반점은 점점 더 검어지더니 이제는 비처럼 한결같고 깨끗한, 금빛 반점 같은 그녀의 눈동자와 거의 똑같은 빛깔이 되었다. (71쪽)

여기서 수정 대상의 조건이 되었던 것은 어휘 선택, 구문 배열, 이해를 위한 삽입으로 분류할 수 있다. 우선 어휘 선택에서 "birthmark"를 "모반母斑"에서 "반점"으로 전환시켰는데 사실 "birthmark"는 태어날 때 가지고 나온 상처 자국을 뜻하는 것으로 "모반"이라고 번역하는 것이 훨씬 원전의 이미지를 살리는 것이다. 그러나 한자어 '母斑'을 함께 표기하지 않으면 의미 전달이 자연스럽지가 않고, 한자어와 함께 표기하면 번역서가 난삽해 보일 수 있다는 출판사의 지적을 받아들여 "반점"으로 바꾸었다. 다시 한번 출판사라는 후견의 사회적 제도가 작용한 결과이다. 한편, "stemmed rose"의 경우 "가지 달린 장미꽃"이 원래 어휘에 가깝다. 그러나 수정 과정에서 "가지째 꺾인 장미꽃"으로 변경했는데 그 이유는 "가지 달린 장미꽃"보다는 "가지째 꺾인 장미꽃"이 시학적 관점에서 반점이 표상하는 Sula의 이단성과 전복성을 살릴 수 있다고 보았기 때문이다.

어휘의 변용이 맥락성에 초점을 맞추었다면 구문상의 전환은 가독성에 비중을 둔 결과라고 할 수 있다. "그리고 한쪽 눈에는" 같은 구문을 삽입한 것이나 "해를 더해 갈수록 그 반점은 점점 더 검어지더니 이제는 비처럼 한결같고 깨끗한, 금빛 반점 같은 그녀의 눈동자와 거의 똑같은 빛깔이 되었다."처럼 복합구문으로 풀어 쓴 것은 도착 텍스트의 시적 효과를 높이기 위한 것이다. "켈로이드 흉터"에 대한 설명을 삽입한 것 역시 그에 관한 사전 지식이 없는 독자들의 이해를 돕기 위한 방안이다.

반항 정신이 강하고 자기 탐닉적인 Sula가 개인주의적인 현대 흑인 여성상을 구현한다면, 그녀의 할머니 Eva는 아프리카 모신母神과 같은 강한 생명력과 포용력, 아울러 그와 정반대되는 파괴적 속성을 동시에 갖춘 모순의 인물이다. 데메트락코풀로스Demetrakopoulos는 Eva를 "격렬한 보호, 자비로운 왕권, 관대함, 깊은 지성, 위대한 용기를 지닌 여성적 힘의 원형"(Demetrakopoulos: 61)이라 평하고 있으며 캐롤린 드나르Carolyn Denard도 Eva를 문화를 보존하고 공동체의 생존을 이루어 내는, 전통적인 흑인여성주의의 가치를 드러내는 여성이라고 말한 바 있다(Denard 1988: 175). 반면에 윌프레드 사무엘Wilfred Samuel은 Eva의 파괴적인 속성을 부각시킨다(Samuel 1990: 39). 다음의 문장은 이중적 여성성을 상징하는 Eva가 아들 Plum을 불태워 죽이는 극적인 장면이다.

>   At the foot of the stairs she redistributed her weight between the crutches and swooped on through the front room, to the dining room, to the kitchen, swinging and swooping like a giant heron, so graceful sailing about in its own habitat but awkward and comical when it folded its wings and tried to walk. With a swing and a swoop she arrived at Plum's door and pushed it open with the tip of one crutch. (p. 39)

한쪽 다리를 기찻길에 절단시켜 보험금을 타 내고 그것으로 생계를 이어 가던 Eva는 아들이 전쟁 후유증으로 마약 중독자가 되어 가자 이에 절망하고 아들을 죽이기로 한다. 아들을 죽이러 가는 이 극적인 장면에서 Eva는 서식지(habitat)에 둥지를 틀고 있는 거대한 왜가리(giant heron)로 비유된다. 여기서 '비상은 우아하나(graceful) 걸음은 어색하고(awkward) 우스꽝스러운(comical)' 왜가리에 대한 묘사는 그녀의 신체적 장애를 가리킬 뿐만 아니라 아들을 죽여야 하는 격정적인 슬픔을 반어적으로 표현한 것이다. "swoop"과 "swing"의 반복, 쉼표로 이어지는 점층적인 공간의 배열은 Eva의 슬픔과 더불어 그녀의 광포함을 고조시켜 정점에 이르게 하는 효과가 있다. 이러한 함축적인 의미와 기법적인 효과를 번역에 반영하고자 한 필자는 다음과 같이 번역하였다.

층계 맨 밑에서 목발 사이로 몸무게를 분산시키고는 앞방을 거쳐 식당으로, 부엌으로, 마치 자신의 서식지에서는 그토록 우아하게 날지만, 날개를 접고 걸음을 걸으려고 할 때는 어색하고 우스꽝스러운 왜가리가 날개를 펄럭거리며 쏜살같이 먹이를 덮치듯이 몸을 날려 달려갔다. 그녀는 몸을 흔들면서, 그리고 덮칠 듯한 기세로 플럼의 방 앞에 이르러 목발 한쪽 끝으로 몸을 밀쳐 열었다. (62쪽)

번역 비평을 하면서 자신의 번역물을 다시 보았을 때 찾게 되는 오류는 번역가를 당혹스럽게 만든다. 여기에 "giant"가 누락되어 있는데 이는 몇몇 군데에서 발견되는 다른 누락과 더불어 충실성의 면에서 지적되어야 할 사항이다. 세 번에 걸쳐 나오는 "swoop"의 사전적 의미는 '(매 따위가) 위로부터 와락 덤벼들다'라는 의미이며 여기에서는 "달려갔다," "쏜살같이 먹이를 덮치듯이 몸을 날려," "덮칠 듯한 기세로"로 번역되어 있다. 또한 "swing"은 "날개를 펄럭거리며", "몸을 흔들면서"로 번역되었다. 이는 시적 효과를 높이는 동시에 원천 텍스트의 점층적 효과를 살리려 한 시도이다. 필자의 의도가 얼마만큼 반영되었는지는 결국 독자가 판단할 문제이다.

3) 흑인 문체의 경우

위의 문장에서도 나타난 바와 같이 반복 기법은 흑인의 구술 양식의 핵심이며 이는 순환적 구조, 즉흥성 등 다른 기법들과 더불어 흑인 문학의 특성을 살리는 데 반드시 고려되어야 할 사항이다. 흑인 문학에는 흑인의 전통적 구술성이 서술 전략으로 발전된 재즈 음악 스타일이 사용된다. 반복(repetition), 변주(variation), 파편화(fragmentation), 즉흥성(improvisation), 부름과 응답(call and response), 순환적 구조(cyclical structure)로 요약되는 재즈 음악 스타일은 모리슨의 작품에도 잘 나타나 있다. 특히 레오폴드 셍고르Leopold Senghor가 "흑인 양식을 만드는 유기적인 힘은 바로 리듬rhythm"(Rice 1994: 424)이라고 한 바와 같이 반복과 구두점(punctuation)을 효과적으로 사용함으로써 나타나는 리듬감은 흑인 문학을 가장 흑인 문학답게 만들어 준다. Sula가 죽어가는 모습을 다룬 다음 장면에는 그와 같은 특징이 잘 나타나 있다.

"You think I don't know what your life is like just because I ain't living it? I know what every colored woman in this country is doing."

"What's that?"

"Dying. Just like me. But the difference is they dying like a stump. Me, I'm going down like one of those red-woods. I sure did live in this world."

"Really? what have you got to show for it?"

"Show? To who? Girl, I got my mind. And what goes on in it. which is to say, I got me."

"Lonely, ain't it?"

"Yes. But my lonely is mine. Now your lonely is somebody's else. Made by somebody else and handed to you. Ain't that something? A secondhand lonely." (p. 123)[6]

여기서 본 것처럼 죽어 가는 Sula가 Nel과 대화하는 이 장면에서는 "lonely"가 리프riff로 사용되고 있다. '리프'란 재즈와 같은 흑인 음악에서 반복적으로 사용되는 중심 악절이다(Rice 1994: 424). "lonely"의 부름(call)과 즉흥적인 응답(response), 그 변주를 통해 대화는 재즈 듀엣과 같은 효과를 낸다. 또 주제적인 측면에서 볼 때 이러한 기법은 자아 정체성을 포기하는 Nel과 달리 그것의 무한한 성취를 시도하는 Sula를 강하게 부각시키는 기능을 한

---

6 밑줄은 필자가 본고에서 임의로 그은 것임.

다. 그렇다면 필자의 번역문은 과연 그 리듬감과 음악성을 잘 구현하고 있는가?

"네 생각엔 내가 네 생활이 어떤지 알고 있지 못하다는 뜻인 것 같은데? 내가 네 인생을 살고 있지 않으니까 말이야. 난 미국 땅의 모든 흑인 여자들이 하고 있는 걸 다 알고 있어."

"그게 뭔데?"

"죽어 가고 있지. 나처럼 말이야. 그러나 차이가 있어. 그들은 나무 그루터기처럼 죽어 가고 있지. 난, 나는 말이야. 저 삼나무들 중 하나처럼 넘어져 가고 있어. 난 정말 이 세상을 한번 살아 본 거야."

"정말? 그렇다면 뭘 보여줄 수 있니?"

"보이라고? 누구에게? 이봐, 난 내 마음을 갖고 있어. 그리고 그 마음 속에서 진행되고 있는 것을 갖고 있지. 말하자면, 난 나를 갖고 있어."

"외롭지 않니?"

"<u>외롭지. 그러나 내 외로움도 내 것이잖아. 그렇지만 네 외로움은 네 것이 아닌 다른 사람들 것이야. 다른 사람이 만들어서 너에게 넘겨준 거야. 그것도 괜찮은 거 아냐? 중고품이긴 하지만.</u> (외로움은 외로움이니까.)"(185~186쪽)[7]

위의 번역문을 다시 읽어 보면서 필자는 흑인 문학의 음악성과 리듬감을 좀 더 살리려면 밑줄 친 부분의 경우 리프인 '외로움'을 더 빈번하게 사용하여 강하게 각인시키고, 문장을 더 짧게 만들고, 연결어를 삭제하는 것이 낫지 않나 생각한다. 다음이 그러한 면을 살리려고 시도해 본 수정본이다.

---

[7] 밑줄은 필자가 본고에서 임의로 그은 것임.

"외롭지, 그렇지?"

"외롭지. 하지만 내 외로움은 내 것이야. 넌, 네 외로움은 네 것이 아니야. 다른 사람들의 외로움이지. 다른 사람들이 만들어 떠넘긴 외로움. 하긴 그것도 나쁘진 않지. 중고이긴 하지만. (외로움은 외로움이니까.)"

이와 같이 흑인 문학의 서술 방식은 반복과 즉흥성, 부름과 응답 등 아프리카 구술 양식의 음악성을 내포하고 있다. 이러한 미학적 특성은 단순히 서구의 표현 양식과 다른 양식의 차원을 넘어서 또 다른 의미를 부여한다. 그것은 백인과 다른 아프리카계 미국 문화의 독특한 면을 전경화시키는 작업이며 그럼으로써 백인 중심의 담론에 대응하는 '다른 담론'의 가능성을 열어 주는 것이다.

흑인 문체 연구에서 다루어져야 할 또 다른 요소는 흑인 방언이다. 흑인 방언은 흑인 문학계 내에서도 인종적 열등함을 표시하는 것으로 한때 폄하된 적이 있지만 이제는 흑인의 본질을 가장 잘 드러내는 문학적 장치로 알려져 있다. 그러나 번역을 할 경우의 흑인 방언은 자국화와 이국화 문제가 복잡하게 얽혀 여러 단계의 선택과 타협의 과정이 필요한 영역이기도 하다. 흑인 방언보다 표준어를 더 많이 쓰는 모리슨의 경우는 좀 덜하지만 흑인 방언을 전면적으로 사용하는 조라 닐 허스턴Zora Neale Hurston과 같은 작가의 경우 그 복잡한 과정이 현저하게 드러난다. 다음은 허스턴의 *Their Eyes Were Watching God*(1937)의 한 부분이다.

"Naw, Ah ain't no young gal no mo' but den Ah ain't no old woman neither. Ah reckon Ah looks mah age too. But Ah'm uh woman every inch of me, and Ah know it. Dat's uh whole lot more'n you kin say. You big-bellies round here and put out a lot of brag, but 'taint nothin' to it but yo' big voice. Humph! Talkin' 'bout me lookin' old! When you pull down yo' britches, you look lak de change uh life." (Hurston 1937: 79)

앞의 글은 플로리다 주 남부 지역의 흑인 방언으로 쓰인 것인데 의미 파악이 힘들 정도이다.[8] 이 부분을 이영옥은 짙은 전라도 방언으로, 이시영은 표준어로 번역하였다.

> 나가 이제 젊은 여자가 아녀, 그렇다고 나가 노파도 아니라구. 나가 내 나이만치 뵐 꺼여. 그러치만 나가 구석구석 여자구먼, 나가 안다니께. 이만혀두 영감이 말하는 거 이상이라니께. 거저 배나 띵띵해 가지구 자랑이나 냅다 해두, 소리 큰 거배께 더 있는감. 홍! 나 가 늙어 뵌다! 바지가랭이만 내려 보지, 영감이 갱년기인 주제에. (이영옥 1997: 122~123)

> 알아요, 난 이제 젊지 않죠. 하지만 늙은 것도 아니에요. 물론 내 나이만큼 되어 보일 거예요. 하지만 난 뼛속까지 여자예요. 그건 내가 알아요. 당신은 그 점에 대해선 도저히 말을 꺼낼 수가 없죠. 당신, 그렇게 어깨에 힘주고 위세 떨고 다니지만 사실 내세울 건 목청이 크다는 것 밖에 없어요. 허! 내 늙은 것을 논해요! 바지춤을 풀고 보면 당신이야말로 세월의 변화를 실감케 하는데. (이시영 2001: 105)

짙은 전라도 방언으로 번역한 이영옥의 글과 표준어로 번역한 이시영의 글을 비교해 볼 때 허스턴의 글이 지닌 특성, 이른바 남부 흑인의 정서를 흑인 방언으로 구현해 내려던 그녀의 의도는 이영옥의 글에 잘 드러난다. 다시 말해서 허스턴의 글이 지닌 외국성은 한국 표준어가 아니라 방언으로 더 잘 표현된다고 할 수 있다. 자국화의 측면에서 보아도 이영옥의 번역이 한

---

8 표준 영어로 바꾸어 보면 다음과 같다. "Now, I am not no young girl no more but then I am not no old woman neither. I reckon I look my age too. But I'm the woman every inch of me, and I know it. That's the whole lot more than you can say. You big-bellies round here and put out a lot of brag, but there isn't nothing to it but your big voice. Humph! Talking about me looking old! When you pull down your britches, you look like the change the life."

국 독자에게 더 호소력이 있는 듯하다. 그럼에도 불구하고 한 가지 짚고 넘어가야 할 사실은 '남부 흑인 방언을 전라도 방언으로 번역한 이영옥의 기준은 과연 어디에 있었는가?' 하는 점이다. 한국 어느 지역의 방언이 더 적절한 것인가 하는 문제는 결국 번역가 개인의 취향과 판단에 따를 수밖에 없는 것인지 여전히 논의되어야 할 사항이 아닌가 생각한다.

3. 실제 문학 번역을 통한 제언

지금까지 본 바와 같이 *Sula*의 번역은 필자의 본래 의도, 이른바 소수 문학이 지닌 외국성을 명백히 보여주려는 목적을 상당 부분 수정한 타협의 과정이라고 할 수 있다. 그것은 베누티의 주장대로 소수화 번역이 분명 정전과 소수 문학, 자국 내의 표준어와 방언, 중심 문화와 주변 문화의 소통을 가능하게 하는 윤리적인 태도임이 분명하지만(베누티, 앞의 책, 26쪽) 번역의 실제 현장에서는 성취하기 쉽지 않다는 것을 보여주는 사례이기도 하다. 필자의 경우 이러한 타협의 배경에는 독자 수용을 우선시하는 출판사의 후견 기능이 작동하고 있었음을 이미 밝힌 바 있다.

이와 같이 *Sula* 번역은 지향성과 현실성 간의 괴리, 의욕과 한계를 동시에 목격하게 한 고통의 과정이었다. 그러나 또 한편 다음과 같은 사실들을 인식하게 만든 발견의 과정이기도 하다. 우선 출발 텍스트 내에 내재해 있는 출발 문화와 도착 문화의 번역 불가능성을 마주하는 것은 타자성의 경험(experience of otherness)을 제대로 할 수 있는 기회라는 점이다. 미국 흑인의 역사와 문화에 대한 정보 부재, 흑인 어휘의 낯섦과 문체의 등가 부재 등, 번역 불가능성을 직면하고 그것을 해결하기 위해 노력한 과정 자체가 그들의 문학을 보다 심도 있게 이해하는 기회였다. 이러한 타자성의 경험은 원천 텍스트에 대한 심도 있는 이해와 더불어 번역가가 갖추어야 할 비언어적 능력을 다시 한번 환기시키는 기회이기도 했다. 토니 모리슨의 다른 작품 *Love*를 번역한 김선형이 "좋은 번역은 낱말 대 낱말의 차원에서 정확해야 한다기보다는 바로 작가가 우리에게 주는 이러한 기쁨, 이를테면 텍스트의 '주이쌍스jouissance'를 포착해야 한다."(김선형 2008: 69)라고 하면서 그러기 위해서는 "문화를 번역하고 문학을 읽을 수 있는 폭넓은 비언어적 능력"(김선형 2008: 72)이 필요하다고 강조했다. 이와 같이 번역, 특히 문학 번역은 언어적 정보, 역사적 사회적 지식에 바탕을 둔 폭넓은 맥락, 덧붙여 예리하고 풍부한 감성의 인문학적 소양이 없이는 좋은 결과물이 나올 수 없다는 사실을 다시 한번 확인한 셈이다.

한편, 독자 수용의 문제는 번역가의 입장을 다시 한번 생각하게 만드는 계기를 제공했다. 독자와의 상호작용을 위해 가독성을 중시해야 함은 당연한 일이지만 지나치게 독자의 기호만을 쫓는다면 원천 텍스트의 본질을 훼손시킬 수 있다. 특히 판매 부수에 민감한 출판사의 윤문 요구는 번역가의 의도나 작품 해석을 굴절시키는 경우가 많다. 필자의 경우도 예외가 아니어서 가독성을 목적으로 출판사가 제안한 수정안을 받아들였고 그 결과 원천 텍스트가 지닌 외국성을 상실한 경우가 많았던 것 같다. 이러한 경험을 통해 필자는 원천 텍스트와 목표 텍스트의 차이, 그리고 독자 수용의 문제 등을 함께 고려하는 탄력적인 번역을 하면서도 반드시 지켜야 할 번역 기준, 이른바 번역가 스스로가 정해 놓은 이국성의 범주를 끝까지 견지해야 한다는 사실을 자각한 셈이다. 이는 궁극적으로 앙투완 베르만Antoine Berman이 말한 좋은 번역, 이른바 전달성을 위한다는 구실로 낯섦을 부정하는 번역이 아닌 그것을 수용하는 번역을 위해 번역가가 지켜야 할 윤리 의식이 아닌가 생각해 본다.

참고문헌

김선형. (2008).「문학번역의 이론과 실제 그리고 평가: 번역자의 입장에서」.『안과 밖』24.

김성곤. (2008).「번역의 어려움: '문화번역' 시대의 문학번역」(제7회 한국문학번역출판 국제 워크숍 자료집). 한국문학번역원.

김애주 옮김. (2005).『술라』. 서울: 들녘.

김효중. (2004).『새로운 번역을 위한 패러다임』. 서울: 푸른사상.

이시영 옮김. (2001).『그들의 눈은 신을 보고 있었다』. 서울: 문학과지성사.

이영옥. (1997).「탈식민주의 시각에서 본 Z. 허스톤과 A. 워커」.『현대영미소설』 4-1.

임호경 옮김. (2006).『번역의 윤리』. 서울: 열린책들.

Bhabha K. Homi. (1994). *The Location of Culture*. London: Routledge.

Bassnett, Susan. (1991). *Translation Studies*. London: Routledge.

Bassnett, Susan and Andre Lefevere (eds.). (1990). *Translation, History and Culture*. London: Pinter.

Cliffs Notes. (1997). *Morrison's The Bluest Eye & Sula*. Lincoln: Cliffs Notes.

Demetrakopoulos, Stephanie A.. (1987). *New Dimensions of Spirituality*. Westport: Greenwood.

Denard, Carolyn. (1988). The Convergence of Feminism and Ethnicity in the Fiction of Toni Morrison. *Critical Essays on Toni Morrison* (ed.). Nellie Y. Mckay. Boston: G. K. Hall.

Fulton, Bruce. (2007). *Translating Korea*. For presentation at Dongguk University, Seoul.

Harris, Trudier. (1991). *Fiction and Folklore: The Novels of Toni Morrison*. Knoxville: University of Tennessee Press.

Jones, Carolyn M.. (1993). Sula and Beloved: Images of Cain in the Novels of Toni Morrison. *African American Review 27*.

Lefevere, Andre. (1992a). *Translation, Rewriting and the Manipulation of Literary Fame*. London: Routledge.

Lefevere, Andre. (1992b). *Translating Literature*. New York: MLA.

Lewis, Vashti Crutcher. (1987). *African Tradition in Toni Morrison's Sula*. Phylon.

McDowell, Deborah. (1988). The Self and the Other: Reading Toni Morrison's Sula and the Black Female Text. *Critical Essays on Toni Morrison* (ed.). Nellie Y. Mckay. Boston: G. K. Hall.

Morrison, Toni. (1973). *Sula*. New York: Bantam Book.

Rice, Alan J.. (1994). Jazzing it up a Storm: The Execution and Meaning of Toni Morrison's Jazzy Prose Style. *Journal of American Studies 28*.

Samuel, Wilfred D.. (1990). *Toni Morrison*. Boston: Twayne.

한영 문학 번역에서 문체 및 문화 특정적 요소의 번역 전략 고찰:
김동인의 「감자」 영역본을 중심으로 [1]

김순영

1. 머리말

번역은 상이한 언어와 문화 간의 만남이며, 그 사이에서 중재 역할을 수행하여야 하는 번역가는 번역 과정 전반에 걸쳐 끊임없는 선택의 상황과 맞닥뜨린다. 예를 들어 원천 언어에는 존재하지만 목표 언어에는 없는 어휘의 경우 새로운 어휘를 만들어 낼 것인지, 목표 언어의 어휘 항목에서 가장 근접한 의미를 지닌 어휘를 찾아 대체할 것인지 혹은 공백으로 남겨 둘 것인지를 결정하는 것에서부터, 원천 텍스트 문화권의 독자들에게는 이미 공유된 정보가 목표 텍스트 문화권의 독자들에게는 새로운 정보일 경우, 이로 인해 발생되는 정보성의 불균형을 어떻게 해결할 것인가에 대한 고민에 이

---

[1] 문체 번역에 대한 부분은 김순영의 2010년 논문 「김동인의 『감자(Potatoes)』 영역본 분석: 문체 번역을 중심으로」(『통역과번역』 12-1)에서 다루었던 내용을 바탕으로 하였음을 밝혀 둔다.

르기까지, 번역가에게 주어지는 선택의 문제들은 어휘 수준의 단순한 것에서부터 문화적 맥락을 고려하여야 하는 복잡한 것들에 이르기까지 다양하다. 특히, 원천 텍스트 저자의 고유한 문체라든가 원천 언어 사용 커뮤니티 고유의 문화 특정적 요소[2]의 경우에는 번역에 있어 상당한 어려움을 유발하며, 적절한 번역 전략의 선택이 매우 중요하다.

이때 번역가의 전략 선택에 영향을 미치는 요소들로는 번역이 이루어질 당시의 시대 상황 및 번역 규범, 문학 작품인 경우 원천 텍스트가 해당 문학 시스템 내에서 차지하고 있는 위상 등과 같은 거시적 요인에서부터 번역가 개인의 언어 능력 및 문화 능력, 글쓰기 방식 등과 같은 미시적 요인에 이르기까지 다양하다. 이처럼 다양한 요인들이 작용하는 가운데 번역가는 주어진 상황에 최선이라 판단되는 전략을 선택해 목표 텍스트를 생산하며, 원천 텍스트가 동일하다고 하더라도 그 결과물인 목표 텍스트는 번역가별로 달

---

[2] Peter Newmark, *A Textbook of Translation* (London & New York: Prentice Hall, 1988). Javier Franco Aixelá, Culture-Specific Items in Translation, In Román Álvarez and M. Carmen-África Vidal (eds.), *Translation, Power, Subversion* (Clevedon: Multilingual Matters, 1996). '문화소', '문화적인 요소를 가진 어휘', '문화 특정적 항목' 등 다양한 이름으로 불리고 있으며, 주로 어휘 수준에서의 문화적 요소를 가리킨다. 본 논문에서는 어휘 수준을 넘어 텍스트 수준에서 나타나는 문화적 요소까지 포괄하기 위하여 문화 특정적 요소라 부르기로 한다. 번역과 문화의 관계를 가장 소상히 논의한 학자로는 Peter Newmark와 Javier Franco Aixelá를 들 수 있다. Newmark는 *A Textbook of Translation*(London & New York: Prentice Hall, 1988)에서 한 장을 할애하여 번역과 문화에 대해서 비교적 소상히 논의하고 있는데, 문화를 "특정 언어를 표현 수단으로 사용하는 특정 커뮤니티 고유의 삶의 방식과 그 표현"이라고 정의하였다. 그는 문화의 범주를 (1)생태, (2)물질문화, (3)사회문화, (4)조직, 관습, 행동, 절차, 개념, (5)몸짓과 습관 등 다섯 가지로 구분하고 이 범주에 속하는 것들을 문화소적인 요소를 지닌 어휘라 하였으며, 이러한 문화소적인 요소를 지닌 어휘의 번역에서는 특히 주의가 요구된다고 강조하였다. Aixelá는 언어 또는 화용적인 요소와는 달리 철저하게 문화적인 요소로 정의될 수 있는 것을 문화적 특정 항목(Culture Specific Items)이라 명명하였으며, 이들 항목들은 목표 텍스트로 번역될 때, 기능과 함축된 의미를 전달하는 데 있어 번역상의 문제를 야기한다고 하였다. Aixelá가 예로 든 문화적 특정 항목에는 해당 지역의 기관명, 거리, 역사적 인물, 예술 작품 등이 포함되며, 이러한 문화적 특정 항목을 번역할 때에는 번역가가 문화적 중재자의 역할을 맡아 출발어 문화와 목표어 문화 사이의 틈을 메워 주어야 한다고 하였다.

리 구현될 수 있다. 따라서 원천 텍스트가 동일한 복수의 목표 텍스트를 대상으로 단순한 언어 기호의 전환을 넘어서는 부분들, 예를 들면 작가의 문체라든가 문화 특정적 요소의 번역 등 번역가의 중재를 필요로 하는 요소들이 구현되는 양상을 검토해 보면 번역가별로 구사하고 있는 전략을 부분적으로나마 관찰해 볼 수 있을 것이며, 이러한 전략이 목표 텍스트에 미치는 영향을 유추해 볼 수 있을 것이다.

전통적으로 번역 비평이나 평가의 관점에서는 번역 전략을 논의하는 데 있어 크게 두 가지 잣대를 적용하는데, 원천 텍스트에 대한 충실성과 목표 텍스트 독자를 위한 가독성이 그것이다. 본 논문 역시 충실성과 가독성이라는 두 가지 기준을 바탕으로 하여 원천 텍스트가 동일한 세 권의 영역본을 대상으로 각각의 번역 전략을 검토해 보고자 한다. 특히 본 연구에서는 정보의 전달에 주안점을 두는 일반 텍스트와는 달리 문학 텍스트의 번역에서는 어휘나 문장 차원 또는 통사 차원의 등가 구현이나 텍스트 정보의 충실한 전달만으로는 원작이 주는 감흥과 정취를 성공적으로 전달할 수 없음에 착안하여, 형식에 해당하는 문체와 내용에 해당하는 문화 특정적 요소의 번역에 대한 번역가별 전략을 살펴보고자 한다.

텍스트의 유형에 따른 기능적 특징과 번역 방법을 제시한 라이스Reiss의 분류법(Reiss 1971, Munday 2001: 73~74에서 재인용)에 따르면, 문학 작품 등과 같이 미학적 가치를 중시하는 표현적(expressive) 텍스트의 번역에서는 원천 텍스트의 형식을 충실하게 전달하는 것이 중요하다. 라이스는 "일반적으로 '형식'이란 작가가 자신의 이야기를 '어떻게' 표현하고 있는가와 관련된 것으로, 작가가 '무엇'을 말하고 있는가와 관련된 '내용'과는 구별되는 것"(Reiss 2000: 31)이라고 설명하는데, 문학 텍스트의 문체가 여기에 해당한다. 그러므로 문체의 번역은 충실성과 가독성이라는 두 기준 중에서 원천 텍스트에 대한 충실성에 무게를 더 두어야 할 것이다. 또한 문화 특정적 요소의 번역에 있어서도 그것이 문학 작품의 작품성에 기여하는 요소인 경우, 다시 말해 표현적 텍스트로서의 특성에 기여하는 요소인 경우에는 문체의 경우와 마찬가지로 원천 텍스트에 대한 충실성을 따르는 것이 바람직하다. 문화 특정적 요소는 목표 텍스트 독자들에게 문화적 정보를 전달하는 기능도 하지만, 동시에 원천 텍스트의 텍스트적 특성을 보여주는 '형식'의 측면도 가지고 있기 때문이다. 지금까지 문화 특정적 요소의 번역은 번역가의 이데올로기에 기반한 자국화 또는 이국화의 관점 혹은 목표 텍스트 독자를 위한 가독성 제고提高라는 측면에서 주로 논의가 진행되어 왔다. 그러나 라이스가 제시하였듯이 표현적 텍스트에서는 미학적 형식을 전달하는 것이 중요하며, 따라서 텍스트의 이야기 서술 방식을 보여주는 문체는 물론이고 문화 특정적 요소의 경우에도 문학 텍스트의 표현적 특성에 기여하는 경우에는 원천 텍스트에 대한 충실성을 우선시하여 번역하는 전략이 더 바람직할 것이다.

본 연구에서는 "객관적 사실주의"[3] 기법을 구현한 것으로 평가받고 있는 김동인의 대표작 「감자」의 영역본 세 권을 분석 대상으로 하여 문체 및 문화 특정적 요소의 번역에 대한 번역가별 전략을 검토해 볼 것이다. 「감자」는 객관적이고 건조한 느낌의 서술을 통해 냉철한 리얼리즘의 세계를 구현하려 한 김동인의 시도가 성공을 거둔 것으로 평가되는 작품이며, 공간적·시간적 배경에 있어 지극히 한국적인 요소를 바탕으로 하고 있어 문체·문화 특정적 요소의 번역에 대한 전략을 관찰하기에 좋은 작품이다. 이와 같은 분석을 통하여 한영 문학 번역에 대한 효과적인 접근법을 모색해 보고자 하며, 나아가 이러한 사례 연구의 결과가 폭넓게 축적된다면 문학 번역 교육 및 한영 문학 번역에 대한 효과적인 접근법 모색을 위한 기초 자료로도 활용될 수 있을 것으로 기대한다.

---

3   황도경, 『문체로 읽는 소설』 (서울: 소명출판, 2002); 장정줄 「「감자」에 비친 김동인의 문체」, 『어문학교육』 7, 1984, 251~272쪽. 김동인의 문체에 관한 논의는 주로 이 둘의 분석에 의존하였음을 밝혀 둔다.

2. 문체 및 문화 특정적 요소의 번역

문체는 작가가 이야기를 풀어 가는 서술 방식으로, 문학 텍스트의 미학적 형식을 완성하는 중요한 요소이다. 그러므로 문체 번역에 대한 번역가의 접근 방법이 적절하지 못한 경우, 캐릭터의 성격이 달라지거나 텍스트 전체의 기조(tone)가 바뀔 수도 있다. 그런가 하면 문화 특정적 요소는 원천 텍스트 고유의 문화적 정보를 담고 있을 뿐만 아니라 그 자체로서 문학 텍스트의 형식적 특성에 기여하는 기능을 하므로 가독성만을 중시한 번역 전략이 사용될 경우 원천 텍스트 저자의 의도에서 지나치게 벗어나는 결과를 초래할 수 있다. 그러므로 문체 및 문화 특정적 요소의 번역에 있어서는 원천 텍스트에 대한 충실성과 목표 텍스트 독자를 위한 가독성 사이에서 번역가의 적절한 번역 전략 선택이 매우 중요하다. 그러면 다음에서 먼저 문체 및 문화 특정적 요소의 번역에 관한 기존의 연구를 통하여 번역에서 문체 및 문화 특정적 요소가 차지하는 중요성에 대해 간략하게 짚어보기로 하자.

1) 문체 번역에 관한 기존 연구

형식과 내용의 긴밀한 관계에 주목하여야 하는 문학 작품의 번역에서는 무엇을 말하고 있는가도 중요하지만 그것이 어떻게 말해지고 있는가 역시 중요한 부분의 하나이므로 번역의 과정에서 이에 대한 고려가 반드시 이루어져야 한다. 문장의 전달 방식, 즉 문체는 동일한 내용을 달리 서술함으로써 의미의 차이를 가져오며, 읽기의 과정에서 해석에 필요한 전체와 부분을 하나로 묶어 주는 필수 요소로 작용한다. 따라서 독자의 읽기, 해석의 과정에 영향을 미치는 문체는 번역 과정에서도 반드시 고려되어야 할 중요한 요소이다. 그러나 지금까지 국내 번역학 연구에서 언어의 방향성과 관계없이 문학 번역을 다루는 데 있어 진행되어 온 대부분의 논의는 원천 언어와 목표 언어 간의 언어 체계상의 차이나 문화적 차이를 중심으로 한 경우가 대부분이어서 문체 번역과 관련한 논의는 그다지 많지 않다. 그 중 몇 가지 관련 선행 연구를 살펴보면 다음과 같다.

안소현(2002)은 한국현대단편소설의 독어 번역에서 대두되는 문체상의 문제점들을 단어 및 어휘, 결속 구조, 어조, 시상時相의 측면에서 다루었다. 표면적으로 동일한 뜻을 지닌 단어나 비유법의 경우를 예로 들어 문맥의 흐름이 차단되지 않도록 주의를 기울여야 함을 강조하였으며, 원천 텍스트 흐름의 리듬과 속도가 적절하게 보존될 수 있도록 결속 구조에 유의하여야 할 것, 서술 어조를 최대한 살릴 것, 시제와 상의 번역에 유의할 것을 강조하였다. 백수진(2005)은 중한 번역 텍스트의 번역 문체 비교를 통해 번역 작품의 문체적 특징에 대해 다루었는데, 문체의 번역보다는 번역 텍스트가 갖는 문체적 특징을 번역 투와 관련하여 논의하였다. 조선영(2006)은 문체 연구 방법의 모색을 위한 방안으로써 번역 작품에서 문체적 특징이 어떻게 반영되고 있는가를 고찰하였는데, 일본어 원본과 영어 번역본과의 비교 및 분석을 시도함으로써 언어 간 특성에 구애받지 않는 공통적인 문체 연구 방법의 모색을 시도했다. 최은정(2009)은 한국어 소설의 중국어 번역을 미학적 측면에서 고찰하는 과정에서 문체 살리기의 문제를 논의하였는데, 분석 대상인 은희경의 「마이너리그」가 가지고 있는 현실 비판적 웃음의 코드를 문체적 특성의 관점에서 다루었다. 한영 번역의 경우에는 한미애(2010)가 서정성이 강한 황순원의 문체를 일문일단락, 시제의 혼용, 어구의 도치, 어구의 반복 등 네 가지 특성으로 분류하여 각각의 특성이 번역본에서 어떻게 반영되었는지를 분석하였으며, 문체란 작가가 가지고 있는 특성이므로 문체적 특성이 번역에 최대한 반영되어야 함을 강조하였다. 이처럼 문체 번역에 대한 논의는 비교적 최근에서야 이루어지고 있으며, 그 내용에 있어서도 문체의 번역에 관한 논의라기보다는 문체와 관련된 논의에 지나지 않고 있어 앞으로 더 많은 연구가 이루어져야 할 필요가 있음을 알 수 있다.

2) 문화 특정적 요소의 번역에 관한 기존 연구

문화 특정적 요소의 번역에 대한 국내 연구는 번역 전략 또는 번역 오류를 짚어 내는 데 있어 하위 항목의 하나로 다룬 경우(김영신 2009; 윤소영 2007; 최희섭 2010 등)와 문화소[4]의 번역을 독립적 연구 주제로 다룬 경우(김도훈 2006; 남원준 2008; 이승재 2010 등)로 대별大別된다.

먼저, 전자의 경우를 살펴보면 김영신(2009)은 고전문학 작품인 「한중록」과 그 영역본 *The Memoirs*의 비교 연구를 통해 번역 비평의 두 가지 잣대인 충실성과 가독성에 대해 살펴보는 과정에서 그 하위 항목의 하나로 문화소의 번역에 대해 논의하였으며, 윤소영(2007)은 언어유희의 번역에 대해 다루면서 자국화와 이국화 전략에 대해 논의하는 과정에서 문화소 번역에 대해 언급하였고, 최희섭(2010)은 문화소 번역의 개념을 비교적 소상히 소개하고 있으나 주요 논의는 문화재청 홈페이지의 국보 명칭 영문 번역 실태의 분석에 초점을 두었다.

문화소 번역을 독립적 연구 주제로 다룬 경우를 살펴보면, 김도훈(2006)은 부산의 관광지 안내 표지판 및 책자를 중심으로 문화소의 부등성 보상에 대한 중요성을 강조하고 텍스트 분석을 통해 관찰된 주요 번역 전략을 상위어 사용, 문화 대체어 사용, 설명을 덧붙인 차용어 사용, 부연 설명 제공, 중립적 어휘 사용의 다섯 가지로 분류하여 제시하고 있다. 남원준(2008)은 아헬라Aixelá의 문화 특정적 항목(CSI) 개념(Aixelá 1996)을 바탕으로 번역가가 문화 중재자의 역할을 제대로 수행하기 위해서는 원천 언어 및 목표 언어 문화에 대한 이해와 각각의 문화 특정적 항목의 번역에 필요한 정보를 찾아낼 수 있는 리서치 능력의 중요성을 피력하였으며, 특히 번역 훈련

---

[4] 기존 연구에서 논의하고 있는 문화(소)의 번역은 주로 문화 특정적인 어휘에 대한 것을 말한다.

을 받고 있는 대학원생들의 번역 텍스트를 분석 대상으로 하여 번역 교육에서 문화 특정적 항목에 대한 교육이 필요함을 강조하였다. 이승재(2010)는 경복궁 안내 표지판을 분석 대상으로 하여 문화소 번역의 과정에서 번역가가 언어적 전달뿐만 아니라 문화에 대한 전달자, 중재자가 되어야 함을 강조하였다. 앞서 살펴본 문체 번역의 경우와 마찬가지로 문화소 번역에 관한 연구 역시 비교적 최근에 이르러서야 논의되기 시작하였고, 어휘 단위의 번역 전략에 관해서만 주로 논의되었을 뿐 문화 특정적 요소가 텍스트적 특성에 기여하는 기능에 대해서는 논의된 바가 없어 앞으로 더 심도 있는 연구가 필요한 영역이다.

3. 분석 작품 및 분석 방법

1) 「감자」와 영역본

「감자」가 처음 발표된 것은 1925년 1월 『조선문단朝鮮文壇』 제4호를 통해서였으며, 이후 수정을 거쳐 1935년 2월 김동인의 단편소설집 『감자』에 수록되었다. 1987년에 출간된 『김동인 전집』에는 『조선문단』에 수록되었던 초판본 텍스트를 현대어의 문체에 맞게 고쳐 쓴 텍스트가 수록되었다. 이외에도 『한국현대문학』, 『20세기 한국소설』 등 한국을 대표하는 다수의 문학 선집에 빠지지 않고 올라 있으며, 논술을 위한 필독서 등의 이름으로도 많은 판본들이 나와 있을 만큼 한국근현대 문학사에서 매우 중요한 위치를 점하고 있다. 본 연구에서는 1969년 한국문인협회에서 펴낸 『한국단편문학대계 韓國短篇文學大系』에 수록된 텍스트와 2008년에 지식을만드는지식에서 펴낸 『김동인 작품집』에 수록된 텍스트를 참조하였다.

철저한 객관적 사실주의를 표방한 「감자」에서 작가는 작중 인물과 화자가 완전하게 분리되는 객관적 묘사법을 견지하고 있다. 이 같은 방식의 글쓰기는 당시로서는 거의 혁신적이라 할 만한, 김동인 특유의 서술 방식이라 하겠다. 일제강점기의 시대적 현실을 배경으로 복녀라는 평범한 여인의 타락을 객관적 묘사로 서술해 내고 있는 「감자」의 대략적 줄거리는 다음과 같다.

비록 가난하기는 하였으나 양반의 피를 타고나 엄한 규율이 있는 가정에서 자라난 복녀는 열다섯 살에 동네 홀아비에게 팔십 원에 팔려 시집을 간다. 결혼 후 더욱 빈한해진 복녀는 게으른 남편 탓에 남의 집 살이조차 할 수 없게 되고, 결국 평양성 밖 빈민굴까지 흘러 들어가 구걸을 마다하지 않는 신세가 된다. 그리고는 우연한 기회에 송충이 잡이 일을 나갔다가 자신의 도덕관에 큰 변화를 가져오는 사건을 겪게 된다. 감독관과의 정사를 통해 쉽게 돈 버는 법을 터득하게 된 복녀는 마을의 거지에게까지 매음을 할 정도로 도덕적으로 무감각하게 변해 간다. 마을 아낙네들과 함께 감자밭에 감자를 훔치러 들어갔다가 왕서방에게 잡힌 복녀는 이후 수시로 왕서방과 관계를 하고 그 대가로 경제적인 풍요를 얻게 된다. 이후 왕서방이 결혼을 하게 되자 질투에 못 이겨 낫을 들고 왕서방의 집에 가 실랑이를 벌이다가 결국은 목숨을 잃는다.

평범한 한 여자가 끝없이 타락해 가는 과정을 냉정하리만치 담담하게 풀어내고 있는 이 작품은 내용뿐만 아니라 사실적이고 객관적인 서술 방식을 통해 도덕과 윤리를 벗어던진 본질적 인간의 모습을 그려 내고 있다. 이러한 점에서 「감자」는 작가 김동인의 특성을 담은 문체를 살펴보기에 적절한 텍스트라 할 수 있겠으며, 당시의 시대상을 반영해 주는 문화 특정적 요소들이 번역에서 어떻게 다루어지고 있는지를 살펴보는 데에도 큰 의의가 있을 것으로 판단되는 텍스트이다.

「감자」의 영어 번역본이 총 몇 종류나 되는지 정확히는 알 수 없으나 최소한 네 종 이상은 되는 것으로 파악된다. 우선, 본 연구에서 분석 대상으로 삼고 있는 영역본이 세 종류이며, 이외에도 손태수의 연구(2006)에서 강봉식의 번역본이 분석 대상으로 사용된 것으로 보아 최소 네 종류 이상의 영역본이 있음을 알 수 있다.5 첫 번째 번역본(이하 TT1)은 국제펜클럽한국본부(International P.E.N Korean Center)에서 1970년에 출간한 *Modern Korean Short Stories and Plays*에 수록된 것으로 번역가는 진인숙이며, 두 번째 번역본(이하 TT2)은 케빈 오루크Kevin O'Rourke 번역으로 본 연구에서 사용한 텍스트는 2005년 컬럼비아대학교출판부에서 펴낸 *Modern Korean Fiction —An Anthology*(한국현대소설선집)에서 발췌하였으나, 1981년에 연세대학교출판부에서 펴낸 *Ten Korean Short Stories*에 동일 작품이 실려 있었던 것으로 미루어 번역 연도는 그 이전으로 짐작된다. 세 번째 번역본(이하 TT3)은 1990년에 하와이대학교출판부에서 펴낸 *Modern Korean Literature —An Anthology*6에 수록된 것으로, 찰스 로젠베리Charles Rosenberg와 피터 H. 리Peter H. Lee의 공역이다.

2) 분석 방법

본 연구는 번역 평가의 관점에서 충실성과 가독성이라는 두 기준에 근거하여 번역가별 중재 전략을 관찰하고자 하는 목적으로, 대조 분석의 접근을 통하여 주요 관심사인 문체와 문화적 요소의 번역 양상을 살펴볼 것이며, 또한 각각의 중재 전략이 목표 텍스트에 미치는 영향에 대해서는 정성적 분석을 시도할 것이다. 본 연구의 초점은 번역가별 중재 전략 파악 및 이러한

---

5 강봉식의 번역은 시사영어사에서 펴낸 『고급영작연습』(2001)의 소설 영역에 수록된 것으로 본 연구에서 다루고 있는 세 종의 번역본과는 그 성격 면에서 차이가 있는 것으로 판단하여 분석 대상에 포함시키지 않았다.
6 1974년 하와이대학교출판부에서 펴낸 *Flowers of Fire: twentieth-century Korean stories*(Peter H. Lee 편저)에 「감자」 번역본이 수록된 것으로 보아 실제 번역 연도는 그 이전일 것으로 짐작되나 *Flowers of Fire: twentieth-century Korean stories*를 입수하지 못하여 동일 텍스트인지 여부를 확인하지는 못하였다.

중재 전략이 목표 텍스트에 미치는 영향을 분석해 보는 데 있으므로 언어적 요인에 의한 오류에 대해서는 논의하지 않기로 한다.

텍스트 분석에 대해서는 원천 텍스트와 목표 텍스트를 각각 엑셀 파일에 탑재하여 문장 단위로 대조 분석을 실시하였으며, 일부 선·후행 문장과의 연결이 중요한 부분에 대해서는 단락 단위로 대조 분석을 하였다. 분석의 기준이 되는 원천 텍스트의 문체 특성은 「감자」의 문체론적 특성을 매우 구체적으로 다루고 있는 황도경의 연구(2002)를 주로 참조하였으며, 일부 장정줄의 논의(1984)를 참조하였다. 황도경은 「감자」의 문체론적 특성을 텍스트 층위와 담론의 층위로 구분하고 있으나, 실제 텍스트상에서 두 층위 간의 차이를 명확하게 구분하기는 쉽지 않다. 본 연구에서는 원천 텍스트의 문체에 대한 논의에 있어 주로 황도경의 분석을 따르되, 층위 간 차이를 구분하지 않고 김동인의 직설적이고 요약적인 서술 방식에 초점을 두고 살펴보았다.

문화의 개념에 대해서는 뉴마크Newmark의 "특정 언어를 표현 수단으로 사용하는 특정 커뮤니티 고유의 삶의 방식과 그 표현"(Newmark 1988)이라는 정의를 토대로 하여 원천 텍스트 전반에서 한국어 사용 커뮤니티 고유의 표현이라 판단되는 표현들을 살펴보았다.

3) 분석 및 논의

원천 텍스트의 문체 및 문화 특정적 요소가 번역본에서는 어떻게 구현되고 있는지, 그 과정에서 어떤 번역 전략이 구사되고 있는지를 알아보기 위하여 대조 분석의 방식을 통해 원본과 세 개의 영역본을 비교했다.

(1) 문체

김동인의 문체 중 가장 특징적인 것 중의 하나는 비유적인 표현을 통해 대상을 묘사한다거나 짜임새 있는 문장으로 구성하기보다는 과격하고 충격적인 명사들을 처음부터 등장시켜 직설적이고 강렬한 인상을 준다는 점이다. 장정줄은 이를 김동인의 문체가 갖는 서두의 특징이라 설명하면서 "독자의 시선을 응집시키고 전개될 사건의 박진감을 암시하려는 의도"라고 풀이했다(장정줄 1984: 257). 그러면 실제 번역 사례를 바탕으로 이러한 문체적 특성들이 어떻게 반영되어 있는지 살펴보기로 하자.

〈예시 1〉

ST : 싸움, 간통, 살인, 도둑, 징역, 이 세상의 모든 비극과 활극의 출원지인, 이 칠성문 밖 빈민굴로 오기 전까지는 복녀의 부처는 (사농공상의 제 이위에 드는) 농민이었다.

TT1 : Squabbling, adultery, murder, theft and imprisonment—all these things happened every day in this slum clustered around the Ch'ilsong Gate. Before Pok-nyo and her husband moved to this place, they lived among farmers who till and hoe the field all day long.

TT2 : Fighting, adultery, murder, theft, prison confinement—the shanty area outside the Seven Star Gate was a breeding ground for all that is tragic and violent in this world. Before they arrived there Pongnyo and her husband were farmers, the second of the four traditional classess—scholar, farmer, tradesman, and merchant.

TT3[7] : Strife, adultery, murder, theft, begging, imprisonment—the slums outside

---

[7] TT1이나 TT2와 달리 TT3에 "begging"이 첨가된 것은 일부 판본에 "싸움, 간통, 살인, 도둑, 구걸, 징역, ……"으로 되어 있는 것으로 보아 번역가의 개입이라기보다는 각각의 번역본에 대한 원천 텍스트의 판본이 다르기 때문인 것으로 판단된다. 아쉽게도 세 개의 번역본 중 어느 것도 참조한 원천 텍스트가 어떤 판본인지에 대한 정보는 없다.

P'yongyang's Ch'ilsong Gate were a breeding ground for all the tragedy and violence of this world. Until Pongnyo and her husband moved there they had been farmers, the second of the four classess (scholars, farmers, artisans, and merchants) of society.

〈예시 1〉의 ST에서 문장의 주어는 "복녀의 부처"이지만, 서술의 초점은 오히려 "칠성문 밖 빈민굴"이라는 공간에 있다. 또한 이러한 직설적 서술 방식은 독자들로 하여금 칠성문 밖 빈민굴이라는 세상의 어둠에 대해 호기심과 긴장감을 갖도록 만드는 역할을 한다. ST에서 "싸움, 간통, 살인, 도둑, 징역, ……" 등과 같이 문장 서두에 쉼표로 연결된 긴 관형구는 단정적인 서술자의 인식과 판단을 보여주는 효과를 취하고 있으며, 이는 목표 텍스트에서도 동일하게 나타난다. 세 개의 번역본 모두 ST의 이러한 문체적 특성에 대한 충실성을 살려 동일한 방식을 취함으로써 "칠성문 밖 빈민굴"에 대한 독자의 관심을 불러일으키고 있다. 그러나 "복녀의 부처"와 "칠성문 밖 빈민굴"을 한 문장 내에 두어 동일 문장 내에서의 서술의 초점 이동을 통한 극적 효과를 얻고 있는 ST와는 달리 TT에서는 이를 두 문장으로 분리해 처리함으로써 서술의 초점 이동을 통한 극적 효과는 반감되었다.

특히 TT1의 경우, "사농공상의 제이위에 드는"을 "farmers who till and hoe the field all day long"으로 번역함으로써 복녀의 출생 신분과 그 이후의 타락 과정에 대한 암시에 초점을 두기보다는 농민이었다는 사실을 지나치게 친절히 설명하여 오히려 원천 텍스트에서 의도한 단호한 판단 주체로서의 느낌을 제대로 살려 내지 못하고 있다. 번역 과정에서 가독성을 높이기 위해 원천 텍스트의 형식을 따르지 않고 긴 호흡의 문장을 짧게 끊는 경우가 있는데, 이로 인해 ST에서 의도한 의미에 손실이 발생하는 결과가 초래될 수도 있다.

이와 유사한 현상이 드러나는 예를 좀 더 살펴보자.

⟨예시 2⟩

ST : 복녀는 원래 가난은 하나마 정직한 농가에서 규칙 있게 자라난 처녀였었다.

TT1 : Pok-nyo's father was a poor farmer, but she had been brought up in the clean and honest climate of a family.

TT2 : Pongnyo had always been poor, but she had grown up with the discipline of an upright farm home.

TT3 : As a young girl, Pongnyo had been strictly reared in a poor but moral farm family.

위 ⟨예시 2⟩의 ST에서도 서술자는 조금의 망설임도 없이 복녀가 '가난하기는 하였지만 규칙 있게 자라난 처녀'였음을 단정적으로 이야기한다. TT2와 TT3은 어느 정도 ST의 서술 방식에 근접하고 있으나 TT1에서는 ST에 나타난 단정적 서술 방식이 무뎌져 오히려 ST의 의미가 왜곡되는 양상으로까지 이어진다. ST와는 달리 독자를 위한 설명적 서술 방식을 택한 TT1은 '복녀의 아버지가 가난한 농군이었음에도 불구하고 복녀가 바른 가정에서 잘 자라났다'라는 의미 해석을 가져옴으로써 ST의 서술 방식에 대한 충실성을 지키지 못하였을 뿐만 아니라 내용 면에서의 충실성도 유지하지 못하는 결과를 초래하였다.

⟨예시 3⟩

ST : 그는 극도로 게으른 사람이었다.

TT1 : The man, Pok-nyo's husband, was a sort of lazy loafer, one of those you can sometimes see, who hate work and are prone to take it easy all the time.

TT2 : He was an extremely lazy man.

TT3 : He was an extremely lazy fellow.

〈예시 3〉에서는 ST의 단호한 문체적 특성이 TT에서 각기 다르게 반영되어 나타나고 있음을 볼 수 있다. 우선, TT2와 TT3은 "그"가 게으른 사람이었음을 단정적으로 서술하고 있는 ST의 문체를 잘 살리고 있는 것으로 보인다. 그러나 TT1은 어조나 문장의 길이를 통해서도 알 수 있듯이 독자를 향해 매우 친절한 설명적 태도를 취함으로써 가독성을 제고하려는 노력을 보이고 있지만, 서술 방식에 대한 충실성이 떨어져 원천 텍스트가 주는 단호한 문체적 특성이 상실되는 결과를 초래하고 있다.

「감자」에서는 또한 인물의 외양이나 시간적·공간적 배경에 대한 설명 없이 직접적인 서술이 특징적으로 나타난다. 이때 서술자의 시선은 밖이 아닌 안으로 향해 있어 배경에 대한 묘사 없이 사건의 전개와 상황을 요약하는 서술이 자주 나타난다. 다음의 예시를 살펴보자.

〈예시 4〉

ST : 일년이 지났다.

그의 처세의 비결은 더욱 더 순탄히 진척되었다. 그의 부처는 인제는 그리 궁하게 지내지는 않게 되었다. ……

가을이 되었다.

칠성문 밖 빈민굴의 여인들은 가을이 되면 칠성문 밖에 있는 중국인의 채마밭에 감자(고구마)며 배추를 도둑질하러 밤에 바구니를 가지고 간다.

TT1 : A year passed.

Her technique of dealing with life advanced so effectively that they were getting along now with much ease. ...

> The autumn had come, as it did in years before.
> With the fall coming, the women of the Ch'ilsong Gate slum would go by night into the field in the vicinity, where the Chinese farmers raised potatoes, green onions and cabbages.

TT2 : A year went by.
> Pongnyo's plan for getting on in life progressed ever more steadily. Husband and wife now came to live in not such severe want. ...
> Autumn came.
> On autumn nights, the women in the shanty area outside the Seven Star Gate would take their baskets and steal sweet potatoes and cabbage from a Chinese vegetable garden.

TT3 : A year passed.
> Pongnyo's savoir-faire enabled her to steer a smooth course through life. And as for her marriage, now the couple was not quite so destitute. ...
> Fall came, and with it, the slum girls began to go about at night carrying wicker baskets, the better to filch sweet potatoes and Chinese cabbage from the vegetable fields of the Chinese living in the area.

〈예시 4〉의 ST에서 작가는 시간의 흐름과 그에 따른 사건의 전개를 요약적으로 보여준다. "일년이 지났다", "진척되었다", "가을이 되었다", "가지고 간다"와 같이 시간의 흐름에 따른 사건의 전개에 서술의 초점을 두고 있으며 사건과 직접적인 관련이 없는 사항에 대한 부가적 설명은 배제하는 형식을 취하고 있다. 그러나 세 번역본에서는 이러한 서술 방식이 각 번역본별로 조금씩 상이하게 나타난다.

TT1의 경우를 보면, 첫 번째 시간 표지인 "일년이 지났다"는 부가적 설명 없이 ST와 동일한 서술 방식을 취하고 있지만 두 번째 시간 표지 "가을

이 되었다"에 대해서는 "The autumn had come, as it did in years before"처럼 번역가 나름의 부가적 설명을 덧붙임으로써 ST의 단순하면서도 명료한 문체적 특성을 살리지 못하고 있을 뿐만 아니라 이로 인해 의미에 대한 충실성마저 제대로 지키지 못하는 결과를 초래했다. 첫 번째 시간 표지 다음에 오는 두 문장 간의 관계에 대해서도 ST는 "그의 처세의 비결은 …… 진척되었다", "그의 부처는 …… 않게 되었다"와 같이 지극히 건조한 서술 방식을 취하고 있으나 TT1은 이를 "Her technique of dealing with life advanced so effectively that they were getting along now with much ease"와 같이 처리하여 두 문장 간의 인과관계를 명시적으로 밝힘으로써 오히려 사실적 진술의 효과를 떨어뜨리고 있다. TT2에서는 ST의 서술 양식을 그대로 반영하여 시간의 흐름에 따른 사건의 전개를 객관적으로 그려 냄으로써 ST의 문체를 살리고 있음은 물론 동일한 의미 효과를 달성하고 있다. 그런가 하면 TT3은 두 번째 시간 표지와 뒤따르는 문장을 하나로 연결하여서 시간의 흐름에 대한 서사적 전개가 약화되었음을 볼 수 있다.

주변이나 배경에 대한 구체적인 설명 없이 대화문을 통해 드러나는 직선적 표현 역시 「감자」에서 두드러지게 나타나는 문체적 특성 중 하나이다. 아래 예문을 통해 살펴보자.

⟨예시 5⟩

ST : "뱃섬 좀 치워 달라우요."

"남 졸음 오는데, 남자 치우시관."

"내가 치우나요."

"이십 년이나 밥을 처먹고 그걸 못 치워!"

"에이구 칵 죽구나 말디."

"이년 뭘!"

TT1 : "You, man, put this sack of rice in the other corner of the house, will you do that?"

"You do it for me, I am sleepy this morning."

"How can I carry such a heavy thing?"

"You say you won't?"

"No, I say I cannot hold it myself."

"You have eaten rice some twenty years, and yet you say you cannot carry it yourself."

"You know it. I am weaker than you. Will you please do me a favor and take it to the corner? Will you?"

"No, I won't do it. You do it yourself."

"I say I cannot do it. It is too heavy for me."

"Then what else do you think you can do?"

"No, I can't speak for yourself, what you can do anyway?"

"What did you say?"

TT2 : "Clear away those sacks of rice."

"I'm sleepy. Clear them away yourself."

"Me, clear them away?"

"You've been shoveling rice into you for twenty years or more, can't you do that much?"

"You'll be the death of me yet."

"Cheeky hussy!"

TT3 : "Why don't you put away the rice sack?"

"I'm getting sleepy. You do it."

"You expect me to?"

"You've only been living your useless life for twenty years or so. Can't you do it?"

"Ah, drop dead!"

"What did you say, bitch?"

〈예시 5〉의 ST에서 보는 바와 같이 복녀와 남편과의 대화는 매우 직설적인 표현들로 이루어져 있다. 작가는 복녀 부부의 생활상, 두 사람 간의 관계에 대한 상황적 묘사나 설명 대신 이들 간에 오가는 대화를 통해 두 사람의 관계, 각각의 사람됨을 보여준다. 그러므로 번역본에서도 이러한 서술 방식이 충실하게 유지되어야 독자가 등장인물의 성격 및 특성을 제대로 이해할 수 있을 것이다.

그러나 TT1에서는 ST에서 언표적으로 드러나지 않은 상황들을 명시적으로 설명하면서 원문과는 다른 내용들을 부가하였을 뿐만 아니라 두 사람 사이에 오가는 대화 역시 매우 설명적이고 예의 바른 어투를 사용함으로써 형식에 대한 충실성이 지켜지지 않고 있다. 그 결과, ST에서와는 달리 TT1의 복녀는 훨씬 더 여성적이고 예의 바른 사람으로, 남편은 ST에 비해 인격을 갖춘 인물로 그려진다. 반면에 TT2와 TT3은 직설적이고 단호한 ST의 서술 방식을 유지함으로써 ST의 내용을 비교적 간결하게 잘 전달하고 있다.

(2) 문화 특정적 요소

예문 분석에 들어가기 전에 먼저 문화 특정적 요소의 번역과 관련하여 번역가들이 선택하는 전략을 비교적 상세히 분류한 베이커Baker와 아헬라의 연구를 잠시 살펴보기로 하자. 베이커는 원천 텍스트와 목표 텍스트 간에 문화적 불균형이 발생하였을 때 전문 번역가들이 사용하는 전략으로 상위어를 이용한 번역, 중립적인 어휘로의 번역, 문화적 대체어를 이용한 번역, 차용어 또는 차용어와 설명을 함께 이용한 번역, 관련된 어휘를 이용하여 풀어 쓰기, 관련되지 않은 어휘를 이용하여 풀어 쓰기, 생략, 그림을 이용한 번역 등 여덟 가지를 제시하였다(Baker 1992). 문화적 특정 항목의 번역에 대하여 소상히 논의한 아헬라는 이에 대한 번역 전략을 크게 '보존'과 '대체'의 두 가지로 제시하였는데, 보존 전략으로는 반복, 철자 변용, 언어적 번역, 텍스트 바깥의 주석 활용, 텍스트 내의 주석 활용 등 다섯 가지를 들고 있으며, 대체 전략으로는 동의어 활용, 목표 텍스트 독자에게 더 익숙한 문화적 표현으로의 대체(limited universalization), 목표 텍스트 독자에게 더 익숙한 문화적 표현이 부재할 경우 중립적인 표현으로의 대체(absolute universalization), 자국화(naturalization), 생략, 창조(autonomous creation)의 여섯 가지 전략을 제시한다(Aixelá 1996). 이처럼 여러 가지 다양한 전략이 제시되어 있다는 것은 곧 문화 특정적 요소의 번역이 번역가들에게 있어 결코 단순하지 않은 의사 결정을 요하는 것임을 보여준다고 하겠다.

다음 〈예시 6〉의 ST는 앞서 문체 번역 부분에서도 다루었던 부분으로, "복녀", "칠성문", "사농공상" 등과 같은 문화 특정적 요소들이 포함되어 있다. 주인공의 이름인 "복녀福女"는 한자어의 의미 그대로라면 '복이 있는 여자'라는 뜻이다. 그러나 그 이름과 달리 복녀의 삶은 행복과는 거리가 멀었으며, 종국에는 비극적인 죽음으로 생을 마감하는 박복함으로 아이러니를 보여준다. "칠성문"은 '북두칠성에서 유래하여 북쪽에 있는 문'이라는 뜻을 담은 한자어로, 평양성 내성의 북쪽 벽이 뻗어 나간 을밀대와 만수대 사이의 낮은 지대에 있는 성문을 일컫는다. "사농공상" 역시 한자어로 전근대사회에서 직업을 기준으로 가른 신분층을 의미한다. 이처럼 한자어를 기반으로 한 문화 특정적 어휘의 경우에는 언표화된 의미뿐만 아니라 해당 어휘가 담고 있는 문화적 정보까지 고려하여야 하므로 번역가들에게는 매우 까다로운 대상이 아닐 수 없다. 그러면 아래 예시를 통해 각각의 TT에서 이러한 문화 특정적 요소들이 어떻게 반영되어 있는지 살펴보기로 하자.

〈예시 6〉
ST : 싸움, 간통, 살인, 도둑, 징역, 이 세상의 모든 비극과 활극의 출원지인, 이 <u>칠성문</u> 밖 빈민굴로 오기 전까지는 <u>복녀</u>의 부처는 <u>(사농공상의 제이위에 드는)</u> 농민이었다.

TT1 : Squabbling, adultery, murder, theft and imprisonment—all these things happened every day in this slum clustered around <u>the Ch'ilsong Gate</u>. Before <u>Pok-nyo</u> and her husband moved to this place, they lived among farmers who till and hoe the field all day long.

TT2 : Fighting, adultery, murder, theft, prison confinement—the shanty area outside <u>the Seven Star Gate</u> was a breeding ground for all that is tragic and violent in this world. Before they arrived there <u>Pongnyo</u> and her husband were farmers, <u>the second of the four traditional classses—scholar, farmer, tradesman, and merchant</u>.

TT3 : Strife, adultery, murder, theft, begging, imprisonment—the slums outside <u>P'yongyang's Ch'ilsong Gate</u> were a breeding ground for all the tragedy and violence of this world. Until <u>Pongnyo</u> and her husband moved there they had been farmers, <u>the second of the four classes (scholars, farmers, artisans, and merchants)</u> of society.

노드의 연구(Nord 2003: 182~183)에 따르면 고유명사는 번역되지 않는다는 일반적인 생각과는 달리 번역가들이 선택하는 번역 전략에는 "번역하지 않고 그대로 두기(여기에서 다시 목표 텍스트에서 철자가 바뀌는 경우와 그렇지 않은 경우의 두 가지로 나뉜다), 음차, 목표 텍스트에 맞게 형태 변형, 문화적 변용, 대체" 등 여러 가지가 있다. 그러나 고유명사, 특히 작중 인물의 이름을 번역할 때에는 동일한 어족에 속한 언어가 아닌 이상 다양한 전략을 구사하기가 쉽지 않다. 위 〈예시 6〉에서도 세 번역본 모두 '복녀福女'라는 이름에 내포된 의미는 생략하고 로마자 표기법에 따라 음차하는 방식을 택하고 있는데, 이를 통해 가독성은 어느 정도 제고된 것으로 볼 수 있으나 이름이 담고 있는 의미상의 아이러니는 전달하지 못하고 있다.

"칠성문"의 경우에는 세 권의 번역본이 각기 다른 전략을 보여주는데, TT1은 '칠성'이 지닌 의미를 생략한 채 소리만을 전달하고 있고, TT2는 '칠성'의 문자적 의미를 살려 "Seven Star Gate"로, TT3에서는 "P'yongyang's Ch'ilsong Gate"와 같이 칠성문이 위치하고 있는 장소 정보를 첨가함으로써 원천 텍스트 의미에 더 근접한 번역이 되었다. 이와 같이 번역가가 어떤 전략을 선택하는가에 따라 문화 특정적 요소에 담겨 있는 정보가 전혀 전달되지 않을 수도 있고, 일부라도 전달될 수 있게 되는 것이다.

다음으로 "사농공상"의 번역 양상에 대해 살펴보면, 여기에서도 세 개의 번역본이 각기 다른 번역 전략을 보여주는데, TT1의 번역가는 사농공상에 대한 정보를 생략함으로써 문화 특정적 요소에 대한 의미적 충실성을 위반하고 있으며, 이로 인해 원천 텍스트에 담겨 있던 신분의 의미는 사라지고 단지 이들이 농민이었다는 점만이 나타난다. 반면에 TT2와 TT3에서는 '직업에 의해 결정되는 신분층'이라는 의미를 충실하게 전달하고 있다. 다만, 형식에 대한 충실성 면에서 보자면, TT2는 원천 텍스트에서 괄호 안에 있던 정보를 본문의 일부로 처리하였으며, TT3은 원천 텍스트와 동일한 형식으로 괄호를 사용하고 있다는 점에서 차이를 보이고 있으나 의미 전달에 있어서는 큰 차이가 없는 것으로 판단된다.

번역가가 어떤 전략을 선택하는가에 따라 문화 특정적 요소를 통해 전달되는 정보가 어떻게 달라지는지 다음의 예문을 좀 더 살펴보기로 하자.

⟨예시 7⟩

ST : 그의 새서방(영감이라는 편이 적당할까)이라는 사람은 그보다 이십 년이나 위로서, 원래 아버지의 시대에는 상당한 농민으로 밭도 몇 마지기가 있었으나 그의 대로 내려오면서는 하나 둘 줄기 시작하여서 마지막에 복녀를 산 팔십 원이 그의 마지막 재산이었다.

TT1 : The bridegroom, a man of middle age, was actually 20 years older than the girl, and was a descendant of a rich farmer who had had <u>many acres of forest land in the vicinity of the village</u>; but as the generations passed, all those inherited assets diminished in number and changed hands to new owners. The 80 won hed had paid Pok-nyo's parents for the wedding were the last he could make from his properties and belongings.

TT2 : The bridegroom—elderly husband would be more accurate—was twenty years or so older than her. In his father's time, the family had been <u>farmers of some standing with several majigi of land</u>, but in the present generation the property had begun to diminish, a little here, a little there, till in the end the eighty won with which he bought Pongnyo was his last possession.

TT3 : Her bridegroom was twenty years her senior. Originally, in his father's time, his people had been farmers of considerable means, owning <u>several plots of land</u>. But by the time he married Pongnyo, his family was sinking and losing its possessions one by one; the eighty won he paid for Pongnyo was the last of his estate.

"밭"의 사전적 의미는 '물을 대지 않고 농사를 짓는 땅'이다. 더구나 작품의 배경이 평양 근처임을 고려하면, 여기에서의 "밭"은 논에 버금가는 중요한 농토이다. 그러나 이를 TT1에서는 "forest land"라 하여, '임야'로 표시하여서 의미의 왜곡을 불러일으키고 있다. 또한 밭의 규모를 나타내는 단위인 "마지기"를 TT 독자들에게 익숙한 단위인 "acre"로 변환하여 사용함으로써 가독성을 높이는 효과를 얻었을지는 모르겠으나 "밭"의 의미를 제대로 전달하지는 못했다. 한편 TT2에서는 "밭"을 상위어인 "land"로 표시하고 있으며, 그 단위인 "마지기"에 대해서는 음차 번역을 활용하고 있다. 물론 "farmers of some standing"이라는 표현이 있으므로 독자들은 이것이 꽤 상당한 규모의 땅이었을 것이라고 유추할 수 있겠으나 정보 처리 측면에서 본다면 원천 텍스트에 대해 충실하지 못한 번역으로, 효과적인 의사소통이 되지는 못한 것으로 볼 수 있다. TT3은 TT2와 같이 상위어를 이용하여 "land"로 표시하고 있으나, 단위를 표시하는 데 있어서는 목표 텍스트 독자들에게 익숙한 중립적 표현 "several plots"를 사용하고 있다. 따라서 세 번역본 중에서는 "밭"의 규모와 의미를 원천 텍스트 의미에 가장 충실하게 전달하고자 한 것으로 볼 수 있다.

아래 〈예시 8〉과 〈예시 9〉는 각각 "막벌이", "막간(행랑)살이" 등과 같은 문화 특정적 요소를 포함하고 있다. 이들이 각 번역본에서 어떻게 다루어지고 있는지 살펴보도록 하자.

〈예시 8〉

ST : 그들 부처는 여러 가지로 의논하다가 하릴없이 평양 성안으로 <u>막벌이</u>로 들어왔다.

TT1 : After many nights of talking between themselves, they realized there was no way to live on in this village, and reached a decision to go to the town of P'yongyang, where they thought the man could get a job like <u>a hiredhand, porter with A-frame on the back, or other minor employment</u>.

TT2 : Husband and wife discussed various options, saw there was no alternative, and finally came inside the walls of Pyongyang <u>to work as laborers</u>.

TT3 : The couple discussed the situation this way and that. Having nothing better to do, they went to P'yongyang <u>to become day laborers</u>.

〈예시 9〉

ST : 한 서너 달 막벌이를 하다가 그들은 요행 어떤 집 <u>막간(행랑)살이</u>로 들어가게 되었다.

TT1 : One day, just by chance, they happened to find an opening in a place where both of them could be hired as servants, the woman helping in the kitchen, the man doing things around the house.

TT2 : After laboring for three or four months, husband and wife managed with a bit of luck to get into servants' quarters in a certain house.

TT3 : The couple worked as day laborers for three or four months. Then, through sheer luck, they made their way into a household as live-in servants.

〈예시 8〉과 〈예시 9〉 모두에서 TT1은 "막벌이", "막간(행랑)살이"에 대하여 각각 "a job like a hiredhand, porter with A-frame on the back, or other minor employment", "hired as servants, the woman helping in the kitchen, the man doing things around the house"에서처럼 매우 상세한 설명을 첨가하는 전략을 취하고 있다. 이에 반하여 TT2와 TT3에서는 "work as laborers", "become day laborers"나 "get into servants' quarters in a certain house", "made their way into a household as live-in servants"에서 각각 나타나는 바와 같이 추가적인 문화적 정보의 제공 없이 간략하게 기술하고 있다. TT1의 번역가는 이 부분에서 지나치게 상세한 설명을 제공하고 있는데, 이는 앞서의 두 예에서와는 상반된 전략으로 문화 특정적 요소에 대한 정보를 전달하는 데 있어 선택적으로 생략 및 상세화 전략을 사용하고 있는 것으로 보인다. 그러나 이러한 접근법은 자칫 텍스트 전체의 일관성을 떨어뜨릴 수 있다는 위험성이 있다.

아래 〈예시 10〉은 원천 텍스트에 언표화되어 있는 내용을 전달하는 것만으로는 충분치 않은 경우, 번역가가 어떤 전략을 취할 수 있는가에 대한 다양한 선택을 보여주는 좋은 예이다.

〈예시 10〉

ST : 기자묘 솔밭에 송충이가 끓었다.

TT1 : That year, the caterpillars thickly throve on the pine trees around the hill where the tomb of King Kija was located.

TT2 : The pine grove at Kija's Tomb was swarming with caterpillars.

TT3 : At that time the groves of pines surrounding Kija's tomb* were alive with pine-eating caterpillars.

* Kija(Chi Tzu in Chinese) : uncle of the last monarch of the Shang dynasty who is said to have fled to Korea in 1122 B.C. and built a capital at P'yŏngyang.

원천 텍스트에는 "기자묘"라고만 제시되어 있으나 문화 특정적 정보를 담고 있는 이 정보를 처리하는 데 있어 세 권의 번역본에서 나타나는 번역 전략은 각기 다르다. TT1은 "the tomb of King Kija"와 같이 '기자'의 신분에 대한 정보를 첨가하여 독자의 이해를 돕고 있다. 반면에 TT2는 원천 텍스트에서 언표적으로 드러난 정보 이외의 정보는 전혀 제공하지 않아 독자들로서는 "기자묘"에 대한 정확한 의미를 파악하기 어렵다. 그런가 하면 TT3에서는 각주를 이용하여 '기자'에 대한 설명을 비교적 상세하게 제공하고 있다. 이처럼 세 번역본에서의 각기 다른 번역 전략은 문화 특정적 요소를 번역하는 데 있어 번역가가 얼마나 다양한 선택을 할 수 있는가를 잘 보여준다. 문화적 간극을 메우기 위해 번역가가 어느 정도의 정보를 첨가해 줄 것인가에 대해서는 텍스트 전체의 일관성, 문맥, 대상 독자 등 다양한 요소를 고려하여 결정하여야 할 것이지만, 언표화된 정보뿐만 아니라 문화 특정적으로 전제 또는 함의되어 있는 의미에 대해서도 충분한 고려가 이루어졌을 때에만 독자에게 유의미한 텍스트 의미를 전달할 수 있을 것이다.

4. 맺음말

　지금까지 직설적이고 요약적인 서술 방식이 특징인 김동인의 대표작 「감자」의 영역본 세 편에 대해 분석한 결과, 원천 텍스트의 문체적 특성을 고려하고 있는가의 여부에 따라 번역의 양상은 크게 달라질 수 있음을 알 수 있었으며, 문화적 배경 정보의 전달을 위한 번역 전략의 선택 역시 각각 다르게 나타나고 있음을 알 수 있었다.

　먼저 문체의 측면에서 보면, 김동인의 문체적 특징이 가장 두드러지게 나타나는 다섯 가지 예시를 기준으로 보았을 때, 원천 텍스트의 직설적이고 단호한 서술 방식을 비교적 충실하게 유지하고 있는 TT2와 TT3은 이를 통해 원천 텍스트의 의미 효과를 성공적으로 전달하고 있었다. 그러나 TT1의 경우, 원천 텍스트와는 달리 친절하고 설명적인 서술 방식을 도입하였는데 이로 인해 다른 두 번역본에 비하여 형식에 대한 충실도가 떨어지는 결과를 낳았으며, 결국 원천 텍스트의 의미에서 멀어지는 결과를 가져왔다. 문체뿐 아니라 문화 특정적 요소의 번역 전략에 있어서도 TT1은 생략 혹은 지나치게 상세한 설명의 첨가 등 다소 일관성 없는 전략을 구사하여서 중재자로서의 역할을 충실히 수행하지 못하고 있었다. 목표 텍스트의 가독성을 높이기 위해 원천 텍스트에서 언표적으로 기술되어 있지 않은 정보를 명시적으로 서술하는 전략을 택하는 것이 독자를 위한 배려일 수 있지만, TT1의 사례는 정보를 제공하는 서술의 방식에 있어 원천 텍스트의 문체를 고려하지 않을 경우 오히려 의미의 왜곡을 가져올 수 있음을 보여준다. TT2는 원천 텍스트의 언표화된 정보에만 충실한 번역을 지향하고 있어 TT1과는 상반된 경향을 보였으며, TT3은 원천 텍스트의 문체적 특성과 언표화된 의미의 전달에 충실하되 문화적 간극을 메우기 위해 필요한 정보는 적극적으로 전달하였다. 이에 세 번역본 중에서는 TT3이 가장 충실하면서도 가독성이 높은 번역이라 판단된다.

문학 텍스트의 번역은 아무리 정확하고 충실하게 번역이 이루어졌다 하더라도 그 결과물이 독자들에게 문학 텍스트로서의 정서적 감흥을 불러일으키지 못한다면 결코 잘된 번역이라 할 수 없다. 동일한 내용을 담았다고 하더라도 그것을 하나의 의미망으로 엮어 내고 배열하는 방식에 따라 독자에게 전달되는 의미는 달라질 수 있을 것이기 때문이다. 또한 문화 특정적 요소에는 그 자체로서 텍스트 고유의 특성을 전달하는 기능이 포함되어 있다고 할 수 있으므로 번역 시에는 반드시 이에 대한 고려가 이루어져야 한다. 다시 말해, 텍스트의 표현 방식에 해당하는 '문체'는 가능한 한 원천 텍스트에 충실하게 번역될 수 있도록 중요하게 다루어져야 할 요소이다. 문화 특정적 요소의 번역에 있어 지나치게 친절하고 상세하게 정보를 제공하거나 반대로 언표화된 의미만을 전달하는 것만으로는 만족할 만한 번역이라 할 수 없다. 문체의 측면에서건 문화적 특정 요소의 측면에서건 독자를 위한 친절한 번역만이 결코 좋은 번역은 아니다. 중재자인 번역가의 입장에서는 내용의 등가뿐만 아니라 형식의 등가까지도 번역의 과정에 반영한다면 작품의 전체적 의미를 재현하는 데 있어 좀 더 나은 결과를 가져올 수 있을 것이다.

참고문헌

김도훈. (2006). 「문화소의 부등성 보상을 위한 번역전략: 부산 관광지 안내 표지판 및 책자를 중심으로」. 『번역학연구』 7-2.

김미현 편저. (2008). 『김동인 작품집』. 서울: 지식을만드는지식.

김순영. (2010). 「김동인의 『감자(Potatoes)』 영역본 분석: 문체 번역을 중심으로」. 『통역과번역』 12-1.

김영신. (2009). 「『한중록(閑中錄)』과 The Memoirs of Lady Hyegyong 비교 연구—충실성과 가독성을 중심으로」. 『번역학연구』 10-3.

남원준. (2008). 「How Students Translate Culture-specific Items: An Analysis of Student Translations & Suggestions for Improvement」. 『번역학연구』 9-3.

백수진. (2008). 「중한 번역텍스트의 번역 문체 비교」. 『중국어문학논집』 49.

손태수. (2006). 「한국문학작품의 이역: 김동인의 『감자』 영역을 중심으로」. 21세기 영어영문학회 가을학술대회 발표논문집.

안소현. (2002). 「문체 번역하기」. 연세대학교 번역문학연구소 학술회의 발표논문집.

윤소영. (2007). A Study on Translation Strategies for Wordplay: Comparing Two Korean Translations of Alice. 『번역학연구』 8-2, 2007.

이승재. (2010). Cultural Translation: A Case Study of Kyeongbokgung Palace. 『번역학연구』 11-1.

장정줄. (1984). 「『감자』에 비친 김동인의 문체」. 『어문학교육』 7.

조선영. (2006). 「번역본을 이용한 문체연구방법 고찰: 시가 나오야의 단편 영역본 이용」. 『일어일문학연구』 62-1.

최은정. (2009). 「미학적 측면에서 본 우리말 소설의 중국어 번역 고찰: 은희경의 『마이너리그』를 중심으로」. 『중국어문학』 54.

최희섭. (2010). 「문화재청 홈페이지의 국보 명칭 영문 번역 고찰」. 『번역학연구』 11-1.

한국문인협회 편저. (1969). 『한국단편문학대계』. 서울: 삼성출판사.

한미애. (2010). 「황순원 소설의 문체번역 가능성-소나기를 중심으로」. 『번역학연구』 11-1.

황도경. (2002). 『문체로 읽는 소설』. 서울: 소명출판.

Aixelá, Javier Franco. (1996). Culture-Specific Items in Translation. In Román Álvarez and M. Carmen-África Vidal (eds.). *Translation, Power, Subversion*. Clevedon: Multilingual Matters.

Baker, Mona. (1992). *In Other Words*. London & New York: Routledge.

Boase-Beier, Jean. (2006). *Stylistic Approaches to Translation*. Manchester: St. Jerome.

Fulton, Bruce and Youngmin Kwon. (2005). *Modern Korean Fiction: An Anthology*. New York: Columbia University Press.

Lee, Peter H. (ed.). (1990). *Modern Korean Literature: An Anthology*. Hawaii: The University of Hawaii Press.

Munday, Jeremy. (2001). *Introducing Translation Studies: Theories and Application*. London: Routledge.

Newmark, Peter. (1988). *A Textbook of Translation*. London & New York: Prentice Hall.

Nord, Christiane. (2003). Proper Name in Translation for Children: Alice in Wonderland as a Case in Point. *Meta 48-1-2*.

Reiss, Katharina. (2000). *Translation Criticism-The Potentials & Limitations: Categories and Criteria for Translation Quality Assessment*.

The Korean P.E.N.. (1970). *Modern Korean Short Stories and Plays*. Seoul: Dong-A.

'한-EU FTA 번역오류 사태'와 그 사회적 영향:
체스터만의 규범으로 바라본 언론 보도를 중심으로

이상빈

1. 머리말

번역학에서 '사회학적 전환(sociological turn)' 또는 '사회적 전환(social turn)'이 본격적으로 논의되기 시작한 것은 비교적 최근의 일이다. 물론 볼프(Wolf 2005), 체스터만(Chesterman 2009) 등이 사회(학)적 전환이라는 용어를 직접적으로 거론하기 이전에도 이미 수많은 학자들이 '규범', '이주', '정체성', '젠더', '탈식민주의' 등의 이론과 개념을 토대로 번역의 사회(학)적 측면을 탐구해 왔다. 따라서 사회(학)적 전환이 번역학의 '새로운 패러다임'인지에 대해서는 다소 논란의 여지가 있지만(Snell-Hornby 2006: 172) 최근 들어 사회(학)적 요소가 번역학 분야에서 주요한 연구 경향으로 자리잡고 있음은 분명하다.

사회(학)적 전환과 관련된 연구들은 '텍스트', 즉 번역의 언어적·문학적 측면에 주목했던 과거의 경향에서 벗어나 번역 주체(주로 번역가), 번역 과정 등에 관심을 갖는다. 예컨대 번역 주체 간의 권력관계, 번역가 및 번역 집단의 정체성, 번역 규범 등이 주된 연구 대상이다. 체스터만이 '번역의 사회학'을 "번역가의 사회학(the sociology of translators)", "번역의 사회학(the sociology of translations)", "번역 과정의 사회학(the sociology of translating)"으로 세분화하고(Chesterman 2006) '번역가'에 대한 번역학계의 관심을 두고 "번역가학(Translator Studies)"(Chesterman 2009: 13)의 태동을 선언한 것은 번역 주체와 번역 과정에 대한 학계의 관심이 그만큼 늘어났다는 뜻으로 이해할 수 있다.

본 논문에서는 특정 사회 상황 속에서 나타난 번역가의 행위와 인식 그리고 그들의 번역 과정과 결과물을 둘러싼 사회적 논의 등을 고찰하고자 한다. 이를 위해 필자는 번역가와 번역 과정을 비교적 포괄적으로 기술할 수 있는 체스터만의 번역 규범(Chesterman 1997)을 논하고 이를 토대로 최근 우리나라에서 발생한 '한-EU FTA 번역오류 사태'의 의미를 각종 언론 보도를 중심으로 살펴보고자 한다.

2. 체스터만의 규범론

체스터만은 투리(Toury 1995)와 더불어 '규범(norms)'이라는 개념을 바탕으로 번역과 관련된 다양한 현상을 논의한다. 그는 규범의 규정적(prescriptive) 성격에 초점을 맞추기보다 번역 결과물과 번역 과정이라는 두 개의 큰 틀에서 규범의 작용 양태를 기술적(descriptive)으로 논의한다. 헤르만스Hermans는 "체스터만의 …… 규범이 투리의 (번역) 과정 규범보다 폭넓은 영역을 다루고 있다."(Hermans 1999: 78~79)라고 지적했으며, 먼데이Munday도 같은 맥락에서 "체스터만의 …… 규범은 투리의 규범이 다루지 않은 새로운 부분을 다루고 있기 때문에 번역 과정과 결과물을 전반적으로 기술할 때 유용하다."(Munday 2008: 118)라고 주장했다. 특히 체스터만의 규범론은 "특정 집단과 그 집단의 번역 이념을 규범과 연계시킴으로써 여러 사회학적 패턴들을 상세히 설명할 수 있는 장점을 가지고 있기"(Hermans 1999: 94) 때문에 FTA 협정문 번역과 관련된 주체와 우리 사회의 번역 이념을 기술하기에 유용한 이론이라고 판단된다.

체스터만의 규범은 크게 번역물 규범(product norm)과 번역 과정 규범(process norm)으로 양분할 수 있다. 이때 전자에 해당하는 것이 기대 규범(expectancy norm), 후자에 해당하는 것이 번역가 규범(professional norms)이다. 후자의 경우에는 다시 세 가지 하위 규범, 즉 책무 규범(accountability norm), 소통 규범(communication norm), 관계 규범(relation norm)으로 나뉜다.

1) 번역물 규범: 기대 규범

기대 규범(expectancy norm)은 "(이러한 종류의) 번역은 어떠해야 한다는 독자의 기대를 통해"(Chesterman 1997: 64) 수립된다. 독자의 기대는 특정 번역을 "적절하다(appropriate)" 또는 "수용 가능하다(acceptable)"라고 판단할 수 있는 근거가 되며 해당 사회의 번역 전통, 담화 관습, 정치·경제적 요소 등에 의해 영향을 받는다. 따라서 기대 규범은 일종의 "구성 요소 규범(constitutive norm)"으로 이해할 수 있다(Hermans 1999: 78).

기대 규범은 "규범의 권위자(norm authority)"를 통해 확인되거나 강화된다. 가령, 출판사, 비평가, 교사 등은 목표 언어의 규범에 충실한 번역물을 호평함으로써 해당 규범이 목표 언어권에서 지배적이라는 점을 주지시킨다. 다만 독자의 경우 특정 번역에 대해 구체적인 기대를 가지고 있지 않을 수도 있다(Chesterman and Wagner 2002: 92).

2) 번역 과정 규범: 번역가 규범

번역가 규범(professional norms)은 번역 과정 자체를 규율하는 규범이다. 이

때 "professional"이란 말은 (기대) 규범을 세울 수 있을 만큼 번역 역량이 뛰어난 번역가 또는 "유능한(competent)" 번역가를 지칭하지만, 유능함의 정도가 모든 상황 또는 모든 사회에서 동일한 것은 아니다. 다시 말해 번역가 규범은 간주관적인(intersubjective) 개념이다. 번역가 규범은 세 개의 하위 규범, 즉 책무 규범, 소통 규범, 관계 규범으로 나뉜다.

먼저 책무 규범(accountability norm)은 번역과 관련된 당사자들에게 자신의 번역에 대해 책임을 진다는 직업적 기준으로, 번역가의 윤리 규범으로 이해할 수 있다. 예컨대 체스터만과 와그너Wagner가 지적했듯이, 번역가는 확인했어야 할 문제들을 간과하거나 부주의한 실수 등을 범해서는 안 된다. 또한 마감 시한을 못 지키거나 번역가라는 직업 그 자체의 명성을 위협하는 행위를 해서도 안 된다. 따라서 책무 규범을 간과한 번역가는 해당 사회로부터 신뢰를 잃게 되며, 이 경우 일반 독자들은 '나도 이만큼은 할 수 있겠다'고 생각한다(Chesterman and Wagner 2002: 93). 소통 규범(communication norm)은 일종의 사회 규범으로, 체스터만은 이에 대해 "(의사소통 전문가인) 번역가는 번역 참여자 간의 의사소통을 극대화시키기 위해 노력해야 한다."라고 하였다(Chesterman 1997: 69). 끝으로 관계 규범(relation norm)에 대해 역시 체스터만은 "번역가는 원천 텍스트와 목표 텍스트 간에 상대적 유사성(relevant similarity)의 관계가 수립·유지될 수 있도록 해야 한다."라고 하였는데, 일종의 언어 규범에 해당한다(Chesterman 1997: 69). 따라서 관계 규범은 번역 참여자 간의 관계를 규정한 책무 규범 및 소통 규범과 달리 간텍스트적(intertextual) 규범으로 기능한다. 체스터만은 관계 규범과 관련하여, 번역가는 텍스트의 유형, 의뢰인의 요구 사항, 저자의 의도 등을 고려하여 원천 텍스트와 목표 텍스트 간의 관계를 적절하게 수립해야 한다고 지적한다. 예컨대 계약서(legal contract)의 경우, 번역가는 문장 단위의 "형태적 유사성(formal similarity)"에 초점을 맞추어 번역해야 한다고 말한다(Chesterman 1997: 69).

3. 체스터만의 규범의 관점에서 본 한-EU FTA 번역오류 사태

우리나라는 1990년대 말부터 안정적인 해외시장을 확보하고 경제의 경쟁력을 강화하기 위해 자유무역협정(FTA)을 적극 추진해 왔다. 그 결과 칠레, 싱가포르, 유럽자유무역연합(EFTA), 아세안, 인도 등 16개국과의 FTA가 발효되었고 현재 호주, 뉴질랜드, 터키, 콜롬비아, 캐나다, 멕시코 등 12개국과의 협상을 진행 중에 있다.[1] 지난 10년은 그야말로 'FTA 열풍'이라고 표현할 수 있을 정도로 FTA 체결에 상당한 자원과 관심이 집중되었던 시기였다.

한-EU FTA는 2007년 5월 제1차 협상을 시작으로 2010년 10월 정식 서명, 2011년 4월 비준 동의안 통과가 이루어졌고, 같은 해 7월부터 잠정 발효되기 시작했다. 특히 한-EU FTA의 경우 지금까지 발효된 FTA 가운데 그 경제적 여파가 가장 크기 때문에 정부는 물론 민간 분야에서도 비준까지의 절차를 매우 관심 있게 지켜봐 왔다. 그러나 협정문 번역을 총괄한 외교통상부 통상교섭본부가 무려 200개가 넘는 번역 오류를 범했고 이에 대한 해명과 조치가 불충분한 상황에서 정부가 비준 동의안을 무리하게 통과시키려고 하면서 한-EU FTA는 뜨거운 사회적 이슈로 떠오르게 되었다. 특히 이번 FTA의 경우에는 번역의 문제로 비준 동의안이 두 번이나 철회되는 진기록을 세우기도 하였다.[2]

한-EU FTA 협정문의 번역오류가 언론에 처음 공개된 것은 지난 2011년 2월 21일 『프레시안』에 실린 한 기고문을 통해서였다. "한-EU FTA 국회 동의안, 번역오류 …… 원본과 달라"라는 제목의 이 글에서 통상법 전문가 송

---

1 자유무역협정 FTA 홈페이지 참고. 「우리나라의 FTA 추진 현황」, http://www.fta.go.kr/new/ftakorea/policy.asp, 2011년 7월 7일 접속.
2 번역오류가 속속 드러났음에도 불구하고 정부는 한-EU FTA가 2011년 7월 1일부로 잠정 발효된다는 구두 합의를 내세워 비준 동의안을 급하게 처리하려고 했다.

기호 변호사는 원산지 판정 기준과 관련된 내용이 잘못 번역되어 있다고 지적했다. 이에 대해 통상교섭본부는 "실무적 실수로 인한 오류였다."라고 주장했지만(통상교섭본부 2011. 2. 21) 관련 전문가들이 번역오류를 잇따라 지적하면서 통상교섭본부의 주장은 점점 설득력을 잃기 시작했다. 『한겨레』, 『경향신문』, 『한국경제』 등은 연속 보도를 통해 한-아세안 FTA, 한-인도 포괄적경제동반자협정(CEPA), 한-미 FTA 등에서도 엉터리 번역이 수두룩하다는 기사를 내보냈고 『조선일보』, 『중앙일보』와 같은 보수 언론도 "외교부 예산 1조 7444억인데 …… 조약 번역에 관심 쏟는 외교관 양성 못해 오역誤譯 망신"(이하원 2011. 3. 8), "송기호에게 고개 숙인 김종훈[3]"(조민근 2011. 3. 9) 등의 기사를 내보내면서 통상교섭본부의 입지는 더욱 더 좁아졌다. 결국 한-EU FTA 번역오류에 대한 논의는 약 두 달간 지속되면서 우리 사회에 적지 않은 파장을 불러 일으켰다. 통상교섭본부는 협정문 번역 체계를 전면 재검토하고 재발 방지 대책을 마련하였으며 언론 및 전문가 집단에서는 협정문 번역 차원을 넘어 국내 번역 시장의 현주소와 번역에 대한 잘못된 사회 인식을 논하기도 했다.

이처럼 한-EU FTA 번역이 사회적 논의로 확대되는 과정에서 송기호 변호사와 같은 전문가들은 규범의 권위자로서 법률 텍스트(법률 번역)의 성격, 특징 등을 언급하고 그에 따라 협정문 한글본을 평가했다. 송기호 변호사는 50개 이상의 조항에서 'any'의 번역이 누락되어 있음을 확인하고 관련 판례까지 제시하면서 "법적 용어 앞에 있는 any는 반드시 번역해야 한다."(송기호 2011. 2. 21)라고 경고했다. 또한 그는 "'trade practices'의 경우 변호사들은 '무역 관행'이 아닌 '거래 관행'으로 표현한다."라면서 법률 번역이라고 해서 무조건 기계적인 것이 아니라고 지적했다(장혜진 2011. 4. 19에서 재인용). 그와 더

---

3 당시 김종훈 씨가 통상교섭본부장이었다. 2011년 12월 30일 박태호 씨가 그 자리를 이어받았다.

불어 관련 전문가 집단들도 언론 매체와 토론회를 통해 협정문 번역을 진단하고 각종 오류 사례를 공개했다. 민주화를위한변호사모임에서는 통상교섭본부에 160개의 오류 사례를 지적하여 제출하였고,[4] 자유선진당 박선영 의원이 주최한 정책 세미나에서는 법학 전문 대학원, 통번역 대학원의 교수 등이 참석하여 오역 사례의 원인과 방지 대책 등에 대해 논의하였다.

한 가지 흥미로운 사실은 국회의원들도 '규범의 권위자'로 나서서 협정문 번역과 관련된 기대 규범을 재확인했다는 점이다. 민주당 송민순 의원은 국회 외교통상위원회 회의에서 "쉼표 하나로도 완전히 뜻이 달라지기도 한다. …… 불확실성을 남겨 두지 않기 위해서라도 협정문은 정확하게 직역을 하는 것이 바람직하다."(송호균 2011. 3. 3에서 재인용)라고 말했고, 박선영 의원은 "의미 전달도 어렵다.", "전체적으로 번역이 너무 어색해서 …… 한글본의 내용을 이해하기가 불가능할 정도다."(민철 2011. 4. 19에서 재인용) 등의 표현을 사용하면서 한글본을 혹평했다. 물론 이러한 비판들은 협정문 비준과 관련된 정치적 이해에서 비롯된 것일 수 있으나 여기서 보다 주목해야 할 점은 언론에 비춰진 의원들의 모습이 마치 번역 전문가를 연상케 하였으며 여당 의원들도 반박할 수 없었던 이들의 주장이 일반인들의 시각에도 적지 않은 영향을 미쳤을 거라는 점이다.

그렇다면 한-EU FTA 번역오류 사태의 원인은 무엇인가? 먼저 번역가 측면에서 설명이 가능하다. 외교부 관계자의 말에 따르면 한-EU FTA 번역 업무의 일부는 행정 인턴들에 의해 수행되었다(정혜진 2011. 4. 15). 물론 전문성의 기준이 집단마다 다르겠지만 행정 인턴이 경제적 이해 관계가 크고 난해한 성격의 협정문 번역에 참여했다는 사실은 쉽게 이해하기 어렵다. 더 큰 문제는 당초 인턴 모집 공고문에 'FTA 협정문 법률 검토 수정 및 편집'이

---

[4] 제출된 오류 사례는 상당 부분 이미 언론을 통해 소개되었다고 한다. (2011년 3월 23일 외교통상부 보도자료 제11-235호, 「한-EU FTA에 대한 3. 23 경향신문 및 한겨레 기사 관련」)

라는 항목이 있었으며 행정 인턴들이 관행적으로 번역 내지는 검독을 맡아 왔다는 사실이다. 번역가 규범으로는 설명이 불가능한 부분이다.

그렇다면 외교부 직원(외교관)이 직접 번역했다는 사실은 어떻게 받아들여야 할까? 그동안 통상교섭본부는 FTA 협상과 관련된 모든 번역을 담당해 왔지만 정작 국민들은 이를 제대로 인지하지 못했거나 적어도 크게 문제 삼지 않았던 것으로 보인다.[5] 우리 사회의 맥락에서 그리고 일반 국민의 관점에서 보면, 협상의 내용과 과정을 잘 알고 있는 담당 외교관이 번역하는 것도 괜찮겠다는 생각이 든다. 그러나 결과만을 놓고 보면 외교부 직원 역시 응당 확인했어야 할 문제들을 간과하거나 부주의한 실수를 범함으로써 번역가가 지켜야 할 책무를 지키지 못했다. 이번에 밝혀진 번역오류의 상당수가 법률 번역의 난해함에서 오는 문제였다기보다 누락(47건), 불필요한 첨가(12건), 잘못된 맞춤법(16건), 고유명사 오기(4건) 등이라는 사실은 이를 뒷받침해 준다(통상교섭본부 2011. 4. 4: 4).

상황이 이렇다 보니 외교통상부에 대한 불신이 클 수밖에 없었다. 각종 포털 사이트와 신문사 홈페이지에는 외교부를 비판하는 댓글이 넘쳐 났으며, 여러 신문의 사설·칼럼에서도 번역오류와 관련된 냉소적인 글들을 어렵지 않게 찾아볼 수 있었다. 일례로 『중앙일보』에는 미국에서 전례 없는 반향을 일으킨 신경숙 씨의 소설 「엄마를 부탁해」의 제목을 빗댄 「FTA 번역도 부탁해」(노재현 2011. 4. 7)라는 칼럼이 등장하기도 했다.

한-EU FTA 번역오류 사태는 소통 규범의 관점에서도 설명할 수 있다.

---

[5] 체스터만의 규범론은 "번역 역량이 뛰어난 전문 번역가(competent professional translators)"를 전제로 하고 있지만, 여기에서는 우리나라의 특수한 상황을 고려하여 외교부 직원을 전문 번역 집단으로 간주하고 논의를 전개한다. 실제로 언론에서도 암묵적으로 외교부 직원을 번역가로 인지하는 모습을 보였다. 『조선일보』는 "외교부 예산 1조 7444억인데 …… 조약 번역에 관심 쏟는 외교관 양성 못해 誤譯 망신"이라는 제목의 기사를 내보냈고(2011. 3. 8), KBS의 한 기자는 통상교섭본부장 브리핑 자리에서 "외교부에 계신 외교관들이 다들 영어 능통자이실테고, 멀리는 칠레 FTA부터 한글본 번역을 해 오셨을 텐데……."라고 발언한 바 있다(2011. 4. 4).

앞서 언급하였듯이 번역가는 번역 참여자 간의 소통을 극대화시키기 위해 노력해야 한다. 그럼에도 불구하고 한글본에 의존할 수밖에 없는 일반 국민들에 대한 통상교섭본부의 배려에는 많은 아쉬움이 남았다. 통상교섭본부는 번역오류가 연이어 보도될 당시 '한글본 조항에 문제가 발생할 경우 영문본을 기준으로 삼으면 문제없다'는 입장을 보였는데 이는 소통의 주 대상이 일반 독자가 아니라는 뜻으로 이해할 수 있다. 물론 번역이라는 것이 EU의 경우처럼 소통보다는 그 '상징적 의미(존재적 등가, existential equivalence)' 때문에 이루어질 수도 있지만(Koskinen 2000), 이번 사태의 경우에는 외교부의 '사대주의적 발상', 협정문 내용의 '경제적 여파' 등이 거론되면서 번역의 의사소통적 기능이 매우 중시되는 방향으로 관련 논의가 이루어졌다. 특히 언론들은 외교부의 사대주의적 태도를 강도 높게 비판했다.

> 외교부가 …… 한글본을 경시했다는 비판도 일고 있다. …… "번역본은 그야말로 실무를 위해 만들어 놓는 것이며 실제 기업인들이 무역을 할 때 한글본을 일일이 들여다보는 것도 아니다."라는 외교부 내부의 목소리는 한글본에 대한 외교부의 이러한 인식을 드러낸 것이다. 문제는 그동안 한국이 맺어 온 다른 FTA와 달리 한–EU, 한–미 FTA는 영어본과 한글본이 동등한 정본이 된다는 것이다. EU에선 영어가 27개국의 공용어이고 미국에선 그야말로 모국어이기 때문에 영어본만 정본으로 삼을 경우 형평성의 문제가 생기기 때문이다. (정혜진 2011. 4. 15)

> 근본적으로 이번 번역오류는 통상 관료들이 국내 기업, 시민들이 활용할 한글본을 얼마나 경시하는지를 보여준다는 지적이다. 영어 텍스트를 가지고 협상을 하는 관료들이 '영어 패권주의'에 길들여져 있다는 말도 된다. (김지환 2011. 4. 19)

또한 이번 사태는 관계 규범의 측면에서도 살펴볼 수 있다. 최근 통상교섭본부는 협정문 번역의 체계성을 높이기 위해 간단한 번역 지침을 만들어 사용해 왔다. 특히 지난 2007년 5월 25일 공개된『한미 자유무역협정 국영문본 주요 용어집』을 보면, 통상교섭본부가 협정문을 번역할 때 고려했던 열 가지 번역 원칙을 쉽게 확인할 수 있다.[6] 이 지침에 따르면 통상교섭본부가 중시했던 언어 규범은 '형태적 유사성'과 함께 '용어 사용의 일관성과 정확성'으로 요약될 수 있다(Lee 2009). 그러나 이번 사태는 지침의 원칙들이 실제로는 충실하게 지켜지지 않았음을 보여준다. 일례로 통상교섭본부는 2011년 3월 4일 번역 오류 해명 과정에서 "국내 법제상 비슷한 용어가 있더라도 이를 차용하지 않고 직역하는 게 원칙"이라고 설명했지만, 실제 번역 지침을 보면 "국내 법령상 용어가 있거나 담당하는 부처에서 통용하는 용어가 있는 경우 해당 용어를 사용하라."라고 되어 있다. 이러한 상황에서 한글본이 상호 텍스트적 등가(intertextual equivalence) 또는 텍스트 내적 등가(intratextual equivalence)를 지킬 수 있을 거라 기대하긴 힘들다. 특히 협정에 대한 전문 지식 보유 여부와 관계없는 '첨가', '누락', '표기 불일치' 등의 문제는 외교부의 '번역가들'이 시각적 등가(visual equivalence)마저도 간과했음을 보여준다.

이처럼 한-EU FTA 번역오류 사태는 작게는 번역가에서 그 원인을 규명해 볼 수 있지만 좀 더 폭넓은 관점에서 보면 번역 집단 또는 번역 시스템에서 그 원인을 찾아볼 수 있다. 그간 통상교섭본부는 FTA와 관련해 협상(영문본 작성)에서부터 번역(국문본 작성)에 이르기까지 거의 모든 절차를 주관해 왔으며 이에 따라 협정문 번역은 "자가 번역(self-translation)"의 형태를 띠고 있었다(Koskinen 2008: 24~25). 다시 말해 원문 생산자, 의뢰인(commissioner), 번역가가 모두 통상교섭본부였던 셈이며 이러한 시스템 속에서 통상교섭본부는 독자 즉 일반 국민에게 충실한 태도를 견지하지 못했던 것이다. 원래 제도적 번역(institutional translation)이 대개 자가 번역의 형태를 띠고는 있지만, 통상

---

6 본고의 부록 1을 참고할 것.

교섭본부에서는 EU와 달리 협상 담당자(통상 관리), 문건 작성자, 번역가, 법언어학자(jurist-linguist)[7] 등이 명확하게 구분되어 있지 않아 담당 직원들이 협상, 번역, 검독 등 거의 모든 과정에 참여할 수밖에 없었고, 이러한 상황에서 직원들 스스로가 자신을 '번역가'로 인식하기에는 현실적으로 불가능했을 것이다.[8] 보도에 따르면 한-EU FTA 협상 담당자들은 2009년 7월 협상 타결을 전후하여 약 4개월이라는 짧은 기간 동안 다른 협상을 병행하면서 한-EU FTA 협정문을 번역했다고 한다. 전문 번역 집단이 갖추어져 있고 법률 텍스트의 다개국어 번역에 익숙한 EU에서도 1년이 걸렸는데 우리나라는 '조기 비준'이라는 정치적·경제적 이해관계로 인해 4개월 만에 번역을 마무리하였다. 또한 예산 등의 문제로 외부 전문 기관이 검독에 부분적으로밖에 참여하지 못한 것도 번역오류의 원인으로 지적되었다.[9]

4. 한-EU FTA 번역오류 사태의 사회적 영향

한-EU FTA 번역오류 사태는 가장 먼저 통상교섭본부의 번역 체계에 큰 변화를 가져왔다. 2011년 4월 4일 발표된 「한-EU FTA 한글본 재검독 결과 및 향후 조치 계획」에 따르면, 통상교섭본부는 번역오류 사태의 재발을 막

---

[7] 가령, 협정문에 대한 검독을 전문적으로 한다. EU 이사회(Council)의 경우 언어 서비스부(Language Service)의 번역가들과 법률 서비스부(Legal Service)의 언어 법률 전문가들이 협력하여 법률 텍스트의 번역 및 검독을 실시한다.
[8] 실증적 검증이 필요한 부분이지만, 만일 이러한 논리대로라면 번역물은 존재하지만 번역가는 존재하지 않는 기이한 상황을 가정해 볼 수 있다. 번역을 하면서도 자신을 번역가로 내세우지 않는(못 하는) 외교부 직원들은 어찌 보면 '유령 번역가'일지도 모른다. '유령 번역가'에 대해서는 Emma Wagner, Svend Bech and Jesus M. Martinez, *Translating for the European Union Institutions* (Manchester: St. Jerome, 2002), p. 56을 참고할 것.
[9] 그러나 이에 대한 반론도 만만치 않다. 본고의 각주 13을 참고할 것.

고 자체 번역 시스템을 개선하기 위해 다음과 같은 조치를 취하기로 했다.

- 통상협정의 번역·검독 및 법률 검토 전담 조직의 인력과 기능 보강
  ※ "통상법무과" 직제에 "통상협정 번역 검독팀" 신설 및 2012년 예산 확보
  ※ 지난 3월 통상협정 번역 전문 인력 채용 시험을 실시, 3명 기선발
- 번역 및 검독 여건 개선[10]
  ① 협상 단계부터 협상 분야별 분과장 책임하에 한글본 초벌 번역 진행
  ② 협정 분야별로 관계 부처와의 실무 협의를 거쳐 제1차 한글본 작성
  ③ 제1차 한글본에 대해 관계 부처 및 외부 전문 기관 검독을 진행하고, 일정 기간 동안 일반 국민 의견 접수 절차 병행
  ④ 제1차 한글본에 대한 검독 의견 수렴 결과와 통상협정 번역 검독팀의 자체 검독 결과를 토대로 제2차 한글본 완성
  ⑤ 법제처 심사를 거쳐 최종 한글본 완성
- 외교부 예규로 "FTA 협정문 한글본 작성 지침 및 절차 규정"을 새로이 제정

---

[10] 통상교섭본부 번역 업무 절차를 도식화(통상교섭본부 2011. 4. 4: 12)하면 다음과 같다.

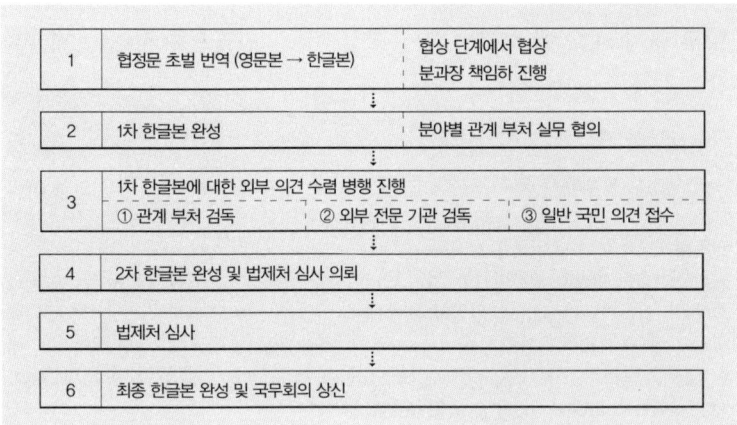

하고, 통일된 용어 번역을 위한 "용례집" 발간 (통상교섭본부 2011. 4. 4: 7)

통상교섭본부의 번역 체계에 있어서 가장 큰 변화는 통상법무관 밑에 통상협정 번역 검독팀이 신설되고 통상협정 전문 번역가[11]도 채용되어 활동한다는 점이다. 또한 1차 번역본에 대해 일반인과 전문가의 의견 접수, 관계 부처의 점검, 외부 전문 기관의 검증 등의 검독 절차를 제도적으로 확립함으로써 번역 과정의 투명성을 높인 것도 눈에 띄는 대목이다. 이제는 관계 부처뿐만 아니라 국민이면 누구나 온라인 창구 페이지(http://www.fta.go.kr/new/community/opinion.asp)를 통해 협정문 번역과 관련된 자신의 의견을 제출할 수 있게 하여(〈그림 1〉) 번역 기관과 독자와의 소통을 강화하였으며 번역 및 검독에 대한 관련 부서(부처)의 업무도 외교부 예규[12]로 제정되어 번역에

〈그림 1〉 ⋯ FTA 한글본 국민 의견 온라인 창구 페이지

---

11 지원 자격은 "(1)4년제 대학 학사 학위 이상 소지자, (2)한국어에 능숙하면서도 원어민 수준의 영작 및 영문감수 가능자(통번역가 자격증 소지자 우대), (3)국제통상법 및 국내법 분야 지식이 있고 동 분야 유경력자"였으며 총 74명이 응모했고, 최종 선발된 3명에 대해 통상교섭본부는 "통번역가 자격증을 가지고 있으며 해당 분야에서 3년 이상씩 근무한 경력을 가지고 있다." (통상교섭본부 2011. 3. 30)라고 하였다.
12 본고의 부록 2를 참고할 것.

대한 책무도 더욱 커질 것으로 기대된다.[13] 뿐만 아니라 용어집(용례집)을 새로 발간하기로 하여 번역의 일관성과 정확성을 높이려는 조치도 있었다. 결국 이러한 제도적 변화들은 통상교섭본부라는 번역 기관의 번역가 규범을 한층 더 강화시켜 주는 역할을 할 것으로 보인다.

사실 한-EU FTA 번역오류 사태는 비단 통상교섭본부에만 영향을 준 것은 아니다. 이번 사태는 협정문 번역에 대한 일반 독자의 기대를 키우는 결과를 가져왔다. 평소 협정문 번역에 관심이 없었거나 관련 지식이 부족했던 일반인들도 이번 사태를 통해 협정문 번역의 성격, 방식, 관련 용어 등을 접할 수 있었고 협정문 번역에 있어 용인 가능하거나 적절한 것이 무엇인지를 간접적으로 경험할 수 있었다. 특히 국회의원, 변호사, 전문 번역가, 통상 전문가 등이 매체를 통해 협정문 번역을 진단·평가하는 모습은 동일한 유형의 번역에 대한 기대 규범을 한층 더 강화시켰을 거라는 추측이다. 일례로 통상교섭본부는 오류 해명 과정에서 "(협정문 번역에 있어서도) 의역을 염두에 둔다. …… 'any'라는 형용사 문제도 애초에 문맥상 필요하지 않으면 번역할 이유가 없다."라고 주장했지만 이에 대한 전문가 집단의 평가는 전반적으로 부정적이었다. 그 결과 통상교섭본부는 「한-미 FTA 한글본 정정 및 개선 사례」(통상교섭본부 2011. 6. 3)를 통해 'any', 'review', 'after' 등의 번역 용례를 이례적으로 매우 상세히 설명했는데 이것 역시 한층 더 커진 독자의 기대를 충족시켜 주기 위함이었다.

한편 협정문 번역오류에 대한 논의는 우리 사회로 하여금 번역 내지는 번역가에 대한 인식과 국내 번역 시장의 현주소를 다시 한번 고민해 볼 수 있

---

13 통상교섭본부는 예규에 따라 모든 번역 작업(과정)에 대해 해당 책임자를 나타내는 실명제를 실시하여야 한다. 뿐만 아니라 국민 누구나 외교통상부 홈페이지를 통해 협상 담당자들을 직접 확인할 수 있기 때문에 번역 주체의 익명성이 크게 감소하는 상황이 되었다. 통상교섭본부는 이번 번역오류 사태가 터지기 전까지(그리고 오류 해명 과정에서) 번역 담당자, 책임자 등을 공개하지 않았다.

는 계기를 마련해 주었다. 언론과 전문가 집단에서는 이번 사태의 근본 원인을 '번역에 대한 잘못된 사회 인식'으로 진단하였는데 이는 앞서 언급했던 통상교섭본부의 영어 맹신주의와 함께 번역을 단순한 '말 옮기기'로 생각하는 사회 구성원들을 비판한 것이었다. 원영희 성균관대학교 번역대학원 교수는 "한국은 역사적으로 번역가들에 대해 낮게 보는 분위기가 자리잡고 있다."(강경민·이현일 2011. 4. 20에서 재인용)라면서, 번역의 질과 관계없이 싼값의 번역을 찾거나 번역 업무 자체를 우선 순위에서 배제하는 사회 관행을 비판했다.[14] 이는 일부 대기업의 경우를 제외한 기관 번역가의 연봉이 이천만 원 대이며 번역료가 장당 만 원도 되지 않는 현실과도 무관하지 않다. 또한 "요새는 어학연수를 6개월만 갔다 와도 번역일을 하겠다고 달려든다."(강경민·이현일 2011. 4. 20에서 재인용)라는 신정숙 한국번역가협회 사무국장의 지적처럼, 검증되지 않은 인력이 번역 시장에 무더기로 뛰어들면서 번역가의 지위가 전반적으로 낮아지고 있는 문제도 지적되었다(강경민·이현일 2011. 4. 20에서 재인용). 국내 번역 시장에는 당초 번역가 규범으로는 설명이 불가능한 소위 "전문 역량을 갖추지 못한 번역가들(non-competent professionals)"(Chesterman 1997: 67)이 너무 많은 것은 아닌지 모르겠다.

끝으로 한-EU FTA 번역오류 사태는 법률 번역의 소통적 기능을 부각시키면서 번역문을 기반으로 한 법률 생활의 의미를 일깨워 주는 계기가 되었다. 한-EU FTA 비준 동의안이 제출되기 이전에는 FTA 한글본이 정본으로서의 지위를 가지고 있지 않았기 때문에[15] 번역 자체가 대개 상징적인 역할을 할 수밖에 없었으며 이에 따라 실제 법률 생활의 관점에서 한글본을

---

[14] 통상교섭본부는 번역오류 해명 과정에서 "1,300쪽의 협정문 전부를 전문 인력에게 맡기면 2억 6,000만원이 들어 내부에서 작업했다."라고 주장했는데, 이 또한 번역을 경시한 데서 비롯된 결과이다. 정부가 번역료로 아낀 돈은 한-미 FTA 홍보에 집행한 220억여 원의 1/100 수준이기 때문이다.

[15] 한글본도 정본인 한-미 FTA의 경우, 관련 비준 동의안이 아직 제출되지 않은 상태이다.

바라보는 시각은 매우 드물었다. 심지어 많은 논란과 관심을 불러일으켰던 한-미 FTA의 경우에도 (관련 번역 지침까지 공개되었음에도 불구하고) 번역에 대한 사회적 논의는 거의 없었던 것으로 보인다(송기호 2007; Lee 2009 참조). 사실 협정문 번역에 대한 우리의 무관심은 오랜 역사를 가지고 있다. 우리나라가 다른 나라와 맺은 양자 조약 321건 가운데, 한글본이 없는 것만 31건이며 137건은 영어본이 우선적인 효력을 지닌다. 그나마 다행인 것은 이번 번역오류 사태를 통해 이미 발효 중인 협정문의 번역본도 재검독할 수 있게 되었으며 오역이 가져올 수 있는 법률적 파급 효과를 잠시나마 고민해 볼 수 있었다는 점이다. 결국 이번 사태는 번역이 한 국가의 법률 생활에 지대한 영향을 줄 수 있으며 법률 텍스트는 이러한 점을 고려하여 번역되어야 한다는 사실을 재확인시켜 준 사건이었다. 송기호 변호사는 "(번역에 대한 통상교섭본부의 시각은) 한글을 기반으로 한 법률 생활 자체를 위협할 수 있다."(송기호 2011. 3. 22), "시민이 읽어서 그 의미를 알기 어려운 법은 법이 아니라는 것이 헌법재판소의 판결이다. …… FTA 이전에 민주주의가 중요하다."(송기호 2011. 2. 21), "우리 법을 알고 우리 시민과 기업이 실제 법률 생활을 어떻게 하고 있는지 파악한 뒤 그 기반에서 번역을 해야 한다."(장혜진 2011. 4. 19에서 재인용) 등과 같이 지적하면서 번역을 통한 법률 생활의 중요성을 강조한 바 있다.

5. 맺음말

지금까지 본고에서는 한-EU FTA 번역오류와 관련하여 번역가 및 번역 집단, 번역 수행의 과정, 번역 이념 등을 조명하고 이를 통해 이번 번역오류 사태의 사회적 의미를 살펴보았다. 간략히 말해 한-EU FTA 번역오류 사태는 빠른 번역을 요구했던 국내 정치적 · 경제적 상황(비준 동의안 처리), 체계적이지 못한 통상교섭본부의 번역 시스템, 이로 인한 번역가의 규범 이행 소홀, 그리고 번역에 대한 잘못된 사회 인식 등이 합쳐지면서 발생한 사건이었다. 하지만 이번 사태를 둘러싼 두 달간의 사회적 논의는 협정문 텍스트에서는 찾아볼 수 없었던 번역의 사회적 조건들을 가시화시켰으며 관련 부처의 번역 시스템을 개혁하고 협정문 번역의 사회적 영향을 체감할 수 있는 기회를 제공하였다.

본고에서는 한-EU FTA 번역과 관련하여 각종 언론 보도를 중심으로 번역오류 사태의 원인과 그 의미를 기술하였지만, 사실 번역가, 번역 절차, 번역의 사회적 조건 등을 보다 세밀하게 탐구하기 위해서는 텍스트 분석과 더불어 설문 조사, 면접 등과 같은 실증적 연구 방식이 동원될 필요가 있다. 필자가 간과한 이러한 부분들이 향후 연구를 통해 구체적으로 규명되기를 기대한다.

참고문헌

송기호. (2007). 『한미 FTA 핸드북』. 서울: 녹색평론사.

Chesterman, Andrew. (1997). *Memes of Translation*. Amsterdam & Philadelphia: John Benjamins.

Chesterman, Andrew. (2006). Questions in the Sociology in Translation. In João Ferreira Duarte, Alexandra Assis Rosa, and Teresa Seruya (eds.). *Translation Studies at the Interface of Disciplines*. Amsterdam & Philadelphia: John Benjamins.

Chesterman, Andrew. (2009). The Name and Nature of Translator Studies. *Journal of Language and Communication Studies 42*.

Chesterman, Andrew and Emma Wagner. (2002). *Can Theory Help Translators? —A Dialogue Between the Ivory Tower and the Wordface*. Manchester: St. Jerome.

Hermans, Theo. (1999). *Translation in Systems: Descriptive and Systemic Approaches Explained*. Manchester: St. Jerome.

Koskinen, Kaisa. (2000). Institutional Illusions: Translating in the EU Commission. *The Translator 6-1*.

Koskinen, Kaisa. (2008). *Translating Institutions: An Ethnographic Study of EU Translation*. Manchester: St. Jerome.

Lee, Sang-Bin. (2009). An Investigation into the Legal Translation Guideline: With Special Reference to the Korea-US FTA. *Journal of Translation Studies 10-2*.

Snell-Hornby, Mary. (2006). *The Turns of Translation Studies: New Paradigms or Shifting Viewpoints?*. Amsterdam & Philadelphia: John Benjamins.

Toury, Gideon. (1995). *Descriptive Translation Studies and Beyond*. Amsterdam & Philadelphia: John Benjamins.

Wagner, Emma, Svend Bech and Jesus M. Martinez. (2002). *Translating for the European Union Institutions*. Manchester: St. Jerome.

Wolf, Michaela. (2005). *Die Vielsprachige Seele Kakaniens: Translation als Soziale und Kulturelle Praxis in der Habsburgermonarchie 1848 bis 1918*. Graz: Habilitationsschrift.

신문기사 및 보도자료

강경민 · 이현일. (2011. 4. 20).「인턴에 협정문 번역 맡긴 대한민국 …… '싼값' 찾다 국제 망신」.『한국경제』.

김지환. (2011. 4. 19).「FTA 번역 오류 '때늦은 사과'」.『주간경향』.

노재현. (2011. 4. 7).「FTA 번역도 부탁해」.『중앙일보』.

민철. (2011. 4. 19).「박선영 "한미 FTA 번역, 오류 투성이 …… 이해 불가"」.『이투데이』.

송기호. (2011. 2. 21).「한-EU FTA 국회 동의안, 번역오류 …… 원본과 달라」.『프레시안』.

송기호. (2011. 3. 22).「"어묵 · 게맛살 수출도 막힌다" 외교관 154명 이긴 한 전문가의 경고」.『오마이뉴스』.

송호균. (2011. 3. 3).「'FTA 협정문 번역오류' 김종훈 "문학 작품도 의역하지 않나"」.『프레시안』.

이하원. (2011. 3. 8).「외교부 예산 1조 7444억인데 …… 조약 번역에 관심 쏟는 외교관 양성 못해 誤譯 망신」.『조선일보』.

장혜진. (2011. 4. 19).「한-EU FTA 협정문 오역 최초 발견 송기호 변호사」.『인터넷 법률신문』.

정혜진. (2011. 4. 15).「속속 드러나는 한-EU FTA 번역오류 …… 5가지 오해와 진실」,『동아일보』.

조민근. (2011. 3. 9). 「송기호에게 고개 숙인 김종훈」.『중앙일보』.

통상교섭본부. (2011. 2. 21). 「2.21자 프레시안의 "한-EU FTA 국회 동의안, 번역오류 …… 원본과 달라" 제하 기고문 관련」.『자유무역협정 FTA 보도자료』.

통상교섭본부. (2011. 3. 30). 「FTA 교섭대표 브리핑」.

통상교섭본부. (2011. 4. 4). 「한·EU FTA 한글본 재검독 결과 및 향후 조치 계획」(통상교섭본부장 브리핑 참고 자료).

통상교섭본부. (2011. 6. 3). 「한-미 FTA 재검독 결과 및 향후 추진 방안」. http://www.fta.go.kr/new/ftakorea/brief_read.asp.

부록 1

한미 자유무역협정 국영문본 주요 용어집 국문본 작성상 일반원칙

1. 국문본과 영문본 사이의 해석상 오해를 방지하기 위해, 다소의 어색함을 감수하더라도 영어에 상응하는 한국어를 모두 기입하도록 노력
   - 능동태와 수동태의 차이도 가급적 살리고, 단어나 문구가 중복되는 경우에도 국문 해석상 문제가 없으면 모두 표현되도록 노력

2. 국문본도 정본임을 감안, 우리말 문법에 맞지 않거나 관용상 이해하기 어려운 경우 및 문맥상 오해의 소지가 있는 부분은 상황에 맞게 국문화
   - 이 경우에도, 영문본상 없는 의미를 추가하는 등의 의역은 가급적 지양
   - 영문본상 용어에 상응하는 국내법령상 용어가 있거나 담당하는 부처에서 통용하는 용어가 있는 경우, 해당 용어 사용
     - 특히 양허표와 유보목록의 경우, 국내법 내용을 포함하는 경우가 많으므로, 명확성을 위해 국내법상 용어 및 통용되는 용어를 사용

3. 일관성 유지를 위하여, 하나의 장에서 동일한 영어 문장 및 단어는 가급적 동일하게 국문화
   - 다음의 경우에는, 상황에 맞게 적절한 단어 사용
     - 여러 의미를 가지고 있는 단어는 협정문 내용에 적합하게 사용
     - 단어 단독으로 쓰일 때와 다른 단어와 조합하여 사용 시 상응하는 국문이 달라지는 경우에는 각각 적합한 단어 사용
     ※ 예: establish는 ①창설하다, ②이론 등을 설립하다 등 prevailing은

①우세한, ②(이자율 등) 일반적인 등 사용
- 하나의 영어 표현이라 할지라도, 국문이 어색하거나 하나의 문장 으로는 너무 긴 경우, (예: with due reference) 내용을 분리하여 번역
- 영어단어가 다르더라도 국문상 동일한 의미를 가지고 있을 경우 동일하게 사용
  ※ 예: set out, set forth, provide는 모두 법령에 규정된 사항을 다룰 경우는 "규정하다"로 통일

4. 전문용어의 경우, 특별한 경우를 제외하고는 종전에 사용하여 오던 용어를 계속 사용하였으며 아울러 관련부처의 유권적 해석을 우선적으로 반영.
- 그동안 WTO 상 "Safeguard"를 "긴급수입제한조치"로 사용하여 왔음을 감안, 계속해서 "긴급수입제한조치"로 사용

5. 영문상 복수로 표현된 경우라도 국문에서는 원칙적으로 단수로 국문화함.
- 단, 단수로 번역하는 경우 원문의 의미가 불충분한 경우에는 국문에서도 복수로 표현.

6. 협정문상 체계는 아래와 같이 국문화함.
- Chapter는 장, Section은 절, Article은 조, Paragraph는 항, Subparagraph는 호, clause는 목으로 국문화
  - Section A, B, C는 1절, 2절, 3절로, Paragraph (a), (b), (c)는 가항, 나항, 다항으로, Subparagraph ⅰ), ⅱ), ⅲ)은 1호, 2호, 3호로 명기
- Annex는 부속서, Appendix는 부록으로 국문화
  - Annex와 Appendix상 A, B, C 및 Ⅰ, Ⅱ, Ⅲ은 각각 가, 나, 다 및 Ⅰ, Ⅱ,

III으로 명기
- 미국법의 경우 act*는 법률, App.는 부록, §(Section)은 조로 국문화
　*Jones Act처럼 사용 시는 act를 "법"(존스법)으로 함
- 「통일 상품명 및 부호체계(HS code)」에서 Section은 부, Chapter는 류, Heading은 호, Subheading은 소호로 국문화

7. 관사 및 정관사 등은 일반적으로 국문화하지 않으나 다음의 경우는 용례에 따름.
- Party: 당사국
  - a Party 당사국 혹은 어느 한쪽 당사국
  - the other Party 다른 쪽 당사국
  - each Party 각 당사국　　　- non-Party 비당사국
  - both Parties 양 당사국　　　- the Party는 그 당사국 혹은 자국
  ※ 대문자 Party는 당사국으로, 소문자 party는 당사자로 국문화
- Person: 인(人)*
  *person은 자연인과 법인을 포함하는 법률상의 인격자뿐만 아니라 조합 등 그 밖의 법적 실체를 포함하는 광범위한 개념임. 협정문 총칙에 정의되어 협정문 전체에 걸쳐 사용되므로 동일한 단어로 표시할 필요가 있으므로 아래 모든 경우에 사용이 가능한 '인'으로 사용함 (조약번역의 관행상 한-칠레 자유무역협정을 포함한 과거 자유무역협정문에도 '인'이라고 표현)
  - any other person 그 밖의 인
  - uridical person 법인　　　- natural person 자연인
- such 그러한, that 그, this 이, the 그

8. 법제처 지침에 따라 가급적 한글을 사용하며 법명은 띄어쓰기함.

※ 예: 일방당사자, 타방당사자 등은 어느 한쪽 당사자, 다른 쪽 당사자 등으로 사용.

※ 단, 일반적으로 널리 사용되는 영문의 경우에는 그대로 사용 (commission → 커미션)

9. 법적 의무 관련된 조동사(must, shall, should, may 등)의 경우 아래와 같이 국문화

- must는 "하여야 한다"   - shall은 "한다"

※ "하여야 한다"의 의미이나 그간 모든 대한민국 조약에서 "한다"라고 번역하였기 때문에 그렇게 함.

- should는 "하여야 할 것이다"로 함.   ※ shall보다는 약한 당위
- will은 "할 것이다"   - may는 "할 수 있다"

10. 하단의 호나 목과 연결되는 경우,
- 다음 각호, 각목 등으로 하는 대신 "다음"으로 통일시키고 호나 목간의 관계를 "그리고", "또는"으로 명확히 기술함.

부록 2

통상협정 한글본 작성을 위한 절차규정
(외교부 예규, 2011년 4월 22일 제정)

제1조 (목 적)

이 규정은 통상교섭본부에서 자유무역협정 등 통상협정의 한글본을 작성함에 있어 준수되어야 할 업무절차를 규정함을 목적으로 한다.

제2조 (절차 및 방법)

① 자유무역협정 등 통상협정(이하 "협정"이라 한다) 협상총괄부서장(협상이 여러 분과로 나눠진 경우 해당 분과장)은 협정 한글본 초벌작성의 책임을 지며, 영문본에 대한 법적검토 개시 전까지 초벌작성을 완료한다.
② 통상법무과장은 1차 한글본 작성의 책임을 지며, 이를 가서명 전까지(가서명을 하지 않는 경우 법적검토 완료 시까지) 완료한다.
③ 통상법무과장은 2차 한글본 작성의 책임을 지며, 이를 1차 한글본 작성 후 2개월 이내 완료한다.
④ 통상법무과장은 최종 한글본 완성의 책임을 지며, 협정 서명시기 등 외교일정을 감안하여 최종 한글본 작성이 최단 시일 내 이루어질 수 있도록 법제처와 협조한다.
⑤ 통상법무과장은 특별한 사정이 없는 한, 이 예규에 명시된 작업시한에 따라 협상 타결 이후 6개월 이내 최종 한글본을 작성할 수 있도록 한다. 다만, 협상 상대국 사정이나 시급한 외교일정 등 작업일정에 영향을 미칠 수 있는 제반사정이 있을 경우에는 협상총괄부서장과 협의하여 세부 작업일정을 조정할 수 있다.

⑥ 이 예규에 의한 모든 작업에 대해 해당 책임자를 나타내는 실명제를 실시한다.

제3조 (초벌 작성)

① 협상총괄부서장(또는 해당 분과장)은 매회 협상 종료 후 상호 합의된 영문안에 대해서 한글본 초벌을 작성하고, 협상결과 보고 후 10일 이내에 동 초벌을 통상법무과장에게 제출한다.

② 상품·서비스 양허안, 품목별 원산지 규정 등 전문적이고 기술적인 분야에 대해서는 협상총괄부서장(또는 해당 분과장)이 한글본 초벌을 작성하는 과정에서 외부전문기관의 조력을 받을 수 있다.

제4조 (1차 한글본 작성)

① 통상법무과장은 조약과, 법제처 등의 조약 용어집 등을 참고하여 분과장이 제출한 한글본 초벌에 대한 자체 수정 및 검독을 거쳐 1차 한글본을 작성한다. 이 경우 협상총괄부서 또는 관계부처의 실무적 의견을 최대한 참조토록 한다.

② 통상법무과장은 1차 한글본 작성 과정에서 전체 또는 일부에 대해 외부기관에 자문을 의뢰할 수 있다.

제5조 (2차 한글본 작성)

① 통상법무과장은 1차 한글본에 대해 관계부처의 검토를 요청하고, 이와 동시에 외교통상부 홈페이지를 통해 일반 국민들의 의견을 20일 이상 접수한다.

② 통상법무과장은 제1항의 절차에 따라 수렴된 외부의견을 반영하여 2차 한글본을 작성한다.

제6조 (최종 한글본 완성)

① 통상법무과장은 조약과장의 협조하에 2차 한글본에 대한 법제처 심사를 의뢰하며, 이후 법제처 심사과정을 총괄 조정한다.

② 협상총괄부서장(또는 해당 분과장)은 법제처 심사과정에 있어서 통상법무과장의 요청이 있을 경우 이를 지원한다.

③ 통상법무과장은 법제처 심사를 거쳐 최종 한글본을 완성하고, 이를 협상총괄부서장에게 제출한다.

④ 협상총괄부서장은 최종 한글본을 토대로 조약과장 및 기획재정담당관과 협조하여 국무회의, 대통령 재가 등 서명에 필요한 국내절차 및 국회비준 절차상 필요한 업무를 책임진다.

제7조 (세부사항)

통상법무과장은 이 예규의 시행에 관하여 필요한 세부사항을 따로 정할 수 있다.

▌필자 소개 ▌(가나다순)

강지혜　아주대학교
김미라　UNSW, Sydney Australia
김순영　동국대학교
김애주　동국대학교
신지선　이화여자대학교
이상빈　동국대학교
이상원　서울대학교
전현주　한북대학교
조의연　동국대학교

문화학술총서

번역학, 무엇을 연구하는가
언어적 · 문화적 · 사회적 접근

2012년 2월 20일 초판 1쇄 인쇄
2012년 2월 29일 초판 1쇄 발행

지은이　조의연 엮음
펴낸이　김희옥
펴낸곳　동국대학교출판부

주소　100-715 서울시 중구 필동 3가 26
전화　02-2260-3483~4
팩스　02-2268-7851
Homepage http://www.dgpress.co.kr
E-mail　book@dongguk.edu
출판등록　제2-163(1973. 6. 28)
인쇄처　서진인쇄

ISBN 978-89-7801-335-2 93800

값 16,000원

이 책은 '동국대학교 통합인문학특성화사업단'의 지원을 받았습니다.
이 책의 무단 전재나 복제 행위는 저작권법 제98조에 따라 처벌받게 됩니다.